Manchmal dauert ein Weg ein Leben lang

Vom Gulag nach Berlin

Lena Kelm

Dorante Edition

Als Zeugnis meiner Liebe und Dankbarkeit für meine Eltern,
die mich nicht nur auf die Welt brachten und liebevoll in mir
die wertvollsten menschlichen Charaktereigenschaften
förderten, sondern viel mehr taten.
Sie lehrten mich das Deutschtum zu lieben und zu pflegen
und das in der Zeit, als viele um mich herum
aus Angst kein einziges Wort
in ihrer Muttersprache sprachen.

Manchmal dauert ein Weg ein Leben lang

Vom Gulag nach Berlin

Lena Kelm

FSC
www.fsc.org
MIX
Papier aus ver-
antwortungsvollen
Quellen
Paper from
responsible sources
FSC® C105338

Bibliografische Information durch die Deutsche Nationalbibliothek: Die Deutsche Nationalbibliothek verzeichnet diese Publikation in der Deutschen Natio-
nalbibliografie; detaillierte bibliografische
Daten sind im Internet über http://dnb.d-nb.de abrufbar.

herausgegeben durch das Literaturpodium, Dorante Edition
Berlin 2014, www.literaturpodium.de

Technische Unterstützung:
Firma Thomas Ferst Computer; www.ferst.de

Herstellung und Verlag:
BoD – Books on Demand, Norderstedt
ISBN 9783738601329

Wer nicht weiß, woher er kommt,
weiß nicht, wohin er geht.

Der Sohn Wurm fragt den Vater Wurm: „Ist das wahr, dass es sich am Apfel sooo süß leben lässt?"- „Ja, mein Sohn, das stimmt", antwortet der Vater Wurm. „Man sagt aber, in der Birne ist das Leben noch viel süßer, stimmt das?" - „Ja, auch das trifft zu, mein Sohn", antwortet der Vater Wurm. „Wieso leben denn wir, Papi, auf dem Misthaufen?" - „Na ja, mein Sohn, es gibt einen Begriff Heimat und das ist nun mal unsere Heimat."

In Liebe -
für meine Töchter Annette und Maria

Teil I. Am Anfang waren die Reisen.

Kapitel 1. Vorwort

„Wer bist du? In keinem Geschichtsbuch habe ich etwas über Deutsche in Russland gelesen. Ich weiß, es gibt welche in Amerika, Kanada, sogar in Chile, aber in Russland?", fragte mich meine Kollegin vom DRK Berlin.

Dieses Buch soll die Antwort für Daniela und die Leser sein, die sich für eines der unbekanntesten Kapitel der deutschen Geschichte interessieren.

Die Leser werden von mir auf dem langen Weg einiger Generationen deutscher Auswanderer von Ostpreußen bzw. Norddeutschland in die Ukraine/Russland, von Russland nach Ostpreußen bis Mecklenburg-Vorpommern, Kasachstan und Sibirien und wieder nach Deutschland mitgenommen. Nach Deutschland bin ich in vierter Generation deutscher Auswanderer zurückgekehrt.

Als Russlanddeutsche wuchs ich in zwei Kinderstuben auf, beheimatet in der deutschen Sprache, denn die wurde in meinem Elternhause gepflegt. Mein Wiegenlied war ein deutsches.

Ich kann behaupten, ich bin in zwei Welten aufgewachsen: in der unbekümmerten Kindheit und Jugend der sowjetischen Zeit und in der meiner ehrlichen wunderbaren Eltern. Mein Vater war es, der öfters, erzählte ich ihm etwas aus dem Geschichtsbuch, zu mir sagte: „Na ja, mein Kind, könnte ich die Geschichte aus meiner Erfahrung schreiben, würde ein Buch nicht ausreichen, und die Geschichte würde ganz anders aussehen." Diese Geschichte „schrieben" meine Eltern, die keiner Fliege etwas taten und denen ich aufs Wort glaubte, in mein Gedächtnis tief ein. Vielleicht machte mich das im Umgang mit der Geschichte kritischer als so manchen meiner Zeitgenossen. Meine Eltern erschwerten meine Kindheit durch die „zwei Wahrheiten" nicht, sie schützten sie mit all ihrem Verstand und Elterninstinkt.

Die eine war einfach ihre und meine Vergangenheit und die behielten wir für uns. Die andere war die Gegenwart und der passten wir uns tatsächlich unbeschwert (ich auf jeden Fall) an. „Man kann niemanden vorwerfen, ein angepasstes, unauffälliges Leben geführt zu haben", diese Aussage machte der bekannte Politiker Thierse im Deutschlandfunk in

Bezug auf die Anspielungen der Medien auf die DDR-Vergangenheit der Kanzlerin Angela Merkel. Die Vorwürfe gegenüber der Kanzlerin ebbten bald ab. So bitte ich „kleiner Mensch" auch um Verständnis beim Leser.

Ich wurde Pionierin, Komsomolzin, aber kein Parteimitglied, das konnte ich meiden, obwohl ich als stellvertretende Direktorin einer Schule es hätte sein müssen. Man hat mich einfach, wie so manchen, nicht dazu gezwungen, weil die Zeiten in der zweiten Hälfte der Neunziger sich änderten. An der pädagogischen Hochschule studierte ich Germanistik, wie konnte es auch bei meiner Liebe zur deutschen Sprache anders sein.

Ich liebte und liebe die Sprache meiner Eltern und Ahnen, wie ich deren Geschichte über alles liebe. Deshalb geht es mir in Deutschland, dem Land meiner Vorfahren, so gut, wenn ich manches auch kritisch sehe. Im Vergleich sieht man so einiges klarer. Vielleicht möchte ich deshalb dem Leser um jeden Preis die Geschichte meiner Eltern erzählen, so wie sie an langen Abenden, in vielen und doch lückenhaften Erzählungen mir übertragen, schriftlich wiedergegeben wurde, bevor ich meine persönliche fortsetze. Ich möchte, dass der Leser versteht, wieso ich so viele Verwandte in Deutschland habe und nun glücklich seit 1993 in Berlin lebe. Ich möchte, dass der Leser mich, eine Russlanddeutsche, auf dem langen Weg zu meinen Wurzeln begleitet.

Die Geschichte der ersten Welle der Deutschen, die auf der Einladung der Zarin Katharina der Großen nach Russland kamen, ist einem breiteren Leserkreis bekannt, nehme ich an. Die Geschichte der Wolhynien-Deutschen, zu denen meine Eltern gehörten, ist eine besondere eher unbekannte Geschichte. Über den leidvollen Weg meiner Familie auf der Flucht, im Gulag, unter der Kommandantur, in der kasachischen Steppe bis zur Wiederkehr nach Deutschland und dem Leben in Berlin erfahren sie in den nächsten Kapiteln meines Buches.

Kapitel 2. Einführung

Reise meiner Eltern in die DDR. 1973.

Nach der ersten und einzigen Reise meiner Eltern im Sommer 1973 in die DDR und meinem darauffolgenden regen Briefwechsel mit meiner, wie es sich herausstellte, umfangreichen Verwandtschaft, stand mein Entschluss fest: „Ich muss sie sehen." Mein Vater erzählte von seinen drei älteren Schwestern, die ihn praktisch großzogen, so oft, dass mir vorkam, ich kenne sie: Hulda, Eugenie und Olga. Ich wuchs mit diesen Namen auf. Und jede Erzählung meines Vaters endete mit den Worten: „Die leben bestimmt nicht mehr, sonst hätten sie mich im Laufe dieser vielen Jahre gefunden." Seine Liebe, Sehnsucht und Trauer, die er empfand, waren für mich als Kind „greifbar". Durch die Wiederholungen wurden „die Bilder" zum Teil noch realistischer. Einzelne Episoden kannte ich auswendig. Ich bin sozusagen mit den Erinnerungen meiner Eltern großgeworden. Die Hoffnung, die Geschwister je zu sehen, hatte Vater schon aufgegeben.

Umso größer war die Überraschung, als Vater nach mehr als vierzig Jahren durch einen glücklichen Zufall erfuhr: Sie leben! Unbeschreibliche Tage folgten darauf. Die Trauer wich dem Glück und der Hoffnung auf ein Wiedersehen. Zwei Personen über Sechzig erhielten ohne weitere Hindernisse ein Visum für drei Monate. Meine Eltern hatten vor, nur einen Monat zu bleiben, denn zu diesem Zeitpunkt endete mein Mutterschaftsurlaub, ich musste arbeiten und die Großeltern auf die elfmonatigen Enkeltöchter aufpassen. Die Großeltern blieben drei Monate! Sie informierten mich im Brief, sie möchten auf jeden Fall nach der goldenen Hochzeit der Tante Eugenie zurückkehren. Also doch fast drei Monate! Sauer war ich schon, denn meine Zwillinge forderten ihr „Tribut". Sie schliefen nicht zu gleichen Zeiten, eine war stets wach, also hatte ich praktisch keinen Schlaf, es gab keine Babynahrung zu kaufen, keine Pampers, dafür nasse Windeln in doppelter Ausführung und das im regnerischen, früh eingetretenen Herbst.

Verstehen konnte ich die Entscheidung meiner Eltern umso mehr, als sie begeistert, mehr als überwältigt zurückkehrten. Mutter wiederholte danach stets: „Wenn unsere Kinder mitkommen könnten, wären wir nie zurückgekommen." Nun nahmen meine Tanten, die für mich eh schon immer präsent, „lebendig" waren, „realistische" Züge wie Gestalten an. Da waren sie, meine drei Tanten auf den Fotos, Mitte sechzig, jede auf ihre Weise meinem Vater verblüffend ähnlich. Und ich wiederum ähnelte meinem Vater. Durch die darauffolgenden Erzählungen rückten sie mir wie meine vielen Cousins und Cousinen noch näher. Plötzlich hatte ich eine große Familie. Auf dem Hochzeitsfoto standen sie alle: drei Tanten mit dreizehn Kindern, deren Ehepartnern sowie deren zwanzig Kindern. Es waren unglaublich vertraute Gesichter. Dieses Gefühl der Vertrautheit wuchs durch die Namen und einige Details zu jeder Person, die meine Eltern lieferten.

Begeistert berichteten sie über die Sauberkeit auf den Straßen, die festen Fahrpläne der Züge und Busse, das märchenhaft grüne Land, die Erziehung der Kinder, die um zwanzig Uhr ohne Wenn und Aber ins Bett müssten, und deren Wille nicht nach jedem Schrei nachgegangen wird, nicht zuletzt vom „Eldorado" der Konsum-Geschäfte und Warenhäuser der DDR. Und zum Schluss die Geschichte vom im Regionalzug vergessenen Sakko des Vaters, das tags darauf noch am gleichen Hacken hing. Beeindruckt war mein Vater von dieser Ehrlichkeit. Ein Traumland eben, diese DDR. Vom tagespolitischen Geschehen hatten sie keine Ahnung. Man musste schon da leben, um das zu erfahren.

Dafür änderten sich ihre Alltagsgewohnheiten. Seit ihrer Rückkehr tranken sie anstatt schwarzen Tee zum Frühstück wie bis dahin üblich (und in Russland überhaupt) nur Kaffee und ein Frühstücksei durfte nicht fehlen. Selbstverständlich änderte sich auch für mich einiges, eher geistiger Natur. Mein Wunsch, die unbekannten Verwandten zu besuchen, wuchs von Tag zu Tag.

Schwierigkeiten beim Visumerhalt

Ich schrieb meinen Tanten, Cousinen Dankesbriefe für die Geschenke, die meine Eltern mitbrachten, sie antworteten. Es entstand ein reger Briefwechsel. Auch luden mich einige ein, sie zu besuchen. Mein Wunsch, sie „hautnah" zu erleben, die Mitglieder meiner Familie persönlich kennenzulernen, war enorm. Zu mir konnten sie ja nicht kommen, denn ich wohnte in einer für Ausländer so genannten „geschlossenen Zone" mit vielen wichtigen wirtschaftlichen und militärischen Objekten, allen voran „Baikonur", von dem die Raketen in das All starteten, und dem Polygon der Atomversuche.

Besonders intensiv schrieb Tante Lenchen aus Berlin, die nur ein paar Jahre älter war als meine Mutter. Da Tante Lenchen einen Berliner heiratete, musste sie 1945 nicht wie Tausende Deportierte mit dem Rückzug der Armee in die Sowjetunion zurück.

Mutter teilte ihrer Tante beim Wiedersehen in Berlin mit - nach einem halben Jahrhundert - sie habe mich nach ihr benannt. Dieser Umstand, sowie meine Briefe in Deutsch, trugen auch dazu bei, dass Tante Lenchen mich schon im Sommer 1974 zu sich einladen wollte. Doch daraus wurde aus einigen privaten Gründen nichts. Die Kinder waren zu klein und wir zogen in den Sommerschulferien bzw. meinem Urlaub nach Jermak um, einer kleinen Stadt am Fluss Irtysch. Bald darauf ging es der Tante gesundheitlich nicht gut, sie erkrankte an Brustkrebs. Ihr Wunsch mich zu sehen wuchs, auch ihr Vermögen hatte sie mir zu vererben.

Mein Vater lehnte das Erbe kategorisch ab, das lasse er nicht zu. Es sollte nicht heißen, wir wären nicht zufrieden und glücklich, worüber wir verfügten. Er wollte meine Reise verhindern. Erst Jahre später begriff ich den wahren Grund dafür. Meinem lieben Vater saß die Angst, erneut als deutscher Spion verfolgt und verhaftet zu werden, zu tief in den Gliedern.

Auch mein älterer Bruder und seine Frau waren ungeheuer aufgebracht. Sie stellten mich zur Rede: „Wieso musst du das tun? Die sperren unsere ganze Familie ein." Ich verstand diese Angst ebenso wenig wie die Aufregung meines Vaters nach der Reise zu seinen Geschwistern.

Nach der Rückkehr meiner Eltern von der Reise in die DDR hatte der benachbarte Kriegsveteran Stepanow meinen Vater gefragt: „Na, Kelm, kehrst jetzt zu deinen Faschisten zurück?" Das war ein Warnsignal für meinen Vater. Ihn holte die Angst ein, die seit Stalins Tod 1953 allmählich einschlummerte.

So sind meine Eltern nie wieder nach Deutschland gereist. Meine Mutter war mutiger, sie brachte Vater einmal sogar soweit, dass er mit gültigen Reisepapieren in den Zug stieg. Irgendwann, auf der Zugfahrt nach Moskau zwang er Mutter zur Rückkehr. Seine Nerven lagen blank, sie gab auf.

Umso mehr unterstützte mich meine liebe Mutter, als ich im Frühling 1975 die Einladung von Tante Lenchen zu den Behörden trug. Im Mai, nach mehr als zwei Monaten Wartezeit, bekam ich eine kurze schriftliche Absage, ohne weitere Erklärung: „Die Ausreise in die DDR auf Einladung ist Ihnen nicht gestattet." Darunter: „Bezirksverwaltung für Inneres, Stadt Pawlodar, Kasachstan. Unterschrift: Frau Woroschilowa."

Erst zehn Jahre später, bei der Schulabschlussfeier, erfuhr ich, wem ich die Absage zu „verdanken" hatte. Zu jener Zeit war der Kasache Schaimerdenow der Komsomolsekretär der fünfzigtausend Einwohner zählenden Arbeitersiedlung. Er legte sein Abitur in der Parallelklasse ab. Und mir schien, er mochte mich sehr. Beim KGB (Staatssicherheitskomitee) wurde er als erster gefragt. „Nein, sie darf nicht", sagte er, und das genügte.

Seine genaue Begründung kannte auch mein Freund nicht, der mir das erst nach zehn Jahren zu sagen wagte. Ich konnte es mir nun vorstellen. Es war purer Neid. Niemand durfte und konnte fahren, wieso dann ich?

„Sie kann gut Deutsch sprechen und ist zu naiv, um ins Ausland zu fahren", wird er gesagt haben. Meine Vermutung ist nicht aus der Luft gegriffen, sondern basiert auf späteren Erfahrungen und Fakten.

1976 versuchte ich erneut in die DDR zu reisen, diesmal auf Einladung von Onkel David, dem Ehegatten meiner Tante Eugenie. Tante Lenchen war inzwischen verstorben. Ich lernte sie nicht mehr persönlich kennen, obwohl sie es sich, schon todkrank, so innig gewünscht hatte. Später stand ich dann vor dem Hochhaus in der Münzstraße am Alexanderplatz, in dem sie gelebt hatte. Ihre ehemalige Wohnung stand leer. Ich suchte ihr Grab auf dem Friedhof auf und nahm in Gedanken Abschied.

Inzwischen war ich Lehrerin geworden, hatte geheiratet und Kinder bekommen. Wir wohnten in der Stadt Jermak am großen Fluss Irtysch. Mein Mann hatte da eine Stelle als Leutnant der Polizei, ihm wurde als einem erfolgreichen und hochgeachteten Polizisten eine Blitzkarriere vorausgesagt. Als ich dann im Sommer des gleichen Jahres meine Verwandten in der DDR besuchen durfte, glaubte ich, es läge ausschließlich am Einfluss in seiner Position. Dass da noch andere Faktoren mitspielten, wie etwa das persönliche Interesse seiner Kollegin, der Leiterin der Meldestelle, wurde mir wie vieles andere erst Jahre später klar.

Für die Leiterin der Meldestelle, die eine enge kollegiale Beziehung zur geheimnisvollen Frau Woroschilowa pflegte, war das eine Quelle an märchenhafte Klamotten aus der DDR heranzukommen. Sie hatte sechs Kinder, die brauchten wie sie schöne Sachen. Für sich bestellte sie sofort einen Jeansrock. Die Bestellliste war mindestens „einen Koffer lang". In der wirtschaftlich hochentwickelten DDR gab es wertvollere Sachen als in den eher besuchten Ländern wie Bulgarien oder Jugoslawien, so die herrschende Meinung der wenigen Touristen, die diese sozialistischen Länder besucht haben. Wichtig war dabei der Umstand, dass ein einfacher Tourist nicht die Möglichkeiten für einen Einkauf besessen hätte, wie ein Reisender auf Einladung. Ich war eine der wenigen, die sich solche Auslandsreise privat zutrauten. Zu jener Zeit sogar die Einzige aus meinem Ort, die auf Einladung von Verwandten ins Ausland reiste.

Natürlich spielte dabei auch der Umstand eine Rolle, dass ich ohne meine kleinen Kinder nie im Ausland geblieben wäre. Trotzdem glaube ich, dass als Hauptgrund die Beschaffung der traumhaften Klamotten für die Familie der Leiterin ausschlaggebend war.

Es gab einen dritten Grund aus dem letzteren resultierend: die Leiterin legte für mich beim allmächtigen KGB ein gutes Wort ein. Sie hatte schon vor meinem offiziellen Erscheinen mit den Kollegen der geheimnisvollen und furchterregenden Behörde telefoniert, was sie mir später streng „vertraulich" verriet. Umso dankbarer musste ich sein, was ich zu jener Zeit war, wie ich es auch heute noch bin, denn sonst gäbe es die nachfolgenden Reisen und das Kennenlernen meiner lieben großen Familie nicht. Selbstverständlich wurde ich offiziell zum Gespräch beim KGB eingeladen, bei dem sich meine beiden Gesprächspartner meiner vollkommenen Naivität vergewisserten.

Ich verstand tatsächlich nicht einmal, worauf die beiden hinauswollten. Sie fragten mich, wie ich mir den Aufenthalt in der DDR vorstellte. Ich erzählte von Ansichtskarten und Souvenirs für meinen Deutschunterricht etc.

Als ich aus der DDR zurückkehrte, wurde ich beim zweiten Gespräch, teils unbewusst, teils durch das erste Gespräch klüger geworden, für den KGB völlig uninteressant. Ich berichtete von einem kleinen Dorf in Mecklenburg-Vorpommern mit knapp einhundert Einwohnern, meinen drei Tanten und unzähligen Verwandten, die ich in den dreißig Tagen kaum alle besuchen konnte. Unterwegs war ich nur mit dem Auto meines Cousins gewesen. Gesprächsstoff war außer der Geschichte der gemeinsamen Vorfahren das Leben meiner Eltern und meines Bruders. Ich zeigte auch eine kleine Fahne mit der Aufschrift „Deutsch-Sowjetische Freundschaft" vor, die mir der einzige Kommunist in meiner Verwandtschaft geschenkt hatte. Sie sollte als Beweis für die „richtige Gesinnung" meiner Verwandten dienen, was ja der Wahrheit nicht widersprach. Kurze Ausflüge nach Berlin, zur Leipziger Messe, in die Dresdener Gemäldegalerie, nach Sanssouci und der Gedenkstätte Ravensbrück erwähnte ich wegen der Souvenirs. Dass ich überall alleine gewesen war, verschwieg ich.

Beim abschließenden Gespräch musste ich unterzeichnen, dass ich keinen schriftlichen Kontakt zur Verwandtschaft in der BRD aufgenommen hatte. Dort lebten zwei Tanten, drei Cousinen sowie zwei Cousins.

Da ich sie nicht kannte und die Verwandten in Mecklenburg-Vorpommern liebgewonnen hatte, fiel mir diese Unterschrift nicht übermäßig schwer. Ich hoffte auf ein eventuelles persönliches Kennenlernen mit den „Westlern" in der DDR.

Kapitel 3. Meine fünf Reisen in die DDR.
1976-1989

Natürlich waren die Eindrücke in den dreißig Tagen in der DDR überwältigend, aber zuerst erlebte ich auf dem Wege bis Frankfurt an der Oder so manches.

Meine Reise begann am 15. Juni 1976. Bis zur Bezirksstadt Pawlodar brachte mich der Frühbus. In unserer kleinen Stadt verkehrten weder Flugzeuge noch Züge. Der Flug von Pawlodar bis Moskau dauerte dreieinhalb Stunden.

Doch ich reiste meinem Vater zuliebe mit dem Zug dreieinhalb Tage und Nächte. Er stieg selbst nie in ein Flugzeug und bat mich, das nicht zu tun. Dafür konnte ich auf dem langen Weg bis zur Hauptstadt die schönen Landschaften mit eigenen Augen erleben. Aus dem Geographieschulbuch und den Landkarten kannte ich die vielen Flüsse und Ströme, wie die mächtige Wolga, den wunderschönen Ural mit dem einmaligen Erlebnis: dem Grenzstein „Europa-Asien".

Intourist

Als ich am frühen Morgen am Kasanski Woksal (Bahnhof) ankam, fuhr ich mit der Metro sofort zum Reisebüro „Intourist". Es war sehr kühl für diese Jahreszeit und es regnete. Ich trug einen grauen Regenmantel, der mir zu Hause gar nicht so schäbig erschienen war, eher modern und elegant. In der überfüllten Moskauer Metro zu dieser frühen Stunde fiel mir der für mich unvorteilhafte Unterschied auf. Ich hatte aber in der riesigen Reisetasche außer einer Garnitur Unterwäsche nichts mit, noch nicht mal eine Strumpfhose. Mutter sprach aus Erfahrung zu mir: „Nimm nichts mit, kauf' da und zieh es an, du wirst sowieso ein schweres Gepäck haben, musst aber wenigstens nicht die alten Sachen schleppen, sparst an Platz." So tauchte ich im Reisebüro Intourist auf: mit vor Vorfreude glänzenden braunen Augen, langem vollen, kastanienbraunen Haar, kräftiger gebaut als die Moskauer dünnen Mädels, im grauen Regenmantel und barfuß in Sandalen. Alles wirkte provinziell. Noch nicht einmal Gold im Mund, zu dem ich auch nie kam, hatte ich vorzuweisen.

Das Reisebüro hatte gerade geöffnet, ich war die einzige am Kassenschalter. Dahinter eine Dame mittleren Alters mit einem grauen Büroteint und ebenso grauen, nichtssagenden Fischaugen. Höflich fragte ich nach einem Ticket für den Neunzehn-Uhr-Zug nach Berlin. Wie vom Blitz getroffen hörte ich die Frau teilnahmslos sagen: „Alles ausverkauft." Die Verzweiflung stand mir ins Gesicht geschrieben: „Wie, keine einzige Fahrkarte mehr? Was soll nun aus mir werden, ich habe nicht einmal einen Hotelplatz?" Dass ich mir ein Hotel der Preise wegen nicht erlauben könnte und deswegen in der Bahnhofshalle übernachten müsste, fügte ich nicht hinzu, das sah sie mir wohl auch so an.

Ich rechnete wirklich nicht damit, ich war sogar überzeugt, dass ich noch heute die Grenze passieren würde, wie es in den Papieren stand. Niemand hatte mich vorgewarnt, es könnte Probleme geben. So stotterte ich noch ein paar Minuten und hoffte auf Verständnis und Mitgefühl der Frau oder ein Wunder, was auch immer. Es geschah nichts. Ratlos fügte ich hinzu. „Was soll ich nun tun?" Ohne zu mir hoch zu schauen, sagte die Angestellte: „Wenn Sie wollen, können Sie abwarten, vielleicht gibt ja einer sein Ticket zurück."

Es begann das leidige Warten, von jedem gehasst, jeder hat in seinem Leben so oft darüber geschimpft und es danach wieder vergessen. Wie könnte man auch diese zahlreichen Situationen im Gedächtnis speichern? Dieses Warten werde ich nie vergessen.

Draußen regnete es in Strömen, die Sonne zeigte sich nicht. So trostlos sah es in mir aus. Im kleinen Raum gab es keinen Stuhl. Ich musste am Eingang stehen, das Stehen war nicht so schlimm, aber es kam einfach keine Seele herein, um ein Ticket abzugeben. Die Zeit lief langsam. Um dreizehn Uhr machte man Mittagspause und schloss ab. Auf dem etwas breiter vorstehenden Fundament des Hauses ließ ich mich nieder. Ich durfte hier nicht weg. Es könnte ja jemand in der Zwischenzeit kommen und mir das Ticket als Erster wegnehmen. Noch fünf Stunden bis zur Abfahrt des Zuges! Die Mischung meiner Gefühle: Spannung, Hoffnung und Ungewissheit wuchsen zu einem krampfhaften Kloß im Magen, an eine Mahlzeit dachte ich nicht.

Im Büro änderte sich auch nach der Pause nichts. Ich stand am großen Fenster und sah fast unentwegt mit den Augen eines bettelnden Hundes auf die Frau hinter dem Glas. Sie telefonierte, schrieb, telefonierte wieder. Ich strengte mein Gehör an, hörte aber nichts. Vereinzelte Besucher kamen und gingen, nichts passierte. Meine Stimmung und Haltung wurden immer hoffnungsloser. Um achtzehn Uhr würde das Büro geschlossen werden. Kurz nach siebzehn Uhr sagte die Angestellte plötzlich: „Frau, kommen Sie her. Ich habe noch ein einziges und letztes Ticket", wobei die Betonung auf das „letzte" fiel. Mit zittriger Hand bezahlte ich das langersehnte blaue Stück Papier und bedankte mich artig. Die Frau behielt ihren nichtssagenden Ausdruck und erwiderte mein „Auf Wiedersehen!" nicht. Was sollte sie auch damit? Die Höflichkeitsfloskeln konnte ich für mich behalten. Um das zu begreifen, brauchte ich dank meiner elterlichen Erziehung und den provinziellen Lebensumständen noch viele Jahre. In meiner Welt war Ehrlichkeit das Gebot Nummer Eins und von Bestechlichkeit, Schmiergeldern oder Korruption ahnte ich nichts. Vielleicht „da ganz oben", aber doch nicht unter uns „einfachen Menschen".

Zug Moskwa-Berlin

Nun musste ich zum Belorusski (dem Weißrussischen Bahnhof), von dem die Reisen nach dem „goldenen Westen" gingen. Der lag - Gott sei Dank! - nicht weit vom Intourist-Büro entfernt. Der Zug „Moskwa-Berlin" stand schon auf dem angegebenen Gleis, ich sah „meinen" Wagen Nummer neun vor mir. Bis zur Abfahrt blieben noch fünfunddreißig Minuten. Es bewegte sich absolut nichts. Niemand stieg ein, keiner verabschiedete sich, wie gewöhnlich kussreich und überschwänglich von zahlreichen Verwandten mit einer Flasche Wodka und kleinen Gläschen, aus der Hosen- oder Handtasche gezaubert, sowie obligatorischen „Sakuska-Imbiss", der sauren Gurke oder dem Stück Brot dazu, an dem die Männer nur rochen. Das Ausfallen dieser Rituale, das Fehlen der Passagiere vor dem Wagen, in den letzten dreißig Minuten, schien mir außerordentlich verdächtig. Da stimmte doch wieder etwas nicht. Nichts wünschte ich mir sehnsüchtiger, als meinen Platz im Wagen aufzusuchen, mich endlich hinzusetzen, nein, nach neun Stunden Stehen, mich fallen zu lassen, meine überstrapazierten Nerven zu entspannen.
Vor dem Wagen standen zwei stämmige uniformierte Schaffner. Ich stand abseits und traute mich nicht heran. Die Stimme aus dem Lautsprecher verkündete zum zweiten Mal: „Der Zug Moskau-Berlin befindet sich auf Gleis sieben und ist zur Abfahrt in zwanzig Minuten bereit". Es passte einfach alles: das weiße Schild „Moskwa-Berlin" am grünen Wagen, die Nummer des Zuges, die Abfahrtzeit. Keiner stieg ein, das war nicht nur nicht komisch, es war gespenstisch. Ich musste doch den ganzen langen Tag mit Bauchschmerzen auf das allerletzte Ticket für diesen Zug warten und nun, ein paar Minuten vor der Abfahrt steigt

niemand ein, da konnte einfach etwas nicht stimmen. Der Bahnsteig musste von Menschen wimmeln, er war aber seelenleer. Nur vor der Tür „meines" Wagens, Nummer neun, standen die zwei uniformierten Kolosse. Als die Stimme im Lautsprecher achtzehn Uhr fünfzig Minuten ansagte und mit Nachdruck betonte: „Bis zur Abfahrt des Zuges „Moskau-Berlin" bleiben zehn Minuten. Die begleitenden Personen haben den Zug zu verlassen, die Reisenden werden gebeten ihre Plätze einzunehmen", entschied ich mich. Die Angst, den Zug meines Lebens (es war schon ein gewagter Schritt in meinem Leben) zu verpassen, setzte nun meine Beine, die sich wie Watte anfühlten, in Bewegung. Kaum zu glauben, dass ich mich auch nach dreißig Jahren genau erinnern kann, was ich damals fühlte, wie groß die Hemmung, die Naivität waren, die Scham, etwas Falsches zu tun, die Angst, lächerlich zu erscheinen, da es ja unmöglich mein Zug sein konnte.

Die Schaffner sahen mich misstrauisch mit dem „Na, hat die sich verlaufen?-Blick" an. Sie luden nicht ein, spornten nicht an. „Dawai, dawai, sonst kannst du hier bleiben, wir fahren nun los", wie es sonst bei verspäteten Passagieren üblich war. Unsicher wie ein Schulmädchen fragte ich, das Ticket vorweisend: „Auf meinem Ticket hier sind Zug, Wagen und Uhrzeit angegeben. „Stimmt ja auch alles", sagte ein respekteinflößender Wachmann. „Es steigt aber keiner ein, und ich habe das allerletzte Ticket vor einer Stunde wie durch ein Wunder erhalten."

Ich kam nicht zur weiteren Erklärung meiner Unsicherheit. Der Wagen hätte demnach voll sein sollen. Die Männer schauten sich nur kurz an und brachen in Gelächter aus. Sie krümmten sich vor Lachen, einer hielt sich den Bauch und drohte zu platzen, der andere schlug sich mit der Handfläche gegen die Stirn, wiederholte ein paarmal: „Njet, njet" und grölte, bis ihm die Tränen in den Augen standen. Sie konnten gar nicht aufhören. Zwar lächelte ich aus Höflichkeit, ich hatte ja keine Ahnung, worum es hier ging. Wie konnte ich auch? Ich ahnte nicht, was beide wussten. Ihnen war sofort klar, sie haben ein naives Provinzmädchen vor sich, das den einfachen Trick mit dem „letzten" Ticket nicht verstanden hatte. Man wollte doch nur etwas Geld von ihr, und schon hätte sie das Ticket sofort gehabt. Für mich sollte es aber bei weitem nicht das letzte Mal sein, dass ich mich lächerlich machte, ohne mir dessen bewusst zu sein.

Die vertraute Lautsprecherstimme erklang: „In zwei Minuten fährt vom Gleis sieben der Zug „Moskau-Berlin" ab, die Türen schließen, Vorsicht auf dem Bahnsteig!" Der Schaffner sagte mit Tränen in den Augen: „Na, worauf wartest du noch? Schnell rein mit dir, wenn du tatsächlich vorhast, nach Berlin zu kommen!" Und ob ich das vorhatte! Nach mir schlossen die Schaffner die Tür, und schon fuhr der Zug.

Ich suchte mein Abteil und den angegebenen Schlafplatz auf, der sich, wie es sich herausstellte am anderen Ende des Wagens befand. Ich kam aus dem Staunen nicht heraus, alle Abteile, an denen ich vorbeiging, waren leer. Im letzten saß ein schwarzer Mann, dem gehörte der untere Schlafplatz, meiner befand sich über seinem. Zwei gab es in den Zügen ins Ausland im Unterschied zu den Inlandszügen, die über vier bis sechs Schlafplätze verfügten. Mich ergriff Panik. Mit einem Mann, dazu noch dem ersten schwarzen Mann in meinem Leben, ganz alleine, und wenn auch nur eine Nacht im Zug. Ich wollte nicht weltfremd erscheinen und versuchte, mir nichts anmerken zu lassen.

Der Mann, wie es sich später herausstellte, ein nigerianischer Student, begriff sofort meine Verblüffung und bot mir galant an, er werde im anderen Abteil schlafen, das ließe sich bei dem leeren Wagen leicht machen. „Wenn Sie aber nichts dagegen haben, möchte ich der Gesellschaft wegen noch hier bleiben", sagte der Mann. Mir passte es gar nicht, ich wollte aber nicht unhöflich sein, wo er doch so entgegenkommend war. Wenn er nur keine Annäherungsversuche unternähme, schlugen die Alarmglocken in mir. Den Gedanken verwarf ich aber sofort, denn ich hatte ja die starken Beschützer in Uniform nebenan.

Da erschien auch schon einer und bot Tee und eine Kleinigkeit zum Abendbrot an. Mein Nachbar erkundigte sich nach dem Restaurant und begab sich dorthin. Ich sagte bescheiden: „Bitte ein Glas Tee und ein Päckchen Zwieback." - und fügte fast entschuldigend dazu: „Ich mag Moskauer Zwieback." Der Schaffner grinste, ich verstand nicht weshalb.

Nach ein paar Minuten kamen beide in mein Abteil, einer mit dem Glas heißen Schwarztee, der andere mit dem Päckchen Zwieback. Der erste setzte sich und kassierte ab, der andere blieb stehen und fragte: „Na, wo geht's denn hin, nach Berlin? - Aha, nicht nach Berlin, sondern ein Dorf in Mecklenburg-Vorpommern also!" Die Enttäuschung stand ihm ins Gesicht geschrieben. „Woher kommst du und was machst du eigentlich?" - fragte der andere. „Ach, Lehrerin aus Kasachstan! Na, Lehrerin aus Kasachstan, was für Geschenke bringst du deinen Verwandten mit?" Es folgte ein erschütterndes Gelächter auf meine Aufzählung. Die ironisch-höhnische Art dieses Lachens konnte ich ebenso nicht verstehen, wie die Reaktion auf die Geschichte mit dem „allerletzten Ticket".

Das war für mich, provinzielle Lehrerin, die aus Überzeugung die höchsten moralischen Werte wie Ehrlichkeit, Bescheidenheit etc. ihren Zöglingen vermittelte, einfach unbegreiflich. Dabei hatte ich mir solche

Mühe bei der Auswahl der Geschenke gegeben. Da ich mindestens zehn Familien mit einem kleinen Mitbringsel Freude bereiten wollte, hatte ich eine Menge Holzlöffel, Keramikvasen, Kristallschalen, goldumrandete Weingläser, zwei Wodka-Flaschen (mehr war nicht erlaubt) und Kaffeebüchsen bei mir.

Der lösliche Kaffee war es, der die Männer noch sarkastischer stimmte. „Den Kaffee hättest du in Kasachstan lassen können, den trinken die nicht." Wiederum erklärte das provinzielle Dummerchen: „Meine Eltern haben 1973 noch Bohnenkaffee mitgenommen, da gab es noch welchen und billig. Nun gibt es keinen Bohnenkaffe mehr seit einer geraumen Zeit, er ist aus den Supermärkten verschwunden." Das ging auf einen politischen Konflikt mit einem der Exportländer zurück, in Russland wuchs kein Kaffee. Echten Kaffee gab es nur durch Beziehungen, der war für einfache Menschen unbezahlbar. Ein Pfund kostete ein Viertel meines Monatslohnes, doch ich besaß keine Beziehungen. Die Erkenntnis und Erfahrung kamen erst später, als mein Ehemann bei der Wirtschaftspolizei einige „Fälle" von Korruption andeutete. Er nannte keine Namen, regte sich aber fürchterlich auf, dass die Staatsanwaltschaft an die „Großen" der Branche nichts heranlässt. Aber zurück zur Reise. Um die Atmosphäre zu entspannen, erzählte ich einen Schulwitz zu diesem aktuellen Thema.

Ein schwarzer Junge schreibt an seinen neuen russischen Brieffreund: „Ich bin schwarz, meine Eltern sind schwarz, sie trinken schwarzen Kaffee und tragen keine Kleider." Worauf der russische Schüler antwortet: „Ich bin weiß, meine Eltern sind weiß, mein Vater trinkt weißen Wodka und meine Mutter sagt, würde er schwarzen Kaffee trinken, müssten wir auch nackt herumlaufen." Ich fand es immer faszinierend, wie das Volk so humorvoll auf die unangenehmsten Sachen reagierte. Wenn es auch Galgenhumor war, aber er half zu überleben. Meine Gesprächspartner fanden den Witz viel weniger amüsant als ich. Sie kannten ja dieses Problem nicht, bestimmt tranken sie deutschen Kaffee, sie waren oft in Berlin und kannten mit Sicherheit „wichtige" Personen und hatten Schmiergeld wie ihre Kollegen, die Gepäckträger. Das wäre die nächste kleine Geschichte zu den Reisen in die DDR.

Gepäckträgergeschichten

Die Gepäckträger-Geschichte begann 1976 auf der Rückfahrt am Kasanski Bahnhof und wiederholte sich notgedrungen auf jeder meiner fünf

Reisen in die DDR, ausgenommen der einen Hinfahrt, die ich gezwungen wurde, mit dem Flugzeug zu machen. Das geschah 1983. Wieder fuhr ich, zum ersten Mal mit meinen elfjährigen Zwillingstöchtern, nichts ahnend zur Weiterfahrt in die DDR vom Kasanski zum Belorusski Bahnhof. Da erklärte man mir am Schalter für Reisende in das Ausland: „Sie dürfen sich als Transit-Passagier in Moskau nicht aufhalten. Sie nehmen ein Taxi und begeben sich sofort zum Aeroport Scheremetjewo. Von da aus fliegen Sie heute noch nach Deutschland." Moskau erwartete Gäste aus aller Welt zu einem bedeutenden Ereignis und konnte sich die Blamage, dass tage- und nächtelang Passagiere auf Fußböden und Bänken der Bahnhofshallen liegen würden, nicht leisten. Tatsächlich gab es am internationalen Flughafen Moskau sofort Flugtickets, und nach einigen Stunden hob die Aeroflot-Maschine Richtung Berlin ab.

Auch dieses Mal hätte es total schief gehen können, denn die Flugtickets waren bedeutend teurer als die der Bahn. In Moskau hätte ich unmöglich Geld auftreiben können, ich besaß noch nicht einmal ein Sparbuch. Mein Urlaubsgeld, das Geliehene, alles hatte ich bei mir. Und all das ging für die Tickets drauf. Nun war ich völlig auf meine Verwandten in der DDR angewiesen. Obwohl ich das auf der Rückreise sowieso war, sonst könnte ich mir diese Reisen überhaupt nicht leisten. Als Lehrerin, sogar besserverdienende stellvertretende Direktorin und alleinerziehende Mutter von zwei Kindern, konnte ich mir einen Urlaub am Schwarzen Meer oder eine Reise nach Leningrad nicht leisten. Dafür fuhr ich nun jedes dritte Jahr dank meiner lieben Verwandten in die DDR, wodurch ich großen Neid meiner Nachbarn und Kollegen erregte.

Aber nun zurück zu den Gepäckträgern. Als ich nach dreißig Tagen meines ersten Urlaubs in der DDR nach Moskau angekommen bin und an dem gleichen Tag noch nach Kasachstan zurückwollte, erlebte ich an den Kassen des Kasanski Bahnhofes erneut einen Schock. Die Menschenmassen an den Kassen für die Richtungen Sibirien, Kasachstan, Mittelasien usw., glichen einem übergroßen lauten Ameisenhaufen. Alles schrie, trampelte, schubste, heulte, rangelte. Es waren meist Männer, die Frauen hatten keine Chance. Die saßen, lagen auf Bänken und Fußboden mit den Kindern, von denen es auch wimmelte, mit Keksen, Eis, Limonade reichlich versorgt. Womit sollten sie auch stunden-, tagelang „gestillt" werden? Alle und jeder in der Halle sahen verschmutzt und schweißgebadet aus. An dem penetranten Geruch, der beim Eintreten in die Nase schlug, gewöhnte man sich, aber das Gefühl der Aussichtslosigkeit ein Ticket zu beschaffen, wuchs mit jeder Minute.

Nach einer Stunde Anstehens bekam ich an der Information die Antwort, nach der ich mich auch sofort auf die dreitausendfünfhundert Kilometer lange Strecke zu Fuß begeben konnte. Sie hieß: „Sehen Sie nicht die Menschen hier, die wollen alle wie Sie weiterfahren. Manche sitzen hier schon mindestens eine Woche." Meine Verzweiflung war unbeschreiblich. Im Nu war das wunderschöne Deutschland, wo ich an keinem Schalter stehen musste, als ich nach Berlin, Dresden, Weimar, Leipzig reiste, irgendwo weit weg. Ich hatte es wieder mit der erbarmungslosen Wirklichkeit der Reise durch die Sowjetunion zu tun. Ich versuchte es zwar vor einer Kasse herauszufinden, wer der Letzte sei, gab es bald auf, denn um das herauszufinden, müsste ich mindestens von der Kripo sein. Aber Gott sei Dank, mischte sich die Miliz da nicht ein, sonst wäre bestimmt Blut geflossen.

Ab und zu wurden Randalierer abgeführt, danach fluchte und schrie man in derselben Stärke weiter. Komischer Weise wurden die grässlichen Menschenhaufen nicht weniger, wenn auch ab und zu ein Familienvater mit den wertvollen Papierfetzen von der Menge „rausgekotzt" wurde. Die „Haufen" rumorten weiter. Mein erster Gedanke war: „Nichts wie raus hier, denn du erstickst noch." Dennoch blieb ich, wohl um irgendein Wunder nicht zu verpassen.

Irgendwann erbarmte sich eine Frau, deren Kinder herumtobten, und wies auf einen freien Platz. Ich sollte wenigsten kurz meine Beine ausruhen. Die Frau war gesprächig. Dass unbekannte Menschen in Russland leicht aufeinander zugingen, war mir durchaus vertraut. Wir unterhielten uns kurz und schon wusste sie, wie es um mich aussah. Sie hatte ja einen Mann, der die Tickets besorgt hat, und in sieben Stunden fahren sie heim nach Sibirien.

Erfreut über diesen Zustand, gab sie an mich das Geheimnis weiter: „Eine Möglichkeit, an die Tickets heranzukommen gibt es noch, zwar kosten Sie sie viel Geld ... - das sind die Gepäckträger." Das musste sie mir genauer erklären. Da war aber nicht viel zu erklären: „Fang dir einen ab, so er alleine ist; kann der eine nicht, frag den anderen, und keine Angst, die verdienen alle auf diese Weise dazu, verpfeifen niemanden. Du musst nur bereit sein zu zahlen."

Diese Frau verhalf mir, eine wenn auch ganz schön teure „Brücke" zwischen Deutschland, Moskau und Kasachstan in den Jahren von 1976 bis 1989 aufzubauen. Mit dem Wissen, nur so klappt die Weiterreise, traute ich mich, die nächste Reise anzutreten.

Auf den Rat der Frau suchte ich einen Gepäckträger auf. Ich erlebte einen zusätzlichen Schock, als der die Summe oben drauf forderte, die ich schon für das Ticket bezahlen musste. Meine Gefühle zu zeigen, konnte ich mir nicht erlauben, das registrierte ich nur. Der größere Schock folgte sowieso noch. Die Gepäckträger trugen alle abgetretene Schuhe, über der abgewetzten Kleidung eine lange graue Schürze mit einem Metallschild und einer Nummer darauf. Eine rote Alkoholiker-Nase könnte auch für fast jeden von denen als Aushängeschild dienen. Dann würde aber jeder zweite am Bahnhof mit Bestimmtheit als Gepäckträger gefragt. Das mit den langen grauen Schürzen, versehen mit einem Jeton war schon besser, nur in meinem Fall brachte auch das nichts. Denn erst als der Gepäckträger mit dem großen Batzen meines Geldes verschwand, wurde mir klar, den erkenne ich nie wieder, denn er sieht wie hundert andere Gepäckträger, wie versoffene Penner mit Schürze und Nummer aus. Auch die Nummer merkte ich mir nicht! Die zu merken brachte mir freilich sowieso nichts, wenigstens das war mir wie Sonnenschein klar. Ich konnte doch unmöglich zum Bahnhofsleiter oder einem der Milizionäre gehen und sagen: „Der Gepäckträger Nummer so und so hat sich von mir Schmiergeld geben lassen. Sperrt ihn ein." Mir blieb weiter nichts übrig, als mich dem Schicksal zu fügen und wiederum wie schon oft im Leben: abzuwarten. Ich trank Tee und wartete.

Die Ungewissheit und Angst wuchsen mit jeder Stunde. Auch der Moskauer „Zaren-Trunk" Kwass und das leckere Eis bei eingetretener Hitze über dreißig Grad konnten mich nicht aufmuntern, schon gar nicht beruhigen. Ich glaube, da hätten auch Baldrian-Tropfen nichts bewirken können. Dieses Warten trieb mich in den Wahnsinn. Was ist, wenn er mit dem vielen Geld verschwunden ist? Wie konntest du nur einem wildfremden Menschen dein Geld anvertrauen? Wenn ich das jemandem erzähle, wie ich, die Vernünftigste und Sparsamste, mich auf solch ein Abenteuer eingelassen habe - oh, Schande! Der Mann versprach, mich nach Schichtende, etwa in sieben Stunden, an einer von ihm bestimmten Stelle aufzusuchen.

Eine Stunde vor der vereinbarten Zeit stand ich mit Bauchschmerzen und vom vielen Denken entzündetem Gehirn an Ort und Stelle. Die Umwelt nahm ich um mich nicht wahr, wenn, dann bestand sie nur aus hin und her flitzenden Gepäckträgern, mit leeren oder beladenen Karren. Jeder von denen konnte „meiner" sein. Dieses „das ist er, da kommt er, doch nicht" machte mich fix und fertig.

Fünf Minuten nach achtzehn Uhr kam aus einer gegenüberliegenden Seitentür des Bahnhofs ein gut aussehender Herr. Seine teure Kleidung hob ihn aus der ganzen Masse hervor: die ausländischen Markenschuhe, wie die perfekt sitzende Hose, das helle Hemd mit Krawatte, eine leichte Jacke (auch kein sowjetisches Erzeugnis) leger über der Schulter, in der anderen Hand einen Aktenkoffer haltend. Und dieser Mann näherte sich mir ohne Zweifel und reichte das Ticket: „Wie vereinbart. Gute Reise." Kurz und schmerzlos, könnte man sagen, wäre nicht das krankmachende stundenlange Warten davor.

Erst als er ging und mir keiner Handschellen anlegte, kam ich langsam aus dem Schock heraus und konnte wieder klarer denken. Das konnte doch unmöglich der lumpige Gepäckträger vom Vormittag sein. Dieser Mann sah mindestens wie ein Ministersohn aus. Die nächsten Reisen sollten es bestätigen, dass Gepäckträger wie Ministersöhne lebten, wie auch die mit Klunkern ausgestatteten Kassiererinnen, mit denen sie mit Bestimmtheit das Geld teilten.

Zu den kuriosen Gepäckträger-Geschichten, oder mindestens den daraus entstandenen, gehört meines Erachtens die Geschichte aus dem Jahr 1979. Man musste wegen des Tickets schon seit Jahren nicht mehr in das Reisebüro „Intourist". Dafür war ich gezwungen, mich schon auf der Hinfahrt in die DDR, am Belorusski Bahnhof, an die mysteriösen Gepäckträger zu wenden. Abgesehen davon, dass es nervenaufreibend war, kostete es finanziell eine weitere DDR-Reise. Einen anderen Weg gab es für mich nicht, denn ich hatte in Moskau keine Verwandten und einige Hotel-Übernachtungen liefen auf dasselbe hinaus. Vor Übernachtungen auf Bahnhöfen graulte ich mich.

Im Militärwagen

Dieses Mal besorgte mir der Gepäckträger eine Fahrkarte für einen Militärwagen, der normalerweise für „einfache Sterbliche" nicht zu betreten war. Der Gepäckträger meinte, es gäbe keine andere und beruhigte mich: „Nitschewo", was heißen sollte: „Macht nichts, nicht so schlimm, es wird schon keine Kontrolle geben." Eine schwache Beruhigung; die Kontrolleure könnten mich irgendwo absetzen, da würde kein Bitten helfen. Ich hatte keine andere Wahl.

Doch, es gab die Alternative, ich konnte nach Kasachstan zurückkehren, aber wiederum für den doppelten Betrag. Ich wählte das Risiko und trat die Reise in der Hoffnung auf die Kontrolle nach Brest (Grenzpunkt zwischen Sowjetunion und Polen) an. Dann können die mich nicht mehr so einfach aus dem Zug werfen, dachte ich mir, wie immer auf meine naive Weise.

So landete ich im Spezialwagen für Militär. Mein inneres Zittern und Beben sollte sich allmählich Dank eines glücklichen Zufalls legen. Es gab so wenige davon, dass ich diesen nicht vergessen habe. Im Abteil saßen nur junge Offiziere, die Karten spielten, Wodka tranken und Witze austauschten.

Für einen russischen Mann ist es selbstverständlich auch einer unbekannten Frau Komplimente zu machen, sich sofort vorzustellen, als Gentleman allerlei Dienste entsprechend der Situation zu erweisen. Dazu kam, dass ich achtundzwanzig Jahre alt und attraktiv war. Auch mein Ehering schreckte nicht ab. Es war ja auch nur ein harmloser Reiseflirt. Mein direkter Nachbar war hingerissen, bot mir Cognac und Leckereien an, bediente mich mit dem in russischen Zügen obligatorischen Tee.

In ein, zwei Stunden kannte er meine Geschichte. Er und die anderen haben geschworen, sie beschützen mich vor der Kontrolle. In dem Wagen durften ausschließlich Angestellte der Sowjetischen Armee bis Wünsdorf fahren, es könnte eine Köchin, eine Lehrerin, Verkäuferin usw. aus der sowjetischen Zone oder Offiziersfrau mitreisen. Ich war weder das eine noch das andere. Mein Nachbar war bereit zu erklären, er habe meine Reise in dem Wagen arrangiert. In die Details sollte ich nicht eingeweiht werden. Meine Aufgabe war es, den Kontrolleur freundlich und sorglos anzulächeln.

Und tatsächlich, mein breites selbstbewusstes Lächeln, das alle Anwesenden als das einer Schauspielerin empfanden (so übertrieben eben die angetrunkenen russischen Offiziere, um einer Frau zu schmeicheln), trug nicht zuletzt dazu bei, dass man mich im Zug Brest passieren ließ. In Berlin verabschiedete ich mich von den charmanten Reisekavalieren, die bis Wünsdorf durchfuhren.

Die Erinnerungen an die lustige, spannende Reise, sowie an die Macht des glücklichen Zufalls und nicht zuallerletzt, die des jugendlichen Lächelns, blieben. Gott sei Dank, benötigt man heute auf Auslandreisen kein Lächeln dafür, sonst käme ich bestimmt nicht weiter.

Der Dreizehnte. Wagen. Aus Dankeschön näht man keinen Pelz.

Zuletzt waren die Gepäckträger-Geschichten der Grund für meinen absoluten Unwillen im Sommer 1989 noch einmal eine DDR-Reise anzutreten. Aber meine Zwillingstöchter hatten gerade erfolgreich ihr Abitur geschafft und wünschten sich nichts als diese Reise. Mit der bösen Vorahnung trat ich die Reise äußerst ungern an. Wie abenteuerlich die

Hinreise vor zehn Jahren gewesen war, so strapazierend wie leidvoll verlief diese Rückreise.

Ich meckerte schon auf der Reise nach Moskau mit einer Tochter, die sich ganz besonders diese Reise wünschte: „Na, willst du dich nach Fahrkarten anstellen oder lieber auf dem Zementboden schlafen usw.?" Ich wusste, es ist ungerecht, aber ich musste meinen Frust loswerden.

Ich ahnte nicht, dass das Schlimmste uns auf dem Rückweg erwartet. Dafür konnte auch meine Tochter nichts. Aber auch meine Großnichte nicht. Die hatte uns bei jeder Rückreise die Fahrkarten in der Kreisstadt Neustrelitz besorgt, wie auch dieses Mal. Nur gab es zum ersten Mal einen Haken: die Tickets waren für drei verschiedene Wagen. Das bedeutete, wir müssen bis Moskau getrennt reisen. Bei dem vielen Gepäck war es schon ungünstig, aber die Mädchen sind siebzehn, also groß genug und pflichtbewusst, um auf sich und das Gepäck aufzupassen. Ich beruhigte mich, es sei halb so schlimm, wir werden es schon hinkriegen. Vielleicht wird ja nachher einer mit uns tauschen.

Dann kam der Tag, an dem wir uns von den Verwandten tränenreich verabschiedeten und nach Berlin kamen. Den Hauptbahnhof und das Gedränge am Zug Berlin-Moskau kannten wir ja zur Genüge, denn es war meine fünfte DDR-Reise. Andererseits ging es auf den Bahnsteigen der Sowjetunion fast oder genauso zu, nicht zuletzt wegen der für den Bürger eines kleinen Landes unvorstellbaren Dimension von Entfernungen und dementsprechenden Gepäcks, gerade bei einer Familie von mehreren Personen. Trotzdem fiel es jedes Mal schwer von der ruhigen angenehmen Atmosphäre der deutschen Bahnhöfe zu dieser, wenn auch zeitlich begrenzten „Hölle" nach einem Monat zurückzukehren.

Die Menschenmassen strömten und bewegten sich bei weitem nicht in zwei Richtungen, sie taten es kreuz und quer, dabei schrien, pfiffen sie jemandem zu, gestikulierten, schubsten, bahnten sich eben den Weg frei. Das war enorm schwierig mit der überdimensionalen Gepäckmenge eines Sowjetmenschen, der vielleicht nie wieder ins Auslandsparadies kommt. Am wenigsten hatten die Touristen, wegen Devisenmangel, an zweiter Stelle lagen wir, die Privatreisenden.

Die schlimmsten waren aber die Militärs. Die trugen ihr Gepäck auf dem Kopf und auf den Schultern, darunter Badewannen, WC-Becken. Das Gekreische und Gedränge auf einem orientalischen Basar war dagegen nichts, wenn ich in dem Moment im Hintergrund Bomben hätte fallen hören, hätte ich gedacht, es sei eine der größten Evakuierungen oder katastrophalen Plünderungen aller Zeiten.

An der Spannung in den Gesichtern erkannte ich meine Landsleute und erkenne sie auch heute nach vielen Jahren in Berlin immer noch. Diese Spannung widerspiegelt die Sorge um die Bewältigung des sowjetischen Alltags. Die Spannung und das Gedränge waren hier auch deswegen enorm, da es ja wie für uns, für die meisten der letzte Zug vor Ablauf des Visums an diesem Tage war. Alle schoben meines Wissens die Abreise und den Grenzübergang bis auf die letzten Stunden auf. Und jeder hatte nun ein riesiges Problem vor sich, wie er es mit dem vielen Gepäck rechtzeitig in den Wagen schafft.

Die eigentliche „Katastrophe", das Desaster, sollte aber noch kommen. Wegen der Platzkarten in drei verschiedenen Wagen und dieser unbeschreiblichen, alles zertrampelnden, Menschenmassen, beschlossen wir in einen und zwar dem letzten, dreizehnten, Wagen einzusteigen, damit zwei von uns sich schon im Zug in die Wagen elf und zwölf begeben. Oh, Schreck! - ich traute meinen Augen nicht: einen dreizehnten Wagen gab es einfach nicht! Wieder und wieder schaute ich mir die Tickets an, da stand es schwarz auf weiß: „Wagen 13". Mir war nicht nach Aprilscherz. Die Uhr tickte wie eine Zeitbombe, es musste gehandelt werden, der Zug wird keine Minute warten. Ich drängte mich zur Schaffnerin des zwölften Wagens vor und fragte, ob es eventuell irgendwo vorne einen dreizehnten Wagen gäbe. Die Antwort überraschte mich nicht: „Es gibt keinen dreizehnten, wir sind die letzten." Die Frau sah meine Verzweiflung und war bereit, den Brigadier des Zuges zu holen.

Tatsächlich erschien erstaunlich schnell ein Herr in Eisenbahn-Uniform, klein von Wuchs, aber seiner „Chef-Größe" auf jeden Fall bewusst. Das fiel sofort auf, wie auch sein typisch Moskauer Akzent. Er bestätigte nun offiziell: „Einen dreizehnten Wagen gibt es in meinem Zug nicht. Das ist ein Ticket für einen anderen Zug." Meine Logik, es stimmen Datum und Uhrzeit, ließ ihn kalt, so wenig, wie ihn das Argument beeindruckte, wir müssen noch heute die Grenze passieren, um einem politischen Eklat zu entgehen. Er beachtete mich ganz einfach nicht mehr, unterhielt sich kurz mit der Schaffnerin und verschwand.

Ich war den Tränen nah. Die wollte ich meinen Kindern, die inzwischen auf das Gepäck aufpassten, nicht zeigen. Meine Ratlosigkeit und Verzweiflung sahen sie schon, nur helfen konnten sie auch nicht. Das Gedränge gab sichtlich nach, es blieben noch zehn Minuten bis zur Abfahrt des Zuges. Ich näherte mich erneut der Schaffnerin des zwölften Wagens und flehte sie an, uns mitzunehmen, denn Tickets hatten wir doch, und damit würde sie nicht gegen die Dienstvorschriften handeln. Menschlich gesehen, würde sie mir dadurch die größten Schwierigkeiten bei der, wenn auch nur um einen Tag verspäteten Grenzüberschreitung, ersparen. Es könne auch unmöglich einer von uns da bleiben, was sie doch sicher verstehe. Da rollten auch schon die Tränen, nun konnte ich sie nicht mehr bremsen.

Die Schaffnerin seufzte tief: „Na ja, ich habe sie nicht 'rein gelassen ..."" Heute noch denke ich mit Dankbarkeit an diese Frau mit dem Herzen auf der richtigen Stelle. Wir hatten unsere Gepäckstücke in dem Vorraum, eher ein Treppenaufgang gerade eins aufs andere geschichtet, da verriegelte die Schaffnerin die Tür des sich langsam in Richtung Moskau bewegenden Wagens.

Das ungute Gefühl ließ mich aber trotzdem nicht los. Und das lag bestimmt nicht am Hocken auf dem Gepäck im engen ungeheuer lauten Vorraum des Wagens. Das machte mir nun gar nichts aus. Es war die Ungewissheit, was demnächst auf mich und meine Kinder zukommt. Ich habe mich zum ersten Mal im Leben auf eine gewissermaßen illegale Fahrt eingelassen (abgesehen von der Fahrt im Militärwagen) und das in einem „internationalen" Zug. Die Tickets waren bezahlt, aber vom Leiter des Zuges nicht anerkannt. Nun war ich dessen willkürlicher Macht ausgeliefert und das war nicht nur unangenehm, es war beängstigend und konnte ein sehr böses Ende nehmen. Die Kinder dösten erschöpft vor sich hin, in meinem Gehirn spielten sich fieberhaft die allermöglichsten Variationen des unvermeidlichen Zusammentreffens mit dem Zugleiter ab. Meine überwiegend pessimistische Ader pochte: „Der explodiert, der schmeißt uns mit Sack und Pack raus, seine Chef-Autorität duldet diesen Ungehorsam nie. Es kann nicht gut laufen, bin doch sowieso ein Pechvogel." In meiner blühenden Phantasie malte ich mir das Bild aus: Der Leiter betätigt die Notbremse, wir müssen unter tausend neugierigen Augen den Zug verlassen und stehen in der Fremde da. Was danach geschehe, mochte ich mir gar nicht mehr vorstellen.

Er, unser Schicksal entscheidender Mann, erschien trotzdem völlig unerwartet: „Was soll das denn?", fragte er eher die Luft als mich. Danach, die arme Schaffnerin: „Wer hat denen das erlaubt?" Obwohl sie im nächsten Moment mich und meine Töchter als freche Eindringlinge dargestellt hat: „Na ja, bis ich kurz im Wagen war, stiegen die schon ein, und ich schaffte es von der Zeit her nicht mehr, sie mit dem vielen Gepäck hinaus zu schaffen."- war ich ihr unendlich dankbar. Die gute Frau fügte noch hinzu: „Die können doch nicht die ganze Nacht hier verbringen, irgendwo müssen sie untergebracht werden." Ihr Chef hatte es eilig und rief ihr im Davoneilen zu: „Du hast sie hereingelassen, nun ist es dein Bier." Danach schlug sie vor, wir sollten für eine Weile in ihr Kabuff, das enge Schaffnerabteil umziehen, denn bis zur Grenze darf sie sowieso nicht einschlafen. Nach dem kurzen Umzug schliefen die Mädchen im Sitzen auf einer einzigen Bank, der schmale Gang war mit unserem Gepäck total ausgefüllt. Die Zeiten meines unbesorgten Schlafes waren längst vorbei, nun plagten mich ganz besondere Sorgen. Dank der mitfühlenden slawischen Natur der Schaffnerin oder ihrer Unerfahrenheit als Berufsanfängerin im Umgang mit Reisenden, waren wir erst einmal auf dem Wege nach Moskau, aber wie lange noch, fragte ich mich.

Irgendwann wurde es etwas lauter, ich hörte Stimmen. Die Schaffnerin meinte zu mir, in Kürze sind wir an der Grenze, also in Frankfurt an der Oder angelangt. Im selben Augenblick erkannte ich den unverkennbaren Moskauer Dialekt: „Wo sind die? Her mit denen. Die können doch hier nicht herum hocken. In fünfzehn Minuten sind wir in Frankfurt!" Und zu mir: „Los, Sie folgen mir in ein anderes Abteil!" Leichter gesagt, als getan. Er rannte vorne weg und wir mussten mit dem schweren Gepäck sämtliche engen Gänge, vorbei an gaffenden Reisenden, die auf die Grenzkontrolle warteten, passieren. Am schlimmsten waren die unmöglichen Übergänge in den Waggons mit je vier fürchterlich schweren Türen, die selbstverständlich nicht für uns geöffnet wurden. Der Umzug dauerte eine Ewigkeit. Es war eine schlimme Tortur.

Nach mindestens sechs auf diese Weise passierten Wagen standen wir vor dem „Großen Chef", der auf uns mit der Schaffnerin, einer älteren Frau, wartete. Zu ihren Füßen lag gemütlich ein großer Schäferhund. Der Brigadier knurrte kurz: „Hier bleibt ihr." Die Schaffnerin fügte gelassen hinzu: „Wählen Sie sich ein Abteil, die sind alle frei, nur das nebenan ist für meinen Hund." Der vielbeschäftigte Chef begab sich zur Ausgangstür. Ich schaffte es noch, ihm hinterher schnell meinen innigsten Dank zu schicken, da hörte ich im feinsten Moskauer Dialekt. „Is spasibo schubu ne soschjösch", was heißen soll: „Aus Dankeschön kann man sich keinen Pelz nähen."

Diesen Spruch habe ich noch nie gehört, dessen wahrer Sinn ist mir erst danach, als wir endlich sicher im Abteil saßen und die Grenzkontrolle überstanden hatten, klar geworden. Der Wagen mit den leeren Abteilen, bis auf das mit dem Köter der Schaffnerin, würde auch einem Blinden die Augen öffnen. Ich war mehr als blind, ich war ein Provinzdepp, ich könnte schon längst ganz bequem mit den Kindern in diesem Abteil fahren, hätte ich nur etwas mehr Grips. Sofort kramte ich aus meinem Koffer ein Pfund Kaffee und Pralinen heraus. Ich glaubte, er würde doch noch erscheinen. Tat er nicht, er wusste einfach, von mir bekommt er nicht mal für einen Ärmel oder eine Tasche genug für den Pelz, also interessierte ich ihn nicht mehr. Das leuchtete mir erst später ein.

So mancher Leser wird, nach dem er das gelesen hat, denken: „Kann man wirklich so naiv sein, obwohl man selbst in der Sowjetunion geboren ist?" Dazu kann ich nur sagen, es kommt mir heute selbst komisch vor, aber gerade, weil es für mich so absurd war, wie ich es empfunden habe, erinnere ich mich heute noch bis in die Details daran. Zum einen hatte ich sogar durch das Fernsehen nicht die Informationen, die sie hier hatten. Zum zweiten, war ich doch mehr das Kind meiner ehrlichen deutschen Eltern und das Produkt ihrer Erziehung. Anders kann ich mir diese Naivität nicht erklären.

Grenzkontrollgeschichten. Die nehmen sich andere vor.

Dafür möchte ich noch ein paar kurze Grenzkontroll-Geschichten erzählen, die außer einer vielleicht, weniger mit meiner Naivität zu tun haben. Nach dreißig ergreifenden Tagen in der DDR, schwerbeladen, nicht nur mit Eindrücken, sondern mit zwei riesigen DDR-Koffern und einer prall gefüllten Reisetasche auf dem Rücken (heute scheint es mir selbst unrealistisch, wie eine Person auf einmal so viel bewegen konnte), stieg ich in den Zug nach Moskau.

Es war spät am Abend, gegen Mitternacht sollte der Zug die Grenze erreichen. Nach dem Verteilen des traditionellen Tees zum Abendessen, legte sich der Verkehr im engen Gang. Die Passagiere zogen sich in ihre Abteile zurück, völlig erschöpft nach dem nervenaufreibenden letzten Tag vor der Abfahrt, und dem „Sturm" beim Besteigen des Wagens. Wer vor Aufregung keine Ruhe fand, Sie ahnen es schon, war ich. Mir war vor Aufregung nicht nach Essen, nur den, von meinen Verwandten fürsorglich eingesteckten Apfel, musste ich essen, denn Obst einzuführen war nicht erlaubt.

Am liebsten hätte ich mehrere Wollknäuel heruntergeschluckt bzw. gewürgt. Nicht, dass Sie denken, Zirkus oder Magie wären meine Hobbys. Richtig, es lag an der Grenzkontrolle. Die wunderschönen farbigen Wollknäuel, genauer gesagt das Stricken, war das zweite Hobby meiner Mutter nach dem Lesen. Sie hatte ein solches Geschick, das so mancher meinte, es seien Exportsachen. Als sie mehrere davon 1973 aus der DDR mitbrachte, bestrickte sie meine Töchter mit ganz hübschen Sachen. Solche frohen, hellen Farben existierten bei uns einfach nicht. Deshalb beauftragte mich meine Mutter damit, etwas mehr davon mitzubringen. Als ich in Berlin die Wolle in allen Regenbogenfarben im Centrum-Warenhaus sah, überkam mich dermaßen die Kauflust, dass ich die Import-Einschränkungen völlig vergessen hatte.

Nun lag die Deklaration mit allen denkbaren und undenkbaren Einschränkungen, von der Schaffnerin sofort „zum Tee" ausgehändigt, vor mir. Erst jetzt wurde mir klar, ich würde einfach als Schmugglerin verurteilt, die diese Wolle auf dem „schwarzen Markt" zu verkaufen vorhat. Ich war mir sicher, dass mein Gepäck kontrolliert, die Wolle konfisziert und ein Bericht an die Justizbehörde in die kleine Stadt in Kasachstan, wo mich jeder kannte, geschickt wird. Ich ging den engen Gang des Wagens hin und zurück und kam mir wie ein im Käfig oder Gehege eingesperrtes Tier vor.

Die Schaffnerin hielt es gegen dreiundzwanzig Uhr nicht mehr aus: „Was tigerst du hier herum? Warum legst du dich nicht hin, bist wohl nicht müde, oder hast Angst du verschläfst die Grenze, ich wecke dich schon." - „Ich kann nicht schlafen", presste ich gequält heraus. „Muss doch einen Grund haben. Hast du Kummer?" Da vertraute ich ihr mein „Geheimnis" an. Die Schaffnerin lachte von Herzen: „Du Dummerchen, die nehmen sich andere vor. An dir sind die nicht interessiert, glaub mir." Etwas beruhigend hat es auf mich gewirkt, überzeugt hat es mich nicht so ganz. Ich ging trotzdem in mein Abteil und wartete auf die Kontrolle.

Tatsächlich ging es bei mir schnell und reibungslos. Mein Gepäck interessierte niemanden. Alle Passagiere mussten aus den Abteilen raus, es wurde jede Ecke und das Gepäck mit extra Taschenlampen durchleuchtet. Zwei Armenier wurden sofort in das Schaffnerabteil eingeladen, sprich: abgeführt. Unter den Passagieren wurde getuschelt: „Da haben sie die Richtigen. Die haben sie schon lange beschattet. Also, diese Sorte kann doch gar nicht ohne zu Schummeln." In dem Augenblick ging mir auch ein Licht auf: die Schaffnerin wusste doch genau, dass man an mir nicht interessiert ist. Als Folge waren nicht nur die Bauchschmerzen weg, sondern die Angst, bei den nächsten Reisen die schöne Wolle mitzunehmen.

Die Geschenke des vietnamesischen Studenten

Der dritte Grenzübergang in Brest wurde ganz bestimmt zu einem der unangenehmsten Erlebnisse im Leben meiner elfjährigen Töchter, die 1983 zum ersten Mal mitgereist waren.

Im Vier-Betten-Abteil fuhr außer uns ein vietnamesischer Student. Er kehrte nach den Ferien zum Studium nach Moskau zurück. Es kam selbstverständlich zur Unterhaltung. Er erzählte uns von seiner russischen Freundin, für die er Jeans als Geschenk mitbrachte. Ein paar Jeans hatten seine Kommilitonen bestellt. Das zusammengeklappte, in Stoff eingenähte Fahrrad bewunderten wir ganz besonders. Das Fahrrad konnten wir ja nicht sehen, denn es war sorgfältig eingenäht, so war es als Gepäckstück handlicher bzw. nicht so sperrig. Uns faszinierte schon die Vorstellung, dass man ein Fahrrad zusammenklappen kann.

Ein paar Stunden vor Brest breitete ich auf dem kleinen Tisch unsere Lebensmittel für eine Mahlzeit aus, und lud unseren Nachbar ein, daran teilzunehmen. Danach traute er sich, mich zu bitten, ihm die überflüssigen und daher unerlaubten Devisen vor der Grenze abzunehmen, wegen der Kontrolle bei dem Grenzübergang. Diese Bitte von Reisenden an der Grenze war für mich nicht neu. Es bat mich einst eine Offiziersfrau, ihr „überflüssiges Gold" kurz zu übernehmen. Das lehnte ich ab. Sie konnte hin und her kursieren, von daher auch ihre Goldschätze besser einteilen. Dem sympathischen Studenten war es mir unmöglich, die Bitte abzuschlagen. Ich hatte meine Summe in der Deklaration schon angegeben, versprach ihm trotzdem etwas abzunehmen, aber auch nur bis zu der für drei Personen erlaubten Grenze. Irgendwie kam es nicht zur Übergabe des Geldes an mich. Vielleicht half ihm das wenig, denn er hatte viel mehr dabei, oder der junge Mensch glaubte an sein Glück.

Für lange Überlegungen gab es keine Zeit, schon standen die Zollbeamten in unserem Abteil. Mit grimmigen Gesichtern wurden von den Offizieren unsere Papiere, die angegebenen Devisen und die Anzahl der Schmucksachen kontrolliert. Unsere Gepäckstücke wurden kurz registriert. Danach mussten wir aus dem Abteil heraus und es wurde in allen Ecken mit Taschenlampen geleuchtet.

Als uns erlaubt wurde, das Abteil wieder zu betreten, bat, nein, eher befahl der Offizier den Studenten, seinen Koffer zu öffnen. Die gelbe Gesichtsfarbe des Studenten verwandelte sich plötzlich in kreidebleiche, die Hände zitterten beim Öffnen des Koffers sichtlich. Was für ein furchtbarer Job, dachte ich, jeden Tag zitternde Menschen zu beherrschen. Irgendwann müssen wohl alle vor ihnen zittern, so wie ich vor meinem Ehemann, der sich in zehn Jahren bei der Miliz zum Säufer und Monster entwickelt hatte.

Inzwischen warf der Offizier mit abschätzenden Bewegungen eine Jeanshose nach der anderen aus dem Koffer auf der Sitzbank, einfach in den Gang, als seien es dreckige Lumpen. Es flogen Socken, Unterwäsche, sowie andere Kleidungsstücke heraus, bis der Koffer leer war. Der Student stammelte nur: „Geschenk, meine Hose ..." - Der Beamte hörte nicht zu, der junge Mann war für ihn ein Nichts. Dabei fühlte ich mich auch gedemütigt. Meine Kinder waren entsetzt, sie saßen da mit weit aufgerissenen Augen und ich konnte nichts dagegen tun, denn aus dem Abteil durfte niemand hinaus. Das Schlimmste kam noch. Das sorgfältig eingenähte Wunder-Fahrrad musste herausgeholt werden, es half kein Bitten, kein Flehen. Der Offizier ging überhaupt nicht darauf ein. Mir tat der Student so leid, der selbst den Stoff aufreißen musste, denn an vorsichtiges Auftrennen war nicht zu denken; es musste alles schnell gehen. Derartige Schikane habe ich nachher nie erlebt. Auch hier hatte ich das Gefühl, es kann nicht wahr sein.

Außer dem Fahrrad wurde nichts vorgefunden. Die Sachen aus dem Koffer musste der Student aufsammeln und dem Offizier folgen. Nach der Kontrolle mussten wir im und vor dem Bahnhof auf den Zug warten, den wir auf Befehl alle zu verlassen hatten. Zwei Stunden brauchte man, um ihn von den schmaleren europäischen Gleisen auf die breiteren sowjetischen mit Hebevorrichtungen zu bringen. In der Zeit machte ich mir um den Studenten die größten Sorgen. Nachdem ich die Szene mit dem Fahrrad erlebte, glaubte ich auch an andere Methoden in Bezug auf Menschen.

Als wir wieder im Abteil saßen und der Zug in ein paar Minuten abfahren sollte, kam der Student lächelnd an. Das Lächeln konnte man nicht gerade als glücklich, aber eventuell als zufrieden bezeichnen. Trotzdem fragte ich ihn, ob alles gut gelaufen ist. Er meinte, die Jeans sei er los, sie wurden also alle konfisziert, aber er freue sich über diesen „Handel", denn es hätte ja schlimmer kommen können. Nach diesem erschütternden Erlebnis des Machtmissbrauchs, der Demütigung, glaubte ich auch an die mysteriöseste Grenz-Geschichte.

Toilettengang

Die letzte kurze Geschichte ist eher humorbetont, wo Lachen und Weinen nahe beieinander sind. Da waren die Töchter schon siebzehn Jahre alt, es war die letzte Reise vor dem Mauerfall, im August und September 1989.

Einige Minuten vor der Grenze musste eine Tochter dringend auf die Toilette. Ich warnte sie, das sofort nach der Kontrolle zu tun. „Ich bin doch ganz schnell wieder da." - war das Argument. Da hielt auch schon der Zug und im selben Moment stand ein Offizier im Abteil. Als er erfuhr, eine Person sei auf der Toilette, eilte er sofort davon, ein anderer blieb bei uns und setzte die Kontrolle fort. Nach fünf oder sieben Minuten erschien meine Tochter. Ich meinte zum Offizier: „Hier ist meine Tochter." Kaum hörbar sagte sie: „Ich bin schon kontrolliert worden." Als der Offizier das Abteil verließ, teilte sie mit gemischtem Gefühlen aus Ekel, Scham und Wut mit: „Der ist einfach in das WC herein, ohne anzuklopfen, er machte mit seinem Schlüssel auf. Der tastete mich gründlich ab, ich wollte gerade meinen Slip hochziehen." Ich versuchte ihr diesen Vorgang als unvermeidbar erklären, denn auf den Toiletten wird gerade so manche geschmuggelte Sache versteckt.

Zum Glück hat das Erlebnis kein Trauma hinterlassen. Jahre danach konnten wir uns darüber lustig machen: „Na, hast du den Offizier mit Absicht auf die stinkende Toilette gelockt?" Damals hätte ich ihn am liebsten verklagt, aber an so etwas war nicht zu denken. Deshalb wurde nach Möglichkeit auch das Tragische oder gar nicht Komische in einen Scherz verwandelt.

Erster Aufenthalt in der DDR - ich war nicht fremd

An dieser Stelle wird sich vermutlich so mancher Leser fragen, wieso die Autorin diese Reisen immer wieder unternommen hat, wenn diese von ihr so anstrengend, fast grauenhaft (haarsträubend) empfunden und dargestellt werden. Was hat sie dazu gezwungen? Gezwungen? Keinesfalls. Hingezogen fühlte ich mich. Für mich stand bei dem ersten Besuch meiner Verwandten fest: ich gehöre zu ihnen und ich möchte immer wieder hierher.

Hingezogen fühlte ich mich ab dem ersten Tag, der ersten Begegnung, dem ersten deutschen Wort. Die Gene, das Blut, die Liebe, die gemeinsame Sprache waren stärker als alle Reisestrapazen. Es klingt pathetisch, ich weiß, aber zu starken, überwältigen Gefühlen passen aus meiner Sicht „starke", große Worte. Nur deshalb folgten auf die erste Reise vier andere bis zum Fall der Mauer. Die ausschlaggebende war natürlich die erste Reise.

Schon die Erlebnisse bis zum mecklenburgischen Wohnort meiner Tanten Eugenia und Olga waren überwältigend. Der große überdachte Hauptbahnhof, die helle, saubere, fast menschenleere Halle mit den verglasten Schaltern - alles strahlte Ruhe und Ordnung aus. Plötzlich tauchte ich in eine geordnete Welt ohne Hektik, Hast, Geschrei ein. Die Menschen hatten keinen angespannten Gesichtsausdruck. Es war eine buntere, hellere Welt, stellte ich sofort fest. Die Welt um mich herum sprach meine Muttersprache! Und sofort fühlte ich mich nicht fremd.

Ich war im anderen Land und neugierig, aber keinesfalls fremd. Um mich sprach man deutsch, am Schalter sprach ich deutsch. Auch am Bahnhof Lichtenberg, wohin ich anschließend musste, um nach Mecklenburg zu kommen, erging es mir genauso. Es war hier hell, sauber, ruhig, ohne Gedränge. Eine Fahrkarte bis Neustrelitz? Bitte schön, hieß es sofort. Alles um mich war anders: die Gebäude, die gepflegten Räume, die gepflasterten Gehwege, die Kleidung der Menschen, wie deren Gesichtsausdruck. Am speziellen, ernsten bis angestrengten Gesichtsausdruck erkenne ich heute noch in Berlin die ehemaligen Landsleute aus Russland. Die Mühsal des Alltags steht ihnen ins Gesicht geschrieben. Das Schönste an diesen Menschen und dieser Welt war die Sprache. Sie klang in meinen Ohren wie Musik, wie die schönste Musik. Alles war anders, aber schön anders.

Danach kam das nächste Erlebnis: das unvergessene Bild der traumhaften Natur. Ich, Steppenkind, kam überhaupt nicht aus dem Staunen: Felder, Wiesen, Wälder, Wasser entlang der Bahnstrecke Berlin-Neustrelitz. In fünfundzwanzig Jahren meines Lebens habe ich so viel Schönheit nicht erlebt. Es schien sich ein Panoramabild eines Malers vor meinen Augen ausgebreitet zu haben. Sicher habe ich auf der Fahrt aus Kasachstan nach Moskau schöne Landschaften vorbeiziehen gesehen, z.B. in der Ural-Region. Da sah die Natur unberührt, hier irgendwie gepflegter aus. So sahen schon die wie am Lineal abgemessen und gezogenen Getreidefelder aus.

Es war Ende Juni, etwas zu kühl für die Jahreszeit, dafür blieben die Abende lange hell. Als ich in Neustrelitz gegen zweiundzwanzig Uhr ankam, schlich sich gerade die Dunkelheit ein. Auch hier erklärte man mir höflich, ohne, wie mir schien, in mir eine Ausländerin zu erkennen, dass ich bis vier Uhr morgens warten müsste. Der erste Zug bis Feldberg über Lüttenhagen fahre um vier Uhr vom alten Bahnhof ab. Dahin begab ich mich durch einen kleinen Tunnel ohne Anzeichen von Furcht. Eigentlich hasse ich Tunnel und habe Angst vor bzw. in ihnen. Hier fehlte dieses Gefühl zu meinem Erstaunen. Die Antwort lag auf der Hand: ich hatte das Gefühl, hier passiert mir nichts, hier ist alles gut, die Umgebung und die Menschen. Die Vorstellung, die Nacht auf einem Stuhl in der kleinen Halle vor der Tür der geschlossenen „Mitropa" zu verbringen, machte mir auch nichts aus. Hunger hatte ich sowieso keinen. Die Aufregung vor dem ersten Kennenlernen nahm mir den Hunger wie die Müdigkeit, sie machte mich munter, die ersten Eindrücke stimmten mich zuversichtlich und vertrauensvoll. Es war schon alles um mich neu und unbekannt, trotzdem irgendwie vertraut.

Irgendwann nahm die Müdigkeit überhand, und ich döste ein, den Kopf auf die Arme gestützt, die ich auf den kleinen Tisch legte. Sogar die zwei Männer, die mich beim Eintreten begrüßten, anscheinend nach dem Fahrplan schauten und verschwanden, trieben mir keine Angst ein. Umgekehrt, ich fand sie gut erzogen und nett. Mich hat bis dahin nie ein wildfremder Mensch begrüßt. Mir kam es vor, als ob ich diese Bilder aus dem anderen Leben kannte. Die wichtigste Erkenntnis - man hielt mich nicht für eine Fremde - trug am meisten zu diesem Zustand bei.

Diese Erkenntnis wurde in höherem Maße bestätigt und bekräftigt während des Kennenlernens meiner Verwandten und des einmonatigen Aufenthaltes in der DDR. Als ich den steingepflasterten Weg vom Zug bis zum Dorf meiner Verwandten lief, die ziemlich frische Morgenluft einatmete, fror ich überhaupt nicht. Mir war warm ums Herz durch die Faszination der märchenhaften Natur. (Mit anderen Worten, ich beachtete die Lufttemperatur nicht.) Ich bewunderte die Bäume am Rande des Weges, die Korn- und Maisfelder. Der rote Mohn und die blauen Kornblümlein raubten mir den Atem, so etwas Bezauberndes sah ich in meinem Leben nie zuvor. Plötzlich blieb ich stehen, vor mir huschte ein Hase über den Weg. Ich kam noch nicht ganz zu mir von diesem, mich völlig aus dem Gleichgewicht gebrachten Bild, da lief vor mir in aller Seelenruhe ein Rehkitz in Richtung Wäldchen vorbei. Das war nun fast zu viel der Überraschungen. Im ersten Augenblick traute ich einfach meinen Augen nicht, zu unrealistisch erschienen mir diese Naturbilder. Später fragte ich meine Verwandten, ob es hier tatsächlich Hasen und Rehe gäbe. Mein Cousin bejahte es und fügte hinzu, seine Frau die aus einer anderen Gegend kam, habe sich auch gewundert. Beim Anblick eines ersten Hasen schrie sie: „Kuck, ein Hose, ein Hose!" Er glaubte im ersten Moment, sie sehe tatsächlich eine Hose. Die Bekanntschaft seiner Frau, die aus Sachsen stammte, mit dem Mecklenburger Hasen wird bis heute ab und zu als Witz weitergegeben.

Nur zwei Menschenseelen kamen mir auf dem einsamen Weg voller Überraschungen entgegen. Sie eilten zum Sechs-Uhr-Zug, mit dem ich herkam, und der nun aus Feldberg zurückkam und sie nach Neustrelitz mitnahm. Es war ein Bummelzug. Keiner von uns drei ahnte wie nah wir uns sind. Meine zwei Großnichten waren es, die später immer wieder bei Gelegenheit über ihr Staunen erzählten, eine Unbekannte ohne Strumpfhose bei diesen Temperaturen zu treffen. „Zu wem will die denn?" - dachten wir. „Und ahnten nicht, dass du das bist!" - fügten sie stets hinzu. Es klang lange danach immer noch zum Teil als Entschuldigung für das „Nichterkennen".

Der Grad der Unbekanntheit schwand mit jedem Augenblick des Kennenlernens meiner zahlreichen Verwandten, mit der Feststellung: „Wir sind ja wirklich verwandt!" Diese Erkenntnis erfolgte zu meinem Glück beiderseits. Die dreißig Tage verflogen im Nu. Ich hatte nicht nur zwei Tanten mit Ehemännern, sondern fünf Cousinen und zwei Cousins mit Ehepartnern und Kindern. So wanderte ich von einer Familie zur anderen, um ein paar Tage bei ihnen zu verbringen. Ich wurde herzlich empfangen, bewirtet und beschenkt. Es begann ein neuer Abschnitt in meinem Leben mit der großen Familie. Das unbezahlbare Geschenk für mich war dieses Band der Zugehörigkeit zu dieser Familie, das entstand, und zu der Sprache, die uns verband. Ehrlich gesagt, bin ich mir nicht sicher, ob ohne meine Deutschkenntnisse dieser Band entstanden und ich in den darauffolgenden Jahren immer wieder eingeladen worden wäre, sie zu besuchen. Ganz bestimmt fühlte ich mich so wohl, so glücklich und beheimatet zum größten Teil dank der Sprache.

Ich berichtete meinen Verwandten von meiner Familie, von Kasachstan. Die Entfernung, die ich hinter mir hatte, war für sie unbegreiflich wie auch das Land „am Ende der Welt", wo Kamele im Sand und wir daneben in Jurten hausen. Das Bild musste ich widerlegen. Wir hatten eine Wohnung mit Zentralheizung, heißem Wasser, Strom. Ausgestattet war meine Wohnung - mittelständischem Niveau entsprechend. Das Bild verblasste trotzdem in dem Augenblick, als ich zum Beispiel die Badeteppiche erblickte, die Gardinen im Badezimmer. Es passte alles farblich! Und wie das roch, nach grüner oder blauer Seife! Einen Badeteppich und Seife musste ich nach Kasachstan mitnehmen, sowie Tortenguss, Back- und Puddingpulver. Die Rezepte zu den diversen, bis dahin unbekannten teils exotischen Kuchen nahm ich auch mit. Frau bleibt immer Frau. Damit brachte ich später meine Freundinnen zum Staunen.

Ich war überrascht von den festgelegten Mittags- und Kaffeezeiten. Die letzteren mit Kerzen und Blümchen auf den Tischen, hatten es mir besonders angetan. Das war so gemütlich, ästhetisch. Einst las ich über die gegenseitige Einladung der russischen und deutschen Soldaten in den Schützengräben. Da standen in den deutschen Gräben tatsächlich Tische mit weißen Decken und Kaffeeservices. Die Russen fragten verblüfft, wozu das denn sei, ist doch fehl am Platz, so ein Luxus im Schützengraben. Ein „feiner" Unterschied in der Sicht so mancher Dinge zwischen den Völkern. Die Russen kannten Entbehrungen und akzeptierten sie. Ich verliebte mich regelrecht in dieses Ritual des Kaffeetrinkens um fünfzehn Uhr am weißgedeckten Tisch. In den Geruch der Seifen in

12tätigung bei einer weiteren besonders leckeren Mahlzeit, von Tante Lotte extra für mich zubereitet: „Himmel und Erde", glaube ich, hieß diese spezifische Kreation aus Birnenkompott und Schweinefleisch. Das aß ich dann auch. War ja sehr lieb gemeint.

Tante Lotte besuchte mit mir den gerade eröffneten Palast der Republik, wir sahen uns die „Weiße Flotte" am Treptower Park an, am Ausgang kaufte ich jede Menge Ansichtskarten und Bücher als Anschauungsmaterial für den Unterricht ein. Die Tante ging mit mir die Allee „Unter den Linden" entlang bis zum Brandenburger Tor. Es war eine Begegnung mit der Geschichte, die ich aus Büchern kannte. Ich war überwältigt.

Mich bezauberten nicht nur die imposanten historischen Gebäude, nein, ich verliebte mich in die kleinen, akkurat gedeckten Häuser, die eigentümliche, deren nicht einheitlicher Architektur. So schien mir jedes Haus in Feldberg zum Beispiel ein Unikum. Die kleinen Vorgärten und ganz besonders die Kletterrosen fand ich ausgesprochen bezaubernd. Mein Onkel David lächelte nur über meine Euphorie. Ein anderer Verwandter meinte verbittert, er habe im Krieg gesehen, wie die Dörfer in Russland aussahen und jetzt baute man in der DDR Klötze nach der Methode eines gewissen Slobins.

Mehr Kritik oder Unzufriedenheit gegenüber Russen hörte ich nicht. Ich war erschüttert über so viel Stacheldraht in Neustrelitz, in Fürstenberg (später ersetzte man den Stacheldraht durch Betonmauern) und an anderen Orten. Meinen ersten Eindruck äußerte ich spontan: „Ist ja wie ein besetztes, okkupiertes Land!" Meine Verwandten haben es zu jener Zeit nicht so empfunden, sie äußerten sich jedenfalls nicht kritisch darüber. Das taten sie durchaus beim Besuch der Mahn- und Gedenkstätte Ravensbrück. Sie als überzeugte Christen fanden die Verbrechen der Nazis abscheulich und unglaublich. Bekannt war es ihnen damals nicht, sie sind ja erst 1945 hergekommen. Meine Verwandten erwähnten nie die Stasi, also habe ich zu DDR-Zeiten nie davon erfahren. Dass ich an dem Gefängnis in Neustrelitz glücklich vorbeilief, indem ein jetziger guter Bekannter unschuldiger Insasse einer Zelle war, erfuhr ich erst vor ein paar Jahren. Es war eine erschütternde Erkenntnis. Meine Verwandten waren genauso ahnungslos wie ich es war. Ich bewunderte den Umstand, dass meine Verwandten, auch schulpflichtige Kinder, jeden Sonntag zum Gottesdienst in ihre Kapelle durften. Sie verkauften ihre Produkte aus der privaten Wirtschaft wie Honig, Bullen, Tomaten, Tabak an den Staat. Das wäre in der Sowjetunion undenkbar. Meine Schlussfolgerung während jener fünf Besuche bis zum Mauerfall: Die DDR ist ein offener und freier Staat.

Anfang Juli trat die große Hitze des Sommers 1976 ein, und ich fuhr jeden Morgen mit dem ersten Zug nach Potsdam, Dresden, Leipzig, um da den Tag zu verbringen und am Abend nach Berlin zurückzukehren. Die Erlebnisse waren unbeschreiblich, die Erinnerungen sind es heute noch. Die Bücher habe ich auch noch, so wie viele (kiloweise) Erinnerungsstücke wie Karten, Berliner Stoffbären, Museums-Ansichtskarten. Mich faszinierten die Kunstgewerbe-Geschäfte, die ich bis dahin nicht kannte. Heute noch habe ich einen Teller mit einem handbemalten Drachen, eine große Kerze, die es heute nicht mehr gibt, einen hölzernen Zwillings-Kerzenständer, auch einmalig. Diese Sachen, sowie ein Essservice, habe ich im Container aus Kasachstan zurückgebracht. Es sind Reliquien, die mich an meine erste Reise zu meinen Wurzeln erinnern. Ich fühlte mich sofort verwurzelt mit diesen Menschen. Wie ich schon erwähnte, es verband uns vor allem die Sprache. Die Angst vor der fremden Sprache, die ihn umgab, trieb Andi, meinen Großneffen bei dem späteren Besuch in Kasachstan fast in den Wahnsinn. Das war ein krasses Beispiel, wie wichtig für einen Menschen die Verständigung mit einem anderen Wesen ist. Auch an viele berühmte und weniger berühmte russische Migranten, die sich im Exil das Leben nahmen, muss ich in diesem Zusammenhang oft denken und meinen Eltern ewig dankbar sein. Sie brachten mir die Liebe zur deutschen, zu meiner Muttersprache bei. (Das kann ich nicht oft genug wiederholen.) Diese Liebe vereinte mich genetisch, sprachlich mit meinen Verwandten auf den ersten Blick. Bis zur geografischen „Vereinigung" bzw. der Ausreise nach Deutschland dauerte es noch fast zwanzig Jahre nach meiner ersten Reise in die DDR.

Besuch meiner Verwandten in Kasachstan

Selbstverständlich habe ich mir schon immer gewünscht, meine Verwandten würden auch mich in Kasachstan besuchen können. Über Jahre hinaus blieb dieser Wunsch ein Traum, da wie erwähnt, diese Gegend für Ausländer ein so genanntes geschlossenes Gebiet war. Erst mit Gorbatschows Perestroika „öffnete" sich der „große Bruder", wie man die Sowjetunion in der DDR nannte, dem „kleinen Bruder". Meine allerliebste Großnichte Nati, Pharmazie-Ingenieurin, Mitte Zwanzig, noch ungebunden, wissensdurstig und reiselustig, wagte es endlich. Und es geschah ein Wunder: die Reise wurde genehmigt. Zur Unterstützung nahm sie ihren sechzehnjährigen Bruder Andi mit.

Im August 1987 erwarteten wir mit Ungeduld unsere lieben Gäste. Mein Kollegen- und Freundeskreis fieberte mit. Für sie war es ein außergewöhnliches, einmaliges Erlebnis: Gäste in einem Städtchen, dreitausendfünfhundert Kilometer von Moskau entfernt. Hier war ein Ausländer wie ein UFO.

Dabei hatte keiner ahnen können, dass es zu irgendwelchen, auch kleinsten Schwierigkeiten kommen könnte. Sowjetbürger waren ja gewohnt, Schwierigkeiten zu überwinden, auf welche Weise auch immer.

Der „heilige" Karl Marx lehrte, das Leben sei ein Kampf, nur wer jeden Tag kämpft, überlebt. Das Gesetz galt für den Sowjetbürger, aber einem Ausländer musste man sich nur von der besten Seite zeigen, das wusste man auch hier, weit von der europäischen Zivilisation entfernt.

Umso erstaunlicher klang Natis Geschichte, als sie und Andi ankamen. Begonnen hat sie für mich damit, dass unsere Gäste früher als erwartet da waren. Ich hatte vor, noch am nächsten Vormittag Kuchen zu backen, und danach unseren Besuch mit dem Auto abzuholen. Um ein Uhr morgens klingelte jemand an der Tür. Eine fremde männliche Stimme fragte: „Erwarten Sie Gäste?" Ich tippte sofort auf einen Alkoholisierten, der sich verirrt hat oder auf solche Weise „scherzt". Bevor ich ihn beinahe verärgert weggeschickt habe, meinte der Mann, er sei Taxifahrer und habe unsere Gäste im Auto zu sitzen. Da ging mir ein Licht auf: „Ja, ja, natürlich, aber erst morgen." Mit diesen Worten eilte ich schon die Treppe herunter, als ob ich befürchtete, sie fahren weg. Nati rief mir mit müder und entschuldigender Stimme zu: „Bezahl ihn bitte, wir haben leider kein Geld!" Völlig erschöpft teilte sie mit, sie konnten den früheren Flieger nehmen und entschieden sich dafür.

Erst am nächsten Tag, nachdem sie ausgeschlafen hatten, schilderten die beiden die unglaublichen Strapazen auf den Moskauer Flughäfen. Sie kamen am frühen Vormittag am internationalen Moskauer Flughafen an. Da sie keiner Touristengruppe angehörten, kümmerte sich niemand um sie. Ihre minimalen Schulrussisch-Kenntnisse mussten hilfreich sein beim Identifizieren der kyrillischen Schrift, reichten aber nicht aus. Am schnellsten, einfachsten und sichersten erschien Nati die Information im vertrauten Deutsch. Die Hoffnung scheiterte am Info-Schalter. Es sprach niemand Deutsch. Mit großer Mühe und Hilfe des von mir geschickten Spickzettels fand Nati heraus, um nach Pawlodar zu kommen, müssen sie zum Flughafen, der am anderen Ende Moskaus, außerhalb der Stadt liegt, und davor zum Intourist-Büro in der Stadt. Darauf waren sie moralisch nicht vorbereitet. Andis Entschluss stand fest: „Wir fliegen zurück. Wie soll das denn weiter gehen? Keiner kennt die Sprache. Wir wissen nicht, wohin weiter, nee, nee ich will nach Hause." Nati überredete ihn nur, indem sie meinte: „Na, wir fahren bis zum anderen Flughafen mit dem Taxi, da geht es vielleicht auch anders zu. Wenn es da nicht klappen sollte, können wir immer noch zurück, wie wir gekommen sind."

So fuhren sie mit dem schweren Gepäck per Taxi zum Büro und danach zum Flughafen ... Es war eine längere Fahrt, der Flughafen befand sich etwa sechzig Kilometer außerhalb der Hauptstadt. Nati wurde auch dafür einen beträchtlichen Teil der getauschten Rubel los. „Ist ja halb so schlimm", dachte Nati, „in ein paar Stunden sind wir schon bei der Großtante."

Nach einer Viertelstunde dachte meine liebe Nati schon anders, denn auf diesem Flughafen sah es noch trostloser aus als auf dem ersten. Es konnte und wollte sie niemand verstehen, weder an der Information, noch an der Kasse. Andi wollte nur noch zurück. Später fragte mich der Junge als erstes: „Wieso arbeitest du nicht an einem Flughafen? Wieso versteht da keiner ein Wort Deutsch?"

Nati verließ allmählich der Mut. Endlich fiel ihr ein, was ich so oft von meinen Reisen über Moskau mitteilte, und wie sich mir mit den DDR-Pralinen, Kaffee etc. die Türen öffneten. Das nennt man die rettende Idee im entscheidenden Moment und sie funktionierte. Nati holte eine Strumpfhose und Schokolade heraus, reichte sie der Kassiererin und die Frau verstand sie sofort. Sie hatte doch zwei Tickets für den nächsten Flug, erklärte sie, in dem sie die Flugkarten zeigte, die Zeit und die Summe auf den Zettel schrieb.

Da stellte Nati mit Entsetzen fest, ihr fehlen ausgerechnet drei Rubel. Hätte sie bloß nicht dem Taxifahrer so viel Trinkgeld gegeben. Selbstverständlich war die Frau nicht bereit, den reichen Ausländern auch nur mit drei Kopeken zu helfen. Sie meinte im Schulmeisterton: „Obmen", was Umtausch heißt.

Leichter gesagt als getan, der Tag neigte sich seinem Ende zu und dem entsprechend war alles geschlossen. Man sah nur gelangweilte Wartende oder Abholende durch die Halle schlendern. Nati versuchte ihre Verzweiflung Andi, der den Tränen nah war, nicht zu zeigen. Sie musste etwas tun und begann wildfremde Menschen anzusprechen. Die meisten breiteten die Arme aus: „Ne snaju, ne ponimaju", weiß ich nicht, verstehe ich nicht. Das verstand aber Nati, es war aussichtslos und sie werden hier auf der Bank übernachten müssen, um morgen Geld umzutauschen. Umkehren mochte sie genau so wenig wie ich nach Kasachstan umkehren wollte.

Und wieder geschah alles nach dem Szenario, welches die Psychologen belegen: in extremen Situationen findet der gänzlich erschöpfte, verzweifelte Mensch neue Kräfte, rettende Ideen, der in Zwänge geratene einen Ausweg. Wiederum: „Heureka!" - Nati holte die für den Notfall von ihrer Mutter reservierten zehn Westmark hervor und bot sie dem einzigen Afrikaner in der Halle. Der, mit allen Wassern gewaschene, nahm das Geld, ohne mit der Wimper zu zucken, und streckte ihr wortlos die armseligen drei Rubel hin. Diesen Umtauschkurs hat er bestimmt in Moskau erlernt. Nati, völlig am Ende mit den Nerven, hatte aber die Tickets, und es ging auch endlich bald los. Andi verließ die Angst die restlichen Urlaubstage nicht. Auch heute noch betont er: „Bei dir war es schön, aber die Fahrt möchte ich nie im Leben wiederholen."

Bis zum Einchecken und Starten hatten sie noch ein wenig Zeit, Nati musste dringend auf die Toilette. Heute weiß sie nicht mehr genau, wie es ihr gelang, den furchtbaren Blasendruck noch bis zum Abflug anderthalb Stunden auszuhalten, aber sie konnte auch nicht auf die Flughafentoilette. Keine zehn Pferde hätten sie zu dieser extrem verschmutzten, fürchterlich stinkenden Toilette bringen können.

Es ging gut aus, der Pawlodarer Taxifahrer nahm sie ohne Geld mit. Hier war nicht Moskau, und man vertraute noch den Menschen. Somit wird dem Leser meine Naivität nicht so abwegig vorkommen. Ende gut, alles gut, denn die zehn Tage, die sie bei uns verbrachten, waren, abgesehen von der dreitägigen Aufregung wegen der Rückflugtickets, zu einer schönen Erinnerung geworden.

Immer wieder erinnern sich die beiden an die Strapazen der Reise, aber auch an die Gastfreundschaft der Menschen, daran, wie der Tisch fast nicht abgeräumt wurde, wie die Nachbarn, Freunde, Bekannten dauernd etwas mitbrachten: Wurst, Käse, Pflaumen von der Datscha, Cognac. Auch Andi, der es mit der Angst, hier nicht wieder rauszukommen und der beängstigenden fremden Sprache in den ersten drei Tagen zu tun hatte, fühlte sich danach ganz wohl. Besonders aufbauend wirkten die russischen Mädchen. Andi wollte irgendwann nicht mehr in die Wohnung. Erstaunlich, wie die Jugend sich in zwei Sprachen oder wortlos verstand.

Nachwort. Kritische Gedanken

Abschließend muss ich einfach erwähnen, dass ein Russland-Deutscher, dem ich meine ersten Aufzeichnungen zeigte, vorsichtig meinte: „Na ja, du stellst die Umstände so dar, wie der einheimische Deutsche sie sehen möchte, also passt sie dem hiesigen Leser an." Ich musste schlucken. Es war für mich eine furchtbare Enttäuschung und Unterstellung, was mich betraf.

Ich konnte nur sagen, dass ich diese Ereignisse deshalb bis in die Details behalten habe, weil ich sie so furchtbar fand, zum zweiten, weil ich sie bei jedem meiner Besuche bei meinen Verwandten unzählige Male wiederholen musste. Als ich nach Deutschland 1993 umzog und nun, einigen Nichten das Aufgeschriebene zu lesen gab, meinten sie erstaunt ohne Ausnahme: „Wie konntest du nur in den dreißig Jahren alles so behalten haben, du hast es 1976 genau so erzählt." Auch meine meine Töchter sind Zeugen, die dreimal bei den DDR-Reisen dabei waren und den größten Teil der Strapazen mitbekommen haben.

Eine „Zeugin" mehr habe ich in diesen Tagen dazu bekommen: meine liebe Ex-Kollegin Angela, mit der ich mich fast zehn Jahre im freundschaftlichen Kontakt befinde. Sie war Russisch-Lehrerin in der DDR, studierte ein Jahr in Russland und las als Erste meine Notizen über die DDR-Reisen. Sie fand sie spannend und realistisch. Aber noch viel wichtiger, finde ich die Tatsache, dass sie mich vor ein paar Monaten anrief und lachend von einer U-Bahn-Begegnung, einem ungewollt mitgehörten Gespräch berichtete. „Ich musste dich sofort anrufen", meinte sie, da ich zwei Herren, die direkt vor mir saßen, während der Fahrt von Lichtenberg bis Hohenschönhausen zugehört habe. Der eine hat seine russische Ehefrau zum Zug nach Moskau gebracht. Er erzählte ganz empört, wie lange es gedauert hat und wie viel Nerven es gekostet hat, bis er endlich eine Fahrkarte an der „russischen" Kasse eingelöst bekam. „Stell dir vor, es gibt auch heute noch eine extra Kasse und auch teilweise diese Schwierigkeiten, die du schilderst. Ich habe es kaum ausgehalten, um mich nicht in das Gespräch einzumischen und zu sagen, das kenne ich von meiner Freundin. Ich glaube, die haben sich schon gewundert, dass ich ständig grinsen musste."

Das Erlebnis meiner Freundin bestätigte noch einmal, dass die von mir, gemachten niedergeschriebenen Erfahrungen und Gedanken keinesfalls an den hiesigen Leser „angepasst" sind. Das konnte nur ein Mann sagen, der zur sogenannten Nomenklatur gehörte, der dienstlich mit dem Flugzeug nach Moskau jeden Monat flog und nicht auf die Gepäckträger des Kasanski-Bahnhofs angewiesen war.

Was erwartete ich von ihm? Seine Eltern haben als Deutsche das gleiche Schicksal gehabt wie meine: Enteignung des Hab und Gutes, Arbeit im Lager, Zwangsumsiedlung. Seine wie meine Eltern, mussten sich schon der Kinder wegen dem Regime anpassen. Was eigentlich alle Eltern tun, egal, ob in Amerika oder China. Nur passen sich die einen mit voller Überzeugung an, die zweiten weniger, halbherzig und die dritten rebellieren sogar dagegen. Vielleicht haben seine Eltern diese Geschichte so verdrängt, dass sie verblasste, und in seinem Gehirn nicht so eine Spur hinterlassen hat wie bei meinen Eltern.

Mein russlanddeutscher „Kritiker" war es aber wohl aus Überzeugung. Seine Muttersprache brachte er seinen Kindern nicht bei. Meine Kinder behielten sie dank Oma und Opa und meiner großen Liebe zur Muttersprache im Ohr. Und nun hatten er und seine Tochter besonders große Schwierigkeiten, sich hier anzupassen. Sie wird für „die Deutschen nicht schuften", sagte sie, weil sie sich hier fremd fühlt und die Sprache ihr deshalb vielleicht noch schwerer fällt. Für die Einstellung habe ich kein Verständnis, eher für die Schwierigkeiten.

Natürlich ist mir bewusst, dass ich durch die Sprachkenntnisse im Vorteil bin und ich habe volles Verständnis für die Landsleute, die sich große Mühe geben, die Sprache zu beherrschen und zu arbeiten, wenn auch nicht in dem erlernten Beruf. Ich kann mich nicht genug bei meinen Eltern dafür bedanken, dass es mir durch die Pflege der Muttersprache auch in den schwierigsten Zeiten, in der Umgebung einer anderen Welt, so gut im Land meiner Vorfahren geht. Darum geht es im nächsten Kapitel.

Teil 2. Meine Ahnen

Kapitel 1. Wolhynien. Dritte Welle der deutschen Kolonisten. 1862-1941

Meine Ur- und Großeltern kamen auf Werbung der damals noch deutsch-freundlichen Zarenregierung, aber nicht der Zarin Katharina der Großen, sondern ein Jahrhundert später, in der zweiten Hälfte des neunzehnten Jahrhunderts. Die planmäßigen Ansiedlungen von Deutschen erfolgten unter Katharina II. von 1762 bis 1796, Paul I. von 1796 bis 1801 und Alexander I. von 1801 bis 1825. In weiten Teilen Russlands gab es große zusammenhängende Landstriche fruchtbaren, unbewohnten und ungenutzten Bodens. Die Ende des achtzehnten Jahrhunderts geführten Kriege mit der Türkei brachten zudem eine gewaltige Ausdehnung des Terrorismus in der Südukraine, die ebenfalls kaum besiedelt war. Die Erschließung der erworbenen Ländereien stand auf der Tagesordnung. Um dem Land neue Einnahmen zu verschaffen, erließ Katharina II. am 22. Juli 1763 ein Manifest, in dem alle Ausländer aufgefordert wurden, sich in Russland niederzulassen. Die wichtigsten Punkte des Manifestes (aus der Zeitschrift der Russlanddeutschen „Volk auf dem Weg") lauteten:

1. *Verstatten Wir allen Ausländern in Unser Reich zu kommen, um sich in allen Gouvernements, wo es einem jeden gefällig, häuslich niederzulassen.*
2. *Gestatten Wir allen in Unser Reich ankommenden Ausländern unverhindert die freie Religions-Übung nach ihren kirchlichen Satzungen und Gebräuchen ...*
3. *Soll keiner unter solchen zur häuslichen Niederlassung gekommene Ausländer an unsere Cassa die geringsten Ausgaben entrichten und weder gewöhnliche oder außerordentliche Dienste zu leisten gezwungen sein ...*

Wer sich in unbebauter Gegend niederließ, genoss dreißig Freijahre, sonst fünfzehn Jahre.

4. *Solche in Russland sich niederlassende Ausländer sollen während der ganzen Zeit ihres Hierseins, außer dem gewöhnlichen Land-Dienste, wider Willen weder in Militär- noch in Civil-Dienst genommen werden.*

Für die spätere Entwicklung der Kolonisten (so hießen die Siedler) waren in Bezug auf den Landesbesitz und Landordnung folgende Ergänzungsbestimmungen von entscheidender Bedeutung:

1. *Alle zur Ansiedlung den Kolonisten angewiesenen Ländereien wurden ihnen zum unantastbaren und erblichen Besitz auf ewige Zeiten überlassen, jedoch nicht als persönliches Eigentum, sondern als Gemeingut einer jeden Kolonie (Gemeinde).*
2. *Diese Ländereien durften ohne Wissen und Willen der über sie gesetzten Obrigkeit (Gemeindeverwaltung) von den Kolonisten weder verkauft noch abgetreten werden.*
3. *Den Kolonisten war es gestattet, zur Ausbreitung und Verbesserung ihrer Wirtschaften Grundstücke von Privatpersonen zu kaufen und überhaupt als Eigentum zu erwerben.*
4. *Die von der Krone angewiesenen Landteile erbte im Allgemeinen der jüngste Sohn. (Minorat)*

Die Kolonisten waren keine Leibeigene und durften Russland jederzeit „ungehindert" verlassen. Meine Urgroßeltern gehörten also zur dritten Welle der deutschen Kolonisten, die sich auf den Weg in das Reich „der unbegrenzten Möglichkeiten" machten. Sie ließen sich nicht an der Wolga nieder, wo sich die „Wolga-Deutschen" ansiedelten, sondern in Wolhynien/Ukraina.

Wolhyniens Herrscher und Einwanderer der neun Jahrhunderte

Da für viele Leser eventuell nicht einmal der größte Fluss Europas Wolga ein Begriff ist und Wolhynien wahrscheinlich völlig unbekannt, möchte ich hier die kurze Geschichte der Heimat meiner Eltern schildern.

Wolhynien, auch Wolyn genannt, soll seinen Namen von der legendären, längst untergegangenen Stadt Wolin erhalten haben, die einst westlich des ukrainischen Flusses Bug bei Wladimir-Wolinsk lag und die Hauptstadt des slawischen Stammes Wolynana war. Der jeweiligen Herrschaft nach könnte man die Geschichte Wolhynien's in folgende Etappen grob einteilen.

Seit der Gründung 1078 gehörte es mal den Ostslawen, mal war es polnisch-litauisch, dann wiederum russisch oder polnisch bis 1795, von 1795 bis 1917 war es erneut russisch und es gab Ost- und Westwolhynien.

1917-1921, nach dem ersten Weltkrieg gehörte Wolhynien wieder zu Polen. Zwischen den beiden Weltkriegen gab es russisches, polnisches

Volhynia Guberniya Map

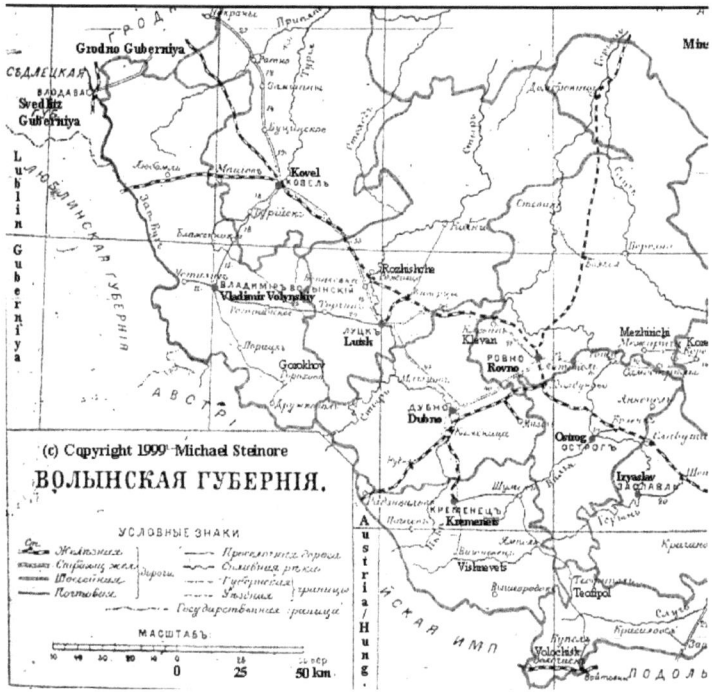

Karte aus dem Internet: www.wolhynien.de

und ukrainisches Wolhynien, nach dem zweiten Weltkrieg und bis heute - nur das ukrainische Wolhynien.

Deutsche siedelten in Wolhynien (Stadt Luzk, Wladimir) bereits schon im 13. Jahrhundert. Es waren Händler oder Handwerker. Mit der Ausbreitung des Protestantismus im 16. Jahrhundert kamen auch Beamte und es entstanden um 1600 viele protestantische Schulen. Baumeister prägten die Architektur, besonders die Ausstattung von Klöstern, Kirchen und Schlössern.

Zur Einwanderung der eigentlichen Wolhynien-Deutschen, der Kolonisten-Bauern, kam es jedoch erst im 19. Jahrhundert. Diese Einwanderung geschah in drei Phasen.

Zuerst waren es mennonitische Bauern, die sich um 1800 in Wolhynien ansiedelten. Sie kamen überwiegend aus Preußen, wo man ihre Privilegien antastete. Man zwang sie z.B. zum aktiven Waffendienst. Später siedelten die meisten Mennoniten an das Schwarze Meer um.

Ebenfalls zu Beginn des achtzehnten Jahrhunderts kam eine andere Gruppe von Deutschen, bekannt als „Schlesische Stabschläger", wie man die Waldarbeiter nannte. Sie kamen aus Niederschlesien. Einen beträchtlichen Teil der aus Pommern stammenden Kolonisten bildeten schon 1815 die ersten deutschen Kolonien bei Nowograd-Wolynsk und einige Dörfer um Tuczyn und Rozyczze.

Die dritte andauernde Einwanderung von Deutschen nach Wolhynien fand nach 1831 statt. Der polnische Aufstand wirkte sich äußerst negativ auf die wirtschaftliche und politische Situation der in Polen lebenden Deutschen aus. Viele wanderten deswegen aus. Es sollen zwischen 1830 und 1860 über elftausend Handwerker und Bauern eingewandert sein und hundertvierzig Siedlungen gegründet haben.

Die Einwandererfamilien Freigang und Kelm

Meine Urgroßeltern Ludwig und Julia Freigang kamen aus Schlesien zwischen 1862 und 1864, als mein Großvater nicht einmal zwei Jahre alt war.

Die wesentlichen Ursachen für ihre Auswanderung waren die polnischen Aufstände von 1863/64, der große Landmangel sowie religiöse Gründe. Die ersten Baptisten-Gemeinden entstanden in Polen um 1850 und wurden starken Repressalien ausgesetzt. Deshalb wanderten die Baptisten fast alle aus. Ihnen wurde zweifellos die Glaubensfreiheit versprochen. Aber auch die angebotene Befreiung vom Militärdienst und zumindest niedrige Steuern trieben die Baptisten nach Wolhynien wie auch die protestantischen/lutherischen Vorfahren meiner Mutter.

So kamen der Baptist Urgroßvater George Kelm sowie der Protestant Jakob Wessel, die Großväter meiner Eltern aus Norddeutschland und Schlesien etwa 1864 nach Rußland. Sie gelangten, wie meine Mutter es schilderte, verarmt, in Leinwandhemden gekleidet, mit einer Ochsenfuhre, so wie viele deutsche Einwandererfamilien aus Polen und Ostpreußen über die Rußlandgrenze. Meine Mutter flüsterte mir „heimlich", bereits achtzigjährig, schon in Deutschland, ins Ohr: „Ich glaube, Oma und Opa kamen nicht aus Deutschland, sondern aus Polen nach Wolhynien. Sag es aber keinem." Dass damals auch ein Teil Polens Deutschland gehörte, spielte für sie nicht die geringste Rolle. Sie wollte eben nicht, dass es hieß, unsere Vorfahren kamen aus Polen. Obwohl die Eltern meines Großvaters August Freigang aus Hannover stammten und plattdeutsch sprachen, was ich erst später, erfuhr.

Viel später, hier in Deutschland, las ich, dass der Forscher Walter Kuhn die Wolhynien-Deutschen in drei Gruppen einteilte. Die größte war die niederdeutsche mit plattdeutschem Dialekt. Diesen sprachen meine Urgroßeltern mütterlicherseits, die Freigangs. Die Wolhynien-Deutschen nannten sie Kaschuben, da sie aus dem Weichselgebiet stammten. Die mitteldeutschen Migranten, zu denen meine Großeltern väterlicherseits gehörten, wanderten aus Schlesien aus und wurden wegen ihrer undeutlichen Aussprache „Klieselfresser" genannt. Mein Vater bezeichnete Klöße tatsächlich als Kliesel, die Schüssel als Schissel, den Kühlschrank als Kielschrank, aber auch Geld war Jeld, anstatt gekommen sind in Vaters Munde alle „jekommen". Die dritte Gruppe sprach Hochdeutsch. Ich vermute, dass meine Großmutter Antonie Freigang, geborene Wessel, hochdeutsch sprach, denn meine Mutter beherrschte das Hochdeutsch perfekt.

Über meine Großeltern habe ich Geschichten gehört, seitdem ich mich überhaupt als Kind an Gespräche erinnern kann. Das vollständige Bild, das ich nun habe, entstand eher in meinen reiferen Jahren. Es kamen immer wieder Details dazu, wie jenes über die Herkunft aus Hannover.

Also stammten sie aus Deutschland, ließen sich gar nicht so weit von der polnischen Grenze nieder, da, wo sie als erstes braches Land vorfanden, das niemandem gehörte. Das Dorf Solodyri musste aber schon früher entstanden sein und einige Einwanderer zählen. Die ersten sechs deutschen Kolonien entstanden zu Zeiten der Zarin Katharina. Die neue Einwanderungswelle begann nach der Freilassung der Leibeigenen in Russland im Jahr 1861. Danach konnte der Grundbesitzer vom Dorf Dworysch unter den einheimischen Ukrainern keine landwirtschaftlichen Arbeiter finden. So entschied er sich, Bauern aus dem Westen zu holen.

Die meisten Dorfnamen endeten auf -owka, die ausschließlich deutschen auf -tal oder -dorf, sowie Neudorf, das eigentlich ein Teil von Solodyri war. Dieser slawische Name „tanzte" etwas außer der Reihe und ist auf die vielen Bienenstöcke zurückzuführen: „Solod" - der Süßstoff in den „dyri" - Löchern.

Meine Großeltern waren viel zu jung, um später das Leben der Einwanderer detailliert zu schildern, aber einiges, wenn auch lückenhaft und brockenweise, blieb sogar im Gedächtnis meiner Eltern, übertragen durch die Großeltern, haften. Meine Eltern sprachen oft und gerne über ihre schöne, fruchtbare Heimat, ihre fleißigen Eltern, darüber, wie und was sie sich erarbeitet hatten, dass ich mir als Kind nichts sehnsüchtiger wünschte, als in dem „Paradies" Wolhynien geboren zu sein und zu leben.

Dieses „Paradies" ist mit Sicherheit durch schwere Arbeit zu Stande gekommen. Der russlanddeutsche Dichter Alexander Zielke, der auch in Wolhynien geboren ist, hat in seinem Gedicht „Anfang meiner Biographie" die elende Zeit, verbunden mit aufzehrender Schwerstarbeit beim Urbarmachen der unkultivierten, brachen Ländereien als Zeuge festgehalten:

Oh, ich seh' noch steh'n den Vater
bis in die Knie im Sumpf und Schlamm,
schwingend Hacke oder Beil,
und daneben meine Mutter,
aufgeschürzt bis auf die Lenden,
wie sie zog an Weidenwurzeln
mit verschwollenen roten Händen.
Im Gesicht, dem schweißbedeckten
klebten wirr die feuchten Strähnen
ihres wildzerzausten Haares.
Und wir Kinder, bleich und schmutzig,
schleppten keuchend
und uns krümmend,
das entwurzelte Gebüsch,
und wir warfen es ins Feuer,
dessen Rauch die einzige Zuflucht
vor Insektenplage bot ...

Auch ein Sprichwort aus dieser Zeit ist ein Beleg für den schweren Anfang der Wolhynier wie meiner Urgroßeltern: „Die erste Generation fand den Tod, die zweite die Not und erst die dritte das Brot."

Man hat mit Erdlöchern im Frühling angefangen, über den Sommer das Haus gebaut, dazu kamen allmählich die anderen Gebäude eines Hofes, meistens in Hufeisenform. Viele Bauern wandelten sich, wie meine Großväter, durch geschickten Ackerbau, Obst- und Tierhaltung, Melioration, Verarbeitung der Produktion und Verkauf der Überschüsse vom Eigenbedarf in Großbauern um.

Meine Mutter hatte die schweren Zeiten nicht erlebt, denn sie ist vierzig Jahre später, 1912, geboren. Sie begann ihre Erinnerungen stets mit der Geschichte, wie die Großeltern verarmt, in Leinenhemden, über die

Grenze wanderten. Sie beschrieb den Prozess der Leinenwäscheerzeugung, von der Aussaat und der schwierigen Flachsernte, dem Rechen, bis zum Spinnen und Weben. Danach kam das Bleichen durch das Langziehen im Wasser und Bespritzen, bis das Tuch weiß wurde. Daraus wurden Hemden, Bettwäsche, Säcke genäht. „In solchen Hemden machten sie sich auf den Weg nach Russland", schrieb Mutter in ihren Erinnerungen mit achtzig, als ich sie bat, diese schriftlich festzuhalten. Von Armut- und Landmangel hörte ich auch stets aus den Nostalgiegeschichten meiner Eltern, also mussten es die wichtigsten Gründe der Auswanderung gewesen sein. Da mein Vater sehr früh seine Mutter verlor und keine Großeltern hatte, die ihm ihre Geschichte überbringen konnten, schildere ich die wenigen Bruchteile der Geschichte, festgehalten von meiner Mutter und am Beispiel ihrer Familie Freigang.

Urgroßeltern mütterlicherseits

Meine Ureltern Freigang hatten dreizehn Kinder, von denen zu der Zeit noch drei lebten. Zwei verstarben auf dem Weg in die Ukraine. Es blieb ihnen nur der etwa zweijährige August, mein zukünftiger Großvater. In Russland angekommen, ließen sie sich nieder, sobald sie braches Land sahen, viel weiter hätten sie es mit der Ochsenfuhre und einer Kuh nicht geschafft. Die Uroma soll erzählt haben, dass sie sich im zerstörten Dorf niederließen. So musste wohl Solodyri zu diesem Zeitpunkt ausgesehen haben. „Weil aber meine Großeltern fähige und fleißige Menschen waren", so meine Mutter, „begannen sie sofort Bäume zu fällen, ein Haus zu bauen und hatten ein Zuhause. Sie säten, wo es möglich war und rodeten Stümpfe, um sich mehr Land anzueignen."
Über die schwere Arbeit der Waldrodung, vorwiegend Eichen, dem späteren Anbau von Getreide, als die Größe der Acker es erlaubte, ist auch der von Augenzeugen überlieferten Geschichte Wolhynien's zu entnehmen. Natürlich waren nicht alle Bauern in gleichem Maße erfolgreich. Einige Familien blieben arm, ihnen gehörte kein Land, sie pachteten eventuell etwas, und ihre Kinder dienten als Knechte und Mägde in den wohlhabenden Familien.
Zu diesen gehörte bald unsere Freigang-Familie. Meine Mutter erinnerte sich noch sehr gut an ihren Großvater Ludwig und Großmutter Julia väterlicherseits. Beide hatten schöne schwarze Haare bis in ihr hohes Alter hinein (Urgroßvater wurde zweiundsiebzig und Urgroßmutter sechsundachtzig), beide groß und schlank, Urgroßvater breitschultrig, sie haben großen Wert auf ihr gepflegtes Äußeres gelegt. Urgroßvater

Ludwig sollte mit achtzehn eine andere heiraten. Er verschanzte sich aus Protest auf dem Heuboden und bekam dann doch die schöne Julia Schulz. Julia träumte auch schon lange davon in dem wunderschönen Haus mit dem Rosenvorgarten zu wohnen. Sie wollte auch fleißig darin arbeiten, erzählte sie meiner Mutter, ihrer Enkelin, die diese Geschichte voller Stolz auf ihre tüchtigen und dadurch wohlhabenden Ahnen an mich weitergab.

Wie schon erwähnt, sprachen Uroma und Uropa Freigang plattdeutsch. Großvater Ludwig neckte seine Enkelin Meta oft: „Metke, Retke, Schetke (Scheisserchen)." Ihre Großmutter Julia wäre aber dagegen gewesen, dass die Kinder platt sprechen. Sie sollten hochdeutsch lernen und „nicht durcheinander kommen".

Meine Urgroßmutter soll nicht nur fleißig, sondern sparsam, und mein Urgroßvater Ludwig sogar etwas geizig gewesen sein. Kein Wunder, dass sie erfolgreich waren, wie so viele Wolhynien-Deutschen, die den Neid der Russen/Ukrainer ernteten. So wurden sie schon 1914 von der Zarenregierung deportiert. In der Verschickung (so nannte es meine Mutter) starb Uropa Ludwig zweiundsiebzigjährig, der bis zuletzt adrett aussah, stets einen Taschenkamm besaß, „was nicht jeder Bauer hatte" - so Mutter. Sie konnte sich gut daran erinnern, weil sie als Kind oft mit dem Kamm spielte.

Als die Urgroßeltern nach der Deportation 1914 weg mussten, verkauften sie ihr Haus und die Wirtschaft, legten das Kapital in Wechseln an. Das Geld ging in diesen turbulenten Zeiten des ersten Weltkrieges, des Bürgerkrieges verloren und die verwitwete Urgroßmutter Julia Freigang zog danach zu ihrem Sohn August. Einen Teil des „geretteten" Geldes hatte sie aber in einer Blechdose aufbewahrt, woran sich meine Mutter noch erinnern konnte. Also war es den Kindern im Hause kein Geheimnis.

Großeltern mütterlicherseits

Der Sohn August Freigang verlor inzwischen seine erste Frau und Kinder, hatte aber eine große Wirtschaft zu versorgen, die Frauenhände erforderte. So kam die viel jüngere, hübsche, „tugendsame" (so Mutter) Antonie Wessel als Gemahlin auf den Hof des Witwers. Sie stammte aus bescheidenen Verhältnissen. Ihr Stiefvater Krampetz war ein grober und fauler Mensch. Als der reiche Witwer August Freigang um Antonias Hand anhielt, jubelte der Stiefvater: „Antonie, Antonie, es hat sich eine Quelle aufgetan. Der reiche Freigang will dich heiraten!"

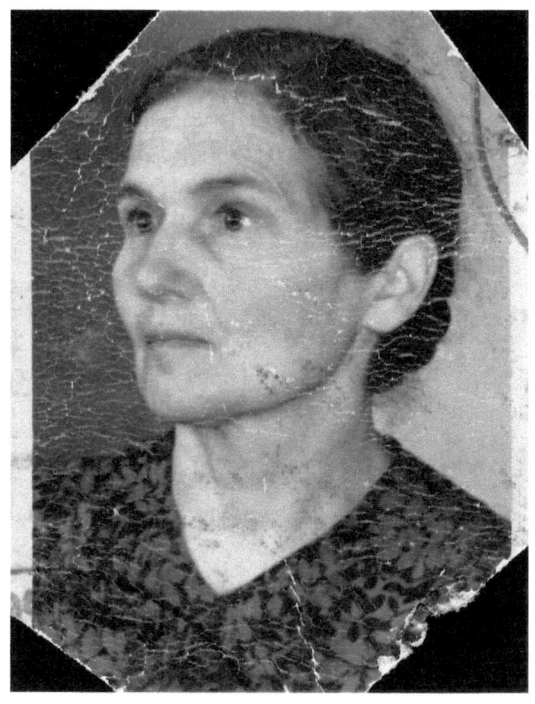

Antonie Freigang, geb. Wessel, Großmutter mütterlicherseits, 1946

Krampetz war nicht nur faul, er konnte lustig sein und für Scherz und Schabernack immer sorgen. So hing der Stiefvater beim Vorgespräch des Witwers, dessen Mütze an eines der Elchhörnern, die sich dekorativ auf dem Tisch befanden. Als derselbe Tisch für den Kaffee gedeckt wurde, hat jemand (bestimmt der Stiefvater selbst mit Absicht) das Gestell mit den lackierten Hörnern unter das Bett (so Mutter) gestellt. Als der Freier gehen wollte, war die Mütze verschwunden. Der Stiefvater meinte nur: „Na, dann muss er wohl oder übel wieder kommen, ist doch ein gutes Zeichen."

Damit sollte er Recht behalten. Das war der Beginn einer beneidenswert glücklichen Ehe meiner Großeltern, die ich nie kennenlernte, aber dank Muttis Erzählungen lieb gewann. Der unheimliche Stolz meiner Mutter auf ihre fleißigen, ehrlichen Eltern übertrug sich auf mich. Auch heute bin ich stolz, solche Ahnen zu haben. Oma Antonie schenkte Opa August nicht nur vier Kinder: Meta, Otto, Sonja und Leopold, sondern verhalf ihm zum wirtschaftlichen Wachstum. Er soll immer wieder wiederholt haben: „Alles, was ich mit dir anfange, Antonie, gedeiht auch. Du bist schön wie eine Blume ebenso klug und bringst mir nur Glück."

Großvater Freigang besaß über vierzig Hektar Land und Wald. Besonders groß war die Hopfenplantage, die wohl den größten Teil der Einkünfte brachte, erfuhr ich von meiner Mutter. Dazu gab es eine Hopfendarre mit Presse und zwei Scheunen zum Lagern der Säcke für den Verkauf. Die Großeltern hatten etwa achtzehn bis zwanzig Kühe, unzählige Schweine und viel junges Vieh dazu, sowie Gänse, Enten. Alle waren in zwei großen Ställen untergebracht. Es wurden Federn, Daunen, Eier, Fleisch verkauft.

An das große Gänseschlachten erinnerte sich Mutter noch. Auch wie Oma Julia um fünf Uhr morgens aufstand und zu spinnen begann. Sie musste damit bis zum zweiten Februar, dem christlichen Feiertag Lichtmess, fertig sein. Danach musste noch gewaschen, gespult, gewebt werden. Diese Arbeiten erledigten die Großmütter mit Hilfe der fleißigen Hände der Mägde und Knechte.

Das viele Obst aus dem großen Obstgarten musste auch verarbeitet werden. Äpfel, Birnen, Pflaumen wurden getrocknet. Die Milch wurde in der Sommerküche verarbeitet. Die befand sich im großen Gebäude, wenn auch kleiner als das Gutshaus mit nur sechs Zimmern für Uroma, Kinder und Eltern, drei Wohnzimmern, zwei Schlafzimmern und einem Esszimmer für Mägde und Knechte. Ob alle zwölf Personen da wohnten, weiß ich nicht, aber, dass Mutter da mitessen durfte, weil es ihr besser schmeckte, und sie „nur so ein Hecht" war, das wiederholte sie oft. Überdies erzählte sie, dass die Knechte und Mägde, wie Saisonarbeiter im Herbst Säcke Getreide, Mehl, Kartoffel, getrocknetes Obst usw. mitnehmen durften, wobei Urgroßmutter ab und zu schimpfte. „Wieso gebt ihr so viel her?" - „Ach, Mutti, wir haben doch so viel davon, warum sollen wir nicht teilen?", sagte dann die Schwiegertochter Antonie.

Als nach der Revolution die Zeiten vorbei waren, wollten die Mägde und Knechte bei Oma und Opa weiter arbeiten, sie weinten sogar und baten, sie nicht wegzuschicken. Mutti behauptete, die Knechte und Mägde, deren Namen sie sogar noch kannte: Olga, Robert, Samuel, Heinrich - hatten im Dorfsowjet für ihren Vater ein gutes Wort eingelegt, als man ihn verhaftete und vorhatte ihn als Kulaken hinzurichten. In ihrem „kurzen Lebenslauf" schrieb sie, dass Bauern aus vier Dörfern zusammenkamen, um für Opa zu bitten. Und die Bolschewiken gaben nach. Mein Großvater August, durch die geschichtliche Wende und Arreste schwer am Herzen erkrankt, war es dadurch vergönnt, nicht im Gefängnis, sondern in seinem Bett mit zweiundsechzig zu sterben.

Als ich die Geschichte des Kapitalismus in sowjetischer Fassung lernte, stellte ich Mutter die Frage: „Du erzählst, die Bediensteten wurden gut behandelt, gut belohnt, viele haben den Winter durch überhaupt nicht gearbeitet, sie waren dankbar dafür und wollten nicht weg. In dem Buch steht aber ganz was anderes. Die Armen wurden von den Reichen auf grausame, erbarmungslose Weise ausgebeutet, wofür sie selbstverständlich ihre Herren hassten." Darauf antwortete meine weise Mutter: „Na ja, ich kann dir auch nur von meinen Eltern, sowie benachbarten Großbauern, und was ich erlebte, erzählen. Es muss wohl doch diese Bösen gegeben haben, aber deine Großeltern haben keiner Fliege und keinem Menschen was zu Leide getan. Umgekehrt, sie waren angesehen und jeder bemühte sich, beim sonntäglichen Kirchengang (die Kirche und Schule standen übrigens auf Opas Land) dem „reichen Freigang mit Händedruck die Ehre zu erweisen. Viele nutzten die Gelegenheit Dank auszusprechen: für die Hilfe bei der Genesung ihres Kindes, für die Aushilfe mit landwirtschaftlichen Geräten oder Futter, für die Ausleihe der Droschke - usw."

Vater übernahm die Patenschaft von Waisenkindern des Dorfes. Eins davon, die Lydia, wurde bei uns in die Familie aufgenommen und wie meine Schwester behandelt. Nur gerecht und ehrlich, fleißig von früh bis spät und um das Wohl der anderen besorgt, so waren deine Großeltern. Zueinander waren deine Großeltern auch lieb und respektvoll, nie fiel ein grobes Wort", wiederholte stets meine Mutter. Sie erinnerte sich sogar, wie ihr Vater Orgel spielte, und die Familie im Chor am Sonntag am offenen Fenster sang:

> Wenn des Lebens Stürme toben
> Und der Stärkste kaum hält stand
> Will ich mich getrost ergeben
> In des Vaters treue Hand
> Chor: Er bedeckt mich, er bedeckt mich
> Mit des Schaffens treuer Hand.

Oft fügte sie hinzu: „Ja, ja, Lenchen, du kannst auf deine Großeltern stolz sein. Dein Opa war so reich, dass er sich das adelige „von" gekauft hat. Nun nützt es ja nichts mehr."

Mutter schilderte die damaligen Zeiten so liebevoll, dass ich gar nicht anders konnte, als mich in diese Zeit und die Menschen zu verlieben.

Und ich glaubte beiden: meiner Mutter und meiner Geschichtslehrerin, ohne an der Wahrheit der einen oder anderen zu zweifeln.

Erster Weltkrieg. Deportation.

So lebten die meisten Solodyrier: wohlhabend, friedlich und glücklich bis 1914, also fünfzig Jahre nach der Auswanderung aus Deutschland, die einer Vertreibung glich. 1914 hatte das wunderschöne Leben ein Ende. Das Unheil kam über die Wolhynien-Deutschen mit dem ersten Weltkrieg. Ihnen wurde als möglichen Kollaborateuren der deutschen Armee misstraut, und sie wurden in den Osten des Landes verbannt. Die Deportationen fanden zwischen 1915-1917 statt. Meine Mutter erinnerte sich noch an das zu dieser Zeit im Volksmund entstandene Lied:

Aus Wolhynien sind gezogen die Verarmten arm und reich.
Keiner ging den Weg auf Rosen, alle waren ja nun gleich.
Sonntag früh, am fünften Juli, gerade zu der Erntezeit,
mussten weg die Vielgeplagten,
alle, arm' und reiche Leut'!
Angespannt und schwer beladen
stand der Wagen vor der Tür,
manche Sachen, oh wie schade,
blieben hier noch liegen mir.
Vorwärts ging's durch Sturm und Wetter,
auf Befehl der Obrigkeit,
keiner fand jetzt einen Retter,
der ihn aus der Not befreit.
So ging's weiter durch die Wälder, über Hügel, Berg und Tal,
über Felder und durch Städte und durch Dörfer ohne Zahl.
Auf den Strömen statt mit Dampfern fuhren wir mit einem Kahn,
und auf Wegen mancher Arten, dann zuletzt mit der Eisenbahn.
Auf dem langen Trübsalwege kam der Tod, hielt gleichen Schritt,
kleine Kinder, alte Leute, Jugendliche nahm er mit.
Es ist gar nicht zu beschreiben diese große Trübsalzeit.
Jeden drückten schwere Sorgen. Ach, wann endet doch das Leid?

Ich habe hier nur die Hälfte dieses Liedes aufgeschrieben, es ist ein langes Lied, wie das, nach dessen Melodie es gesungen wurde: des russischen Volksliedes über die Wolga-Mutter „Wolga, Wolga, matj rodnaja", der Text soll vom Kantor Gustav Frieske stammen.

Es herrschte ein strenger Winter, als die Wolhynien-Deutschen 1915 sechs Wochen lang in vereisten Viehwagen bis zum Verbannungsort zubrachten. Viele starben unterwegs, so wie mein Urgroßvater Ludwig Freigang und meine Großmutter Miriam Kelm. Sie war körperlich nicht die stärkste, erkrankte an Lungenentzündung, darauf Tuberkulose, wie es hieß. Man holte ihre Leiche im Morgengrauen vom Zug, an Beerdigung war nicht zu denken. Es war irgendwo an der großen breiten Wolga. Mein Großvater Christof (väterlicherseits), ihr Ehemann, merkte sich den Ort, an dem die Leiche meiner Großmutters aus dem Waggon herausgetragen wurde: Krasnoturinsk.

Die Wolhynier brachte man in den Tatarendörfern oder bei Wolga-Deutschen, die in Sibirien lebten, unter. Diese nannten die Wolhynien-Deutschen „Verbrecher" und die Wolhynier hielten auch nicht viel von den „rückständigen" wolgadeutschen Bauern, die „nie im Leben eine Stadt sahen". Mein Vater nannte die Wolga-Deutschen, mit denen er Jahrzehnte danach in Kasachstan arbeiten und leben musste, „Stoffel" und „Verräter". Das Letztere bezog sich auf die Sowjetrepublik der Wolga-Deutschen, gegründet von Lenin. Viel mehr konnten meine Eltern über die Deportation nicht wissen, denn sie waren beide zu klein, meine Mutter noch nicht einmal drei Jahre alt.

Nach der Revolution

1917 kamen die Solodyrianer in ihr leeres, nun esowjetisches Dorf zurück. Die Regierenden wechselten ständig im Bürgerkrieg. Einmal war es die Rote Armee, dann die Weiße des Zaren, dann die Polen oder Deutschen und nicht zuletzt die verschiedensten Banden, sowie die Petlura-Bande, benannt nach dem Anführer einer antisowjetischen Bande. Zuerst kämpfte die Rote Armee gegen die Weißen. Dann versuchte Polen ostwärts zu expandieren, und die Rote Armee bekämpfte die Polen. Auch deutsche Truppen sollten in Shitomir für Ruhe sorgen.

Nach deren Abzug kamen die schlimmsten, die Petlura-Banden, die Tausende, vor allem Juden, und andere Menschen umbrachten. Sie raubten Geld, Lebensmittel usw. Auf der Suche nach Gold und Geld kamen sie auch zur Familie Freigang ins Haus, nachdem die benachbarte Judenfamilie sie zu den „reichen Freigangs" schickte. Bei diesem Überfall wäre meine Großmutter Antonie beinahe erschossen worden. Ein Bandit zielte auf sie. Die Kugel sauste an ihrem Ohr vorbei, so dass sie danach für den Rest des Lebens taub blieb. Vielleicht auch dadurch, dass der Bandit sie mit dem Kopf gegen die Wand schleuderte. Vor dem Tode rettete sie ein Schutzengel in Gestalt eines anderen Banditen, der mit den schreienden Kindern Erbarmen hatte.

Beruhigt hat sich die Lage einigermaßen 1921 mit der Errichtung der kommunistischen Regierung in Solodyri. Meine Mutter wurde als Kulakentochter nach anderthalb Jahren aus dem Gymnasium in Heimtal verwiesen, die ukrainischen, jüdischen Kinder schrien: „Fahr nach Hamburg zurück, woher du kommst!" Hamburg war die Sammelstelle für deutsche Migranten im Norden so wie Regensburg im Süden. Viele Ukrainer, Russen sprachen nicht mehr mit Deutschen, aber die Eltern glaubten, es würde besser werden, es kehren alte Zarenzeiten zurück. Sie hatten für Silber und Gold in den Jahren der Inflation und der geschichtlichen Turbulenzen ihre Wirtschaft wieder aufgepäppelt. Es ging auch ringsum etwas bergauf, besonders in der Zeit der Neuen Ökonomischen Politik von Lenin. Die Menschen wollten einfach nicht glauben, dass die fünfzigjährige Geschichte von Solodyri vorbei ist, dass sie ihr Erarbeitetes restlos verlieren.

Oma Antonie war energischer, resoluter und übernahm früh die führende Rolle auf dem Gut. Opa war zweiunddreißig Jahre älter und schon immer ein ruhiger Mensch gewesen. Sein Herz litt aber ganz besonders nach 1914 und 1917 und den darauffolgenden zwanziger Jahren. Er musste immer damit rechnen, als reicher Gutsbesitzer umgebracht zu werden. Wenn die Bolschewiken ihn auch wegen seines gesundheitlichen Zustandes und der Fürsprache der Mehrzahl der dankbaren Bauern in Ruhe ließen, blieb ihm die ruinierende Entwicklung der Landwirtschaft doch nicht verborgen. Als Stalin mit seiner beispiellosen Politik der Kollektivierung Ende der Zwanziger begann, und die Reichen erschossen oder nach Sibirien verbannt wurden, schwand auch der Glaube an die Rückkehr der schönen Zeiten. Am 9. Februar des Jahres 1929 hielt es Opas Herz nicht aus, und er erlag seinem Leiden in den Händen seines Schwiegersohnes Rudolf Kelm.

Beginn einer glücklichen Ehe. Rudolf und Meta Kelm

Rudolf heiratete meine zukünftige Mutter Meta, die älteste Tochter des reichen von Freigang, wie mein Vater es betonte, kurz davor, am 17. November 1928. Meta war erst sechzehn Jahre alt. Damals heiratete

Meine Eltern, Meta und Rudolf Kelm, um 1929-1930

man früh. Diese Hochzeit hätte trotzdem später stattgefunden. Opa August wünschte sich aber diese Hochzeit zu erleben, weil er das Bett fast nicht verließ und ahnte, wie wenig Zeit ihm blieb. Mit dieser Heirat begann erneut eine Geschichte einer der glücklichsten Ehen, der meiner Eltern. Wenn ich das sage, weiß ich, wovon ich spreche, und noch etwas füge ich in diesem Zusammenhang stets dazu. Ich bin glücklich, keine Neidgefühle gegenüber Schönen und Reichen wegen Autos, Möbeln, Brillanten etc. je empfunden zu haben. Ich beneide talentierte Menschen mit vielen Sprachkenntnissen, Musiktalent, aber mein größter Neid gilt einem Ehepaar, das zusammen alt geworden ist wie meine lieben Eltern.

Zur Entstehung ihrer Ehe hatte ich zwar mit Vierzehn, Fünfzehn auch meine Zweifel, wie zu dem Thema die „guten Reichen", denn Mutter betonte immer wieder: „Ach, wie klug war meine Mutter, sie hat es gewusst, dass Rudolf für mich der Richtige ist, und dass ich mit ihm glücklich sein werde. So war es auch." Als ich nachhakte, meinte sie: „Na ja, ich war ja noch zu jung. Mir gefiel der Porutschik (Militärgrad) Lesnewski aus Sankt Petersburg, aber als der zu uns kam, hängte Mutti seinen Kittel auf die Stuhllehne, was so viel wie einen Korb geben bedeutete. Oma sagte: „Mit dem würdest du in die Fremde gehen und unglücklich werden. Der Rudolf Kelm ist ein schöner Junge, sehr bescheiden und der wird treu wie sein Vater sein."

Großeltern väterlicherseits

Großvater Kristoph Kelm hatte seine Frau Miriam (geb. Pusch) 1915 während der Deportation der Wolhynier verloren. Bei Krasnoturinsk, an der Wolga, wurde sie aus dem Wagen getragen, wie schon erwähnt. Nie wieder heiratete mein Großvater, er erzog seine vier Kinder alleine, denn die Kinder sollten keine Stiefmutter bekommen. Die Geschwister Hulda, Eugenie und Olga (fünfzehn-, vierzehn- und elfjährig), kümmerten sich um den jüngeren Bruder Rudolf. Die kleinere Wirtschaft als bei Freigangs litt natürlich ohne Frauenhand, aber Großvater Kristoph war ein Mensch mit festen Prinzipien und heiratete nie wieder. Er interessierte sich für Homöopathie, bestellte sich Bücher aus Amerika, sowie das erste Fahrrad auf dem Dorf und eine private Lehrerin für seine Kinder. Die Kinder waren sein größtes Heiligtum.

Jahre auf der Flucht

Und Kristoph Kelms Treue war für die weise und resolute Oma Antonie ausschlaggebend bei der Auswahl von Metas Ehemann. Obwohl Mutter auch von Papas Aufmerksamkeiten erzählte, mit denen er sie umwarb: Pflaumen aus dem Garten, ein extra für sie angelegtes Blumenbeet, einen Ring mit Gravur. Sie unterstrich damit, dass Rudolf sie liebte, er ihr also gefiel, und es keine reine Vernunftehe war. Für mich gab es wiederum einen Anlass zu hinterfragen: „Wieso sprichst du ausschließlich von glücklichen Ehen, denen keine große Liebe vorausging. Anna Matwejewna, unsere Geschichtslehrerin, behauptet, dass diese von Eltern

Miriam und Kristoph Kelm, etwa 1898

erzwungenen Ehen zur Zarenzeit nie glücklich waren, meistens litten die Frauen oder duldeten die Ehe schweigend. Es gab doch diesen teuflischen Spruch „sterpıtsjasljubitsja", was etwa heißen soll „ist die Anpassung Zweier möglich, so ist auch die Liebe möglich" oder „die Liebe kommt mit der Anpassung". Man behauptete sogar absurd „Hiebe sind Liebe" oder „schlägt dich der Mann, folglich liebt er dich". Diese Sprüche entstanden aus reiner Ausweglosigkeit.

Meine Mutter sprach in diesem Falle von Diplomatie, nicht Anpassung. Sie hatte für mich eine ganz simple Erklärung: „Wäre dein Vater ein unerträglicher Mensch, könnte ich ihn lieben? Aus meiner Neigung und der Dankbarkeit dafür, wie er für mich und seine Kinder sorgte, entstand

Liebe. Dein Vater hat zu mir fast nie pathetisch gesagt: Meta, ich liebe dich! - aber er ließ mich nie warten, kam immer pünktlich von der Arbeit, sorgte sich um alles, war immer treu und ein guter Vater. Das ist Liebe. Und das wurde mit dem Spruch gemeint. Es baten mehrere in Solodyri um meine Hand, aber denen ging es um den Reichtum meines Vaters. Rudolf war anders. Ja, die Eltern auf dem Dorf kannten einander und trafen eine Vorauswahl, diese Ehen scheiterten auch ganz selten. In der Stadt war es wahrscheinlich anders." Und wiederum glaubte ich meiner lieben Mutter, wie konnte es anders sein.

Die glückliche Ehe meiner Eltern, die dreiundsechzig Jahre zählte, begann aber durch die Tragik der Zeit dramatisch. Diese schlimmen Zeiten hielten nicht einen Tag, eine Nacht oder sogar ein Jahr an, sondern fast zwanzig lange Jahre, von 1929 bis 1947. Das hätte keine Ehe überstanden, ohne die Liebe meiner Eltern „und bis der Tod uns scheidet ...", davon bin ich fest überzeugt.

Sie heirateten am siebzehnten November 1928, und am neunten Februar 1929 starb Mutters Vater, Großvater August, im Mai folgte ihm Großvater Kristoph Kelm. Zum privaten Verlust kam der unvermeidbare Verlust des sicheren wohlhabenden Lebens der deutschen Kolonie Solodyri. Dieser begann 1917, aber nach Solodyri kam alles später. Die Revolution erschien den Wolhyniern weit entfernt. Sie wussten es vom Hören, in St. Petersbug wurde Lenin gewählt, bis 1921 wirkte sich dessen Wahl in Wolhynien nicht aus. Vier lange Jahre wütete der Bürgerkrieg. Nach der Gründung der kommunistischen Regierung 1921 glaubten die meisten Deutschen noch den Versprechen der Kommunisten an eine gute Zukunft. Das Privateigentum wurde bis etwa 1925 nicht angegriffen. Die Steuern stiegen immer höher, mit denen hauptsächlich die Reichen belegt wurden, die es kaum verkraften konnten. So konnten zuletzt meine Großeltern die Schule der Kinder nicht bezahlen.

Es gab zwar einen Predsedatel, einen Dorfvorsitzenden für die Dörfer Wolhynien, Rogowka und Neudorf, der zuerst wie Sell gewählt wurde. Danach wurden die Predsedatels von der Kreisverwaltung in der Stadt Pulin ernannt. Mein Vater hatte weder ein gutes Wort für den Sell übrig, der seine Schwiegermutter heiraten wollte (sie lehnte ab), noch für seine Nachfolger, den Analphabeten Hoppe oder die „Hunde" Grünewald und Gebrüder Kaufmann. Besonders oft fiel der Name Grünewald, der die Entkulakisierung, mit anderen Worten die Vernichtung der Kulaken, vom Ende 1920 bis 1937 leitete, und der auch meinen Vater verhaftete. Grünewald und die Kaufmanns wurden einige Jahre später, 1941, von den deutschen Truppen in Pulin wegen ihrer Verbrechen verurteilt und hingerichtet.

Ich höre heute noch meines Vaters traurige Stimme „Wie viel unschuldige Menschen hatte der auf dem Gewissen, dieser Hund." So machte mein Vater nur einmal in diesem Zusammenhang Gebrauch vom russischen Sprichwort: „Sobake-sobatschja smert!" - was frei übersetzt so viel wie „Hundetod dem Hund!" heißt, ein unwürdiger Tod. Zu dieser Zeit verreckten Hunde auf der Straße, niemand kümmerte das.

Die Wolhynier wirtschafteten noch während der NÖP (Neue Ökonomische Politik) Lenins und bis etwa 1927, teils bis 1929 fleißig auf ihren Gütern, in der Hoffnung, es würde besser werden. Im Dorfladen, den zwar nicht mehr der gute Jude Janek (wie oft sprach mein Vater von ihm) führte, gab es eigentlich alles. Im Kooperativ-Laden, wie er nun hieß, wechselten auch die Angestellten, nach Arthur Nartschinski und Julius Winkel wurde Mutters Stiefvater Bernhard Spletzer der Ladenverwalter. Oma Antonie heiratete nach Opas Tod diesen anständigen ruhigen Mann, „der ein richtiger Kavalier war, aber noch nie davor verheiratet", so meine Mutter. Oma wollte ja die Wirtschaft „retten". Mutter erzählte, dass sie ihre Kinder um Zustimmung bat. Sie bereuten es nicht, denn er war ein guter Mensch. Sie zogen mit ihm bald nach Shitomir, als sie in Solodyri nichts mehr hielt.

Alles wurde expropriiert. Im Laden gab es außer Salz und Wodka nichts mehr zu kaufen. In diesem Zusammenhang entstanden wohl die sarkastischen Verse aus dem Volksmunde. Einen davon wiederholte mein Vater: „Poka ne bylo sowjet, sadniza ne widela swet, a prischol sowjet, shopa uwidela swet." In meinem Elternhause wurden nie Fäkalausdrücke gebraucht, nur „Hintern" oder „Po" benutzt, nur bei diesem einzigen Vers erlaubte es sich mein Vater. Die freie Übersetzung von mir: „Gab es den Sowjet nicht, sah der Hintern kein Licht, seitdem es den Sowjet gibt, sieht auch der Hintern Licht." Es war eine offene Satire auf die Sowjetmacht, die Hunger und Not brachte. Die Leute liefen in zerschlissenen Hosen herum, starben vor Kälte und Hunger. Und wenn es so traurig ist, versuchen die Menschen zu lachen, um zu überleben.

In der Stadt gab es doch noch etwas an Lebensmitteln zu kaufen und es gab Arbeit. Zwar kam der Stiefvater nicht dazu, denn er wurde am 16. Dezember 1937 ohne Erklärung und Urteil verhaftet. In dieser grausamen Zeit wurden Tausende und Abertausende unschuldig verhaftet und vernichtet. Meine Mutter besuchte ihn zu Beginn der Haft im Shitomir-Gefängnis, aus dem er nie wieder als freier Mann herauskam. Ein Mensch war einfach verschwunden. Später erfuhr die Familie, der unschuldige Mensch wurde hingerichtet. Als Mutter für mich diese Erinnerungen schon im hohen Alter aufschrieb, weinte sie die bittersten Tränen und sagte: „Wie viele Unschuldige wurden wie mein lieber Stiefvater umgebracht? Wie hat doch unser deutsches Volk leiden und schweigen müssen. Ich wundere mich heute, dass es mir gelungen ist, so alt zu werden."

In Shitomir wurde Mutter in einer Strumpffabrik eingestellt und arbeitete da von 1934 bis Anfang 1938. Meinem Vater war auch das nicht gegönnt, denn er wurde als Kulak verfolgt. In den Jahren 1929, 1933-1937 hat man ihn mehrmals verhaftet. Nur wie durch ein Wunder gelang es ihm, dem Tode zu entkommen.

An drei Verhaftungen erinnerten sich meine Eltern öfter, wenn auch nicht im Detail. Die erste Verhaftung erfolgte 1929, nachdem sein Vater starb, und er der Gutsbesitzer wurde. Man holte ihn ab und brachte ihn nach Pulin, in die Kreisstadt. Als er in Begleitung eines Konvois die belebte Straße am Markt entlang ging, wagte mein Vater zu fliehen. Er verschwand so unerwartet und frech, dass der Begleiter ihn in der Menge auch mit viel Mühe nicht mehr entdecken konnte. Vater bog blitzschnell in eine Seitenstraße ein. Da er nun Vorsprung hatte und sich gut in dem Städtchen auskannte, gelang ihm diese dreiste Flucht.

Am 24. März 1930 wurden alle Großbauern verhaftet, Vater lief zur Schwiegermutter, um sie zu warnen und entkam auf diese Weise zufällig seiner Verhaftung, denn ausgerechnet in dem Moment kam der NKWD (Sicherheitsdienst, später KGB). Danach folgten aber die schlimmen Jahre des „Verhöhlens"(ein veraltetes Wort für verstecken bzw. in der Höhle leben, wie Vater das „Versteckspiel" vor der Jagd auf ihn durch den Genossen Stalin nannte. Er übernachtete in Heuschobern, Ställen, bei Bekannten im Keller, mal bei den verheirateten Schwestern, als es kalt wurde. Mit tiefer Bitterkeit in der Stimme wiederholte er, dass sein Onkel Rudolf Pusch, der Predsedatel (Vorsitzende der Kolchose) in Neudorf war, ihn bei sich auch nicht für eine Nacht aufgenommen hatte und der Familie nicht half.

Seine Frau sah mein Vater nur heimlich, außerhalb des Dorfes. Als sie 1932 nach einem knappen Jahr aus der Kolchose, in die sie einzutreten gezwungen waren, ausgeschlossen wurden, ließen sie sich im russischen Dorf Toporysch für kurze Zeit nieder. Vater war ein geschickter Handwerker. So hielten sie sich über Wasser. Häufig deckte er Dächer. Als er beim Vorsitzenden das Hausdach deckte, bekam er als Belohnung einen Sack Roggen, da war die Freude selbstverständlich groß. Die Kolchose hatte ihnen alles genommen: ihr einziges Schwein, sogar die Betten, die

Kleidung, Lebensmittel. 1933 kam die schreckliche Hungersnot dazu. Meine Familie überlebte dank des Umtauschs des Familiengoldes bis auf die Eheringe und Uhren für Lebensmittel im Torgsib (ein besonderer Laden der Dreißiger).

Mutter erzählte von einem erschütternden Ereignis jener Zeit. Sie sah auf der Straße eine tote Frau, um die ein Säugling kroch. Mein Vater nagelte einen Sarg zusammen und sie beerdigten die Frau, das Kind nahm eine kinderlose Familie auf. Es starben Tausende in diesem Jahr. Aber dieses Bild ließ meine Mutter bis ins hohe Alter nicht los.

Als das Passportsystem begann (davor gab es keine Ausweise), mussten meine Eltern das Dorf in vierundzwanzig Stunden verlassen. In Shitomir gab es durch die hohe Sterberate Arbeit, und meine Eltern bekamen erstmals für drei Jahre einen Ausweis. Als mein Vater 1934 meine Mutter und Sohn Willi abholen wollte, kam der NKWD erneut auf seine Spur. Man verhaftete ihn auf dem Flur. Aber ihm gelang mit Hilfe des ehemaligen jungen Knechtes und Nachbarn auch dieses Mal die Flucht. Er war im Aufsichtskommando des Gefängnisbaus, an dem Vater am Tag mitmachte. Der ehemalige Knecht bot meinem Vater an: „Du warst immer gut zu mir. Flieh, ich habe nichts gesehen." Mit tiefen Beulen von Wanzenbissen, aber am Leben, kehrte er nach vier Monaten Haft, dank dieser Flucht zur Mutter zurück.

Danach sorgte er für das tägliche Brot mit Gelegenheitsarbeiten. So riss er mal eine Schmiede ab, dabei verletzte er mit einem rostigen Nagel einen Finger. Er bekam Fieber, die Rötung bzw. Blutvergiftung zog immer weiter am Arm hoch. Zum Arzt konnten meine Eltern nicht. Vaters Aufenthaltsort wäre aufgeflogen.

In der Verzweiflung wandte sich meine Mutter an ihre alte russische Nachbarin und die gab meiner Mutter ein selbstgemachtes Heilmittel, an das sich meine Mutter leider nicht mehr erinnern konnte. Wichtig war, dass es half, und noch einmal legte der Schutzengel in Gestalt der russischen Frau die Hand über meinen Vater. Damals konnte er auch nicht wissen, wie oft er in den darauffolgenden Jahren einen solchen Schutzengel brauchen würde.

In Shitomir bekamen sie unverhofft finanzielle Hilfe von einem wildfremden Amerikaner. Er schickte an ihre Adresse (reiner Zufall) zwei Mal zwanzig Dollar, denn Mutti beantwortete seinen Zufallsbrief bescheiden und anmutig. Von Vaters Schwestern bekamen sie auch zwei Mal zehn Mark, die zwar 1934 nicht viel wert waren, trotzdem eine Hilfe, die „wärmte". Die Eltern arbeiteten zwar beide, aber bekamen pro Tag: Vater - achthundertachtundachzig Gramm Brot, Mutter - sechshundert

Gramm und Willi - zweihundert. Die Nachbarin musste für das Babysitten auch bezahlt werden. Vater hatte überall Geschwüre am ausgetrockneten Körper.

Das Hungergefühl hatte noch einen grausameren Begleiter: die Angst. 1937 begannen erneut massenhafte Verhaftungen. Meine armen Eltern kamen nicht zur Ruhe. So übernachteten die beiden am 24. Juni 1937, meine Mutter hochschwanger mit dem zweiten Kind, bei einem Juden. Nachts klopfte jemand an der Tür und der „gute Jude" (so mein Vater) machte nicht sofort auf, er klopfte leise an die Zimmertür und flüsterte: „Polizei!" Das reichte aus: Vater sprang durchs Fenster in die Finsternis und verschwand.

An dieser Stelle sagte ich immer: „Wie schön, dass die keine Spürhunde hatten." Und meine Mutter fügte hinzu: „Ich wusste nicht, ob er entkommen ist, wo er überhaupt ist, ob er lebt, und er wusste nicht, wann und wie ich entbunden habe, und dass er eine Tochter hat." Sina, meine älteste Schwester erblickte das Licht der unruhigen, unschönen Welt am 27. Juni 1937 und erlag nach einem knappen Jahr dem Scharlach. Meine Mutter hatte seit dieser Zeit in der Nähe eines Milizionärs stets Angstzustände, die sich in den Jahren des II. Weltkrieges und den darauffolgenden verstärkten. So schrieb meine Mutter mit über achtzig Jahren in ihrem kurzen Lebenslauf: „Das Gefühl der Angst vor der Miliz verließ mich nicht, bis ich nach Deutschland kam." Kaum vorzustellen: Sechzig Jahre, praktisch das ganze Leben, sich nicht geschützt, sondern bedroht im Lande fühlen, in dem man geboren ist. Dabei den Mut zum Leben und Lachen nicht verlieren, Kinder erziehen und nicht verzweifelt und verbittert wirken. Ich verbeuge mich tief vor meinen Eltern.

Nach der, Gott sei Dank, misslungenen Verhaftung, war mein Vater ein überzeugter „Juden-Fan". Er wiederholte: „Juden sind kluge, gute Menschen. Wenn Hitler die nicht umgebracht hätte, hätte er auch gesiegt." An dieser Stelle bitte ich um Verständnis. Meinem Vater war das Deutschtum heilig, und er hat bis zu seinem Tode an die „Deutsche Tugend" felsenfest geglaubt. Er wollte es nicht wahrhaben, dass ein Volk von Goethe und Schiller „so etwas, was die da im Kino zeigen", tun konnte. Das war für ihn Propaganda. Mit den Jahren, als er Ravensbrück besuchte, musste er an die Nazi-Verbrechen mit größtem Widerwillen glauben. Mein lieber Vater war kein Chauvinist, er sprach gut und gerne jüdisch und polnisch, also die Sprachen der Solodyrier, er verstand sich mit Ukrainern wie Kasachen sehr gut und betonte stets, wie friedlich alle zusammen lebten „und das ohne Lenin."

Sah mein Vater Lenins Gesicht in den Medien, sagte er stets tief verachtend: „Dieser Bismarck!" Erst heute glaube ich diesen für mich zu Vaters Lebzeiten nicht zusammenhängenden, unlogischen Vergleich zu verstehen. Diese beiden Staatsmänner vereinigten „mit eiserner Hand" kleinere souveräne Staaten. Er machte ihn vermutlich für die Unruhen in Polen und die Flucht der Großeltern nach Russland verantwortlich. Die Sowjetunion zählte ab 1922 sechzehn Republiken, in denen Russisch zur Staatssprache wurde. Mein Vater verwechselte auch nach siebzig Jahren die Geschlechter in Russisch, konnte bis zu seinem Tode kaum lesen.

Aber zurück nach Solodyri Anfang der dreißiger Jahre, eher Shitomir, denn aus Solodyri flohen die Letzten, die noch am Leben waren. Viele entschieden sich für die Rückkehr nach Deutschland. Im späten Herbst 1930 kehrte in ihre historische Heimat Papas älteste der drei Schwestern, Olga Söcknik mit Familie zurück. Die zwei jüngeren Schwestern taten es schon etwas früher, 1929. Sie hatten geheiratet: Olga den Assaf Söcknik, Hulda und Eugenia die Brüder Zilz, Romanus und David. Diese jungen Männer besaßen die Reichsdeutsche Staatsangehörigkeit und durften ihre Ehefrauen und Kinder mitnehmen. Meine Eltern konnten das leider nicht tun, denn mein Opa Kelm hat wohl durch seine Krankheit und allmähliche Verarmung die Steuern im Kiewer Konsulat nicht eingezahlt, vermutete Mutter. Durch die Heirat verlor Mutter ihre Staatsbürgerschaft, weil ihr Ehemann kein Reichsdeutscher war. So blieben sie Stalins Regime ausgeliefert.

Mutter mit Kindern, Schwester Sonja, Bruder Leopold (nur Otto lebte noch mit seiner Frau Linda in Solodyri) hielten sich in Shitomir über Wasser. Großmutter kehrte mit Mann und Söhnen 1935 nach Solodyri zurück. Sie „konnte nicht mitansehen, wie man mit Juden umging" - so steht es wörtlich in Mutters Aufzeichnungen, die ich längere Zeit übersehen habe. Beim genaueren Lesen und Durchgehen von Mutters schriftlichen Erinnerungen stieß ich auf diese geschichtsbehafteten Zeilen. Der Unmut der unter Hungersnot und Repressalien leidenden Menschen in den 1930er Jahren, in diesem Falle Ukrainer und Russen, richtete sich wie oft in der Geschichte gegen die jüdische Bevölkerung. Jüdische Handwerker z.B. Goldschmiede, Händler ernteten für ihr Wohlergehen Neid, eine antisemitische Stimmung verbreitete sich. Es fanden Pogrome, Plünderungen statt. Meine Großmutter fand das ungerecht. Sie entschied sich für die Rückkehr in das Dorf, wo ihr Hab und Gut genommen wurde, wo durch die Kolchose-Wirtschaft Hunger und Not herrschten. Diese Entscheidung muss ihr nicht leicht gefallen sein. Sie ist aber ein Beleg für die persönliche politische Einstellung meiner Großmutter. Und ich bin heute noch stolz auf sie.

Ihre zwei Töchter, meine Mutter Meta und Sonja blieben in Shitomir. Sonja heiratete hier den Russen Nikolai und bekam eine Tochter. Mein Vater musste nach dem letzten Verhaftungsversuch auch von hier fliehen, denn man war ihm bei jeder angenommenen Schwarzarbeit sofort auf den Fersen. Einen Ausweis besaß er nicht mehr, hätte er ihn beantragt, wäre er sofort verhaftet und in ein Gefängnis gekommen. Der NKWD wartete nur darauf, ihn zu fassen. So ging das „Verhöhlen" - Vaters Ausdruck - von etwa 1933 bis 1936-1938. Begonnen hatten die Arreste und Flucht 1929.

Nun ging die Flucht weiter entlang der neu gebauten Kursker Eisenbahn, die bis zum Kaukasus führte. Vater wurde selten als Hilfsarbeiter ohne Papiere eingestellt, schon kam ein Schnüffler, der solchen auf der Spur war. Vater war stets auf der Hut, verschwand sofort. Er wanderte auf diese Art und Weise, also zu Fuß, ohne Papiere und festen Wohnsitz etwas mehr als drei Jahre. Sein Schutzengel war seine Meta und die kleinen Kinder, die praktisch ohne Vater groß wurden. 1938 entschärfte sich die politische Lage im Lande etwas. Stalin, der Vampir und Kannibale (der Volksmund nannte ihn Blutsauger und Menschenfresser), war wohl für eine Weile satt, hatte ja auch genug von Kulaken, den absichtlich Verhungerten an der Wolga von 1930-1933. Nun brütete er neue Pläne in der Auslandspolitik mit seinem Freund Hitler. Wie oft wiederholte mein Vater: „Die zwei Hunde konnten sich ruhig die Hand reichen. Hätte Hitler den Krieg nicht angefangen, hätte es Stalin bestimmt gemacht." Es gab ja schon Krieg in Spanien von 1936-39, und die Mandschuro-Kämpfe an der japanischen Grenze.

Mein Vater konnte Ende 1937, Anfang 1938 endlich einen Passport (Personalausweis) bekommen und Arbeit als Tischler, sowie Wohnung im wunderschönen Kaukasus. Mutter musste 1938 nun auch die Stadt Shitomir in achtundvierzig Stunden verlassen, denn der NKWD war hinter ihr her, wollte herauskriegen, wo ihr Mann sich aufhält. Sie „verschwand" mit den Kindern zum Vater nach Nikolaewka, einen beliebten Kurort in der Nähe der bekannten Stadt Pjatigorsk, deren Quellwasser schon der große Dichter Lermontow trank. Er besang diesen sagenhaft schönen Ort und ganz besonders den stolzen Berg Elbrus in seinen Gedichten. Hier blühte alles fast das ganze Jahr, es wuchsen tropische Pflanzen. Im Hof meiner Eltern wuchsen Obstbäume, besonders faszinierte mich der Walnussbaum, von dem Willi sprach. (Und ich wollte unbedingt da geboren sein und nicht in der Steppe.) Willi ging hier zur

Schule, Mutter arbeitete als Köchin im Waisenhaus „Maschuk" (wie der Berg, an dem Lermontow im Duell erschossen wurde). Endlich waren sie eine glückliche Familie.

Als Sina 1938 an Scharlach verstarb, war die Medizin noch nicht so weit wie heute. Mutti wiederholte öfters: „Nichts fällt einer Mutter schwerer, als ins Grab ihres Kindes zu schauen." Ihr standen aber Papa, Willi und neue gute Freunde, wie die ukrainische Familie Bondar zur Seite. Leider wartete auf sie das unsägliche Unheil des Zweiten Weltkrieges, der sie für lange Jahre wie Vaters Geschwister und Oma Antonie für immer voneinander trennte und den restlichen Teil der Familie aus Wolhynien in der Welt zerstreute.

Kapitel 2. II. Weltkrieg.
Der weitere Schicksalsweg meiner Familie

Ich möchte den Leser mit diesem Zeitabschnitt der Geschichte nicht langweilen, denn darüber gibt es eine Menge Bücher und Filme. Es wird ausschließlich um das Schicksal meiner Familie gehen. Auch das versuche ich so kurz wie möglich darzulegen. Wobei ich über mehrere Details aus dem Leben meiner Verwandten in den grausamen Jahren auch nicht verfüge. Am Anfang waren diese wohl zu schmerzlich und später verblassten die Einzelheiten aus den Erzählungen meiner Eltern. Die meisten Informationen habe ich von meiner Tante Linda und meiner Mutter. Denen fühle ich mich verpflichtet, den für fast alle Russlanddeutschen typischen Leidensweg während des II. Weltkrieges am Beispiel meiner Familie hier zu schildern.

Gottesdienst am achten Mai

Am achten Mai 1994 kam meine Mutter aus der Kirche weinend nach Hause. Ich habe meine Mutter fast nie weinend gesehen, die meisten Tränen galten ihrem geliebten Mann Rudolf nach dessen Tode. Die Trauer nach dem von ihr so geschätzten Kirchengang war anderer Art. Mit Tränen in den Augen brachte sie leise hervor: „Kein einziges Wort von uns, Deutsche wurden doch auch umgebracht und mussten leiden." Nun war mir der Grund dieser Trauer klar. Es war ein außerordentlicher Gottesdienst, der dem Zweiten Weltkrieg, den Verbrechen der Nazis gewidmet wurde, in dem man sich leider ausschließlich auf das Schicksal der Juden am Beispiel von Anne Frank konzentrierte. Die schmerzhaften Erinnerungen kamen hoch und meine Mutter war so traurig, dass es auch mir wehtat. Ich versuchte, sie zu beruhigen: „Im nächsten Jahr nimmt man ein anderes Thema. Tatsache ist, dass man die Geschichte der Vernichtung der Juden hier besser kennt, unsere ist unbekannt. Viele Juden lebten in Deutschland und wurden massenhaft in Gaskammern vernichtet. Auch von Sinti und Roma, sowie Homosexuellen, die auch verfolgt wurden, spricht man weniger. Beim nächsten Mal schlägst du vor, deine Gemeindemitglieder über das Schicksal der Deutschen in Russland zu informieren." Das tat sie auch in den sieben Jahren des regelmäßigen Kirchenbesuches, besonders an den Freitagen zur Bibel- und Kaffeestunde in der Magdalenen-Gemeinde. Ich schwor mir erneut nach diesem Ereignis, die leidvolle Geschichte meiner Familie, die sie durch den Krieg als Deutsche durchmachen mussten, wenn auch nur in groben Zügen, schwarz auf weiß, für einen breiteren Kreis festzuhalten.

Das Schicksal der Familie Kelm bis zum Wiedersehen der Geschwister nach dreiundvierzig Jahren.

Über Vaters Familie ist nicht viel zu berichten. Ich weiß nur, dass mein Urgroßvater George Kelm und die Urgroßmutter Wilhelmine, geborene Steinke, hießen. Ein interessantes und unglaubliches Detail aus den Aufzeichnungen eines der Schwiegersöhne, das mir erst jetzt bekannt wurde, gibt es doch. Mein Urgroßvater George, 1836 geboren, heiratete Wilhelmine, die am fünften März 1805 geboren, also einunddreißig Jahre älter als ihr Mann war. Also gebar sie Kristoph, meinen Großvater, am fünfzehnten Dezember 1857 mit einundsechzig Jahren. Sie starb mit einundsiebzig Jahren in 1876, somit blieb mein Großvater genau wie mein Vater später, sehr früh ohne Mutter. Das Unglaubliche an der Sache ist aber das Alter der Uroma und die Frage, wie konnte mein Urgroßvater mit zweiunddreißig Jahren eine Sechzigjährige heiraten. Ob es eine reiche Witwe war oder einfach Liebe, erfahren wir nie. Eine einzige Reliquie besitze ich aus dem Jahre 1892, die „Frohe Botschaft in Liedern" mit einer Widmung: „Für Kristoph Kelm, zum Geburtstage vom 9/21 September 1892 - im - Andenken von Seinen l. (lieben) Vater George Kelm und Freund Eugen Mohr." Vaters Eltern waren längst tot, und die drei Geschwister Hulda, Eugenie und Olga lebten mit Familien in Deutschland seit dem Jahre 1930, als viele Wolhynier sich entschieden, in die historische Heimat zurückzukehren. Mit dem Beginn des Krieges brach jegliche Verbindung zu ihnen ab, obwohl der Briefwechsel schon davor gelitten hatte durch Vaters Flucht, die sich über ein Jahrzehnt hinzog sowie sein Leben ohne festen Wohnsitz. Aber unmittelbar durch den Krieg verloren sich die Geschwister für viele Jahre aus den Augen.
Erst nach dreiundvierzig Jahren hielt der Bruder seine drei älteren Schwestern wieder im Arm. „Es geschah ein Wunder!", wiederholte mein Vater immer wieder, „daran glaubte ich nimmermehr."
Diesem Wunder verhalf ein kleiner Zufall: Vaters Schwager Assaf Söcknik wird in der DDR von seinem Verwandten David Heidemann (Ex-Mann seiner Cousine) „gefunden" und besucht. Heidemann war auch

im Gulag und wusste, dass mein Vater in Kasachstan lebt. Es war nur noch eine Frage der Zeit, die Adresse herauszufinden, meine Eltern anzuschreiben und einzuladen. Daraufhin, im Sommer 1973, besuchten meine Eltern Vaters Geschwister und erfuhren, wie es den drei Familien erging.

Sie hatten auch einiges durchgemacht, denn dieser Krieg hat auf beiden Seiten niemanden verschont. Die zwei Schwestern Olga und Eugenia verloren je einen Sohn, David und Beno, in den letzten Monaten des Krieges und Hulda ihren Mann Romanus. Assaf Söcknik, der Ehemann von Olga, kam in russische Gefangenschaft, erkrankte im Lager an Ruhr, wurde vom Russen gerettet und kehrte 1947 zur Familie zurück. Frauen mit Kleinkindern mussten erneut aus den in den letzten zehn Jahren aufgebauten Wirtschaften in Traken (nach dem Krieg erneut polnisches Territorium) vor den Russen fliehen. 1944 kamen sie wie viele Tausende auf dem Fluchtweg aus Ostpreußen nach Pommern. Sie ließen sich auf dem verlassenen Gutshof im mecklenburgischen Dörfchen Lüttenhagen bei Feldberg nieder.

Auf sie kamen die Jahre der Arbeit bei der LPG in der DDR zu. Nur der älteste Sohn von Eugenie, Edgar und der von Hulda, Assaf, schafften es 1957 in den Westen. Im Städtchen Schwenningen (Baden-Württemberg) wohnte schon ihre Tante Alice Zilz, die Schwester ihrer Väter. Tante Hulda und ihre Töchter Lilli, Hannelore und Gertrut zogen 1958 nach, sie lebten alle, außer Gertrut in Trossingen.

Danach trennte die Mauer die Geschwister für immer, denn den Mauerfall erlebten alle drei nicht. Tante Olga starb am zwanzigsten November 1989, konnte den Mauerfall nicht mehr bewusst erleben. Tante Hulda aus Trossingen durfte ihre beiden Schwestern in Mecklenburg-Vorpommern nach Vorschrift besuchen. Leider hat es sich nicht ergeben, dass ich sie bei diesen Besuchen auch kennenlernte. Meinen Cousin Edgar und dessen Frau Magda habe ich bei einem meiner Besuche zeitlich abgepasst, das heißt, auch sie kamen in diesem Sommer zu seinen Eltern. Assaf sah ich 1993 zum ersten Mal und, obwohl wir über vierzig beziehungsweise fünfzig alt waren, hatte ich sofort das Gefühl: „Das ist mein naher Verwandte, wir kannten uns schon immer."

Familie Freigang im verheerenden Krieg

Noch dramatischer, noch grausamer ging das Schicksal mit Mutters Familie um. Und das wiederum aus einem Grunde: sie waren Deutsche.

Natürlich ging es vielen Völkern Europas in diesem Krieg nicht viel besser, aber einen gewaltigen Unterschied gab es bei Kriegsende zum Beispiel zwischen dem Schicksal der Russen, Juden und Deutschen in Russland. Die ersten waren die Sieger und Opfer, die letzteren die Verbrecher und die „Gefangenen" lebenslang. Ihre Schuld bestand darin, dass sie Deutsche waren.

Ich bin wieder wie so oft vorausgeeilt. Bis zum Ende des Krieges hatte Familie Freigang einen leidvollen Weg von fast einem Jahrzehnt oder auch länger, wie die Brüder Leopold und Otto vor sich.

Oma Antonie von Freigang, zum zweiten Mal verwitwet, lebte nun am 22. Juni 1941, dem Tag, als die deutschen Truppen die russische Grenze überschritten, in Shitomir, der Bezirksstadt, mit den jüngsten Söhnen Leopold und Otto.

Tochter Sophie, oder Sonja, wie sie alle nannten, lebte mit ihrem Mann. Meta, die Älteste, lebte seit 1938 mit Rudolf da, wo er endlich zur Ruhe kam und sich niederlassen konnte, im kaukasischen Kurort Nikolaewka bei Pjatigorsk.

Die deutschen Truppen waren nach nur ein paar Wochen, im Juli 1941, in der West-Ukraine. Die Russen schafften es nicht, die deutsche Bevölkerung aus dieser Region wiederum zwangsumzusiedeln. So kehrten Oma Antonie mit Leo und Otto, als die Deutschen kamen, nach Solodyri zurück. Sonja blieb in Shitomir. Onkel Leopold wurde als Mathematiklehrer in der Dorfschule eingestellt. Oma wohnte wie er in dem Gebäude der Schule, das sich früher wie auch die Kirche auf dem Lande des „reichen Freigangs" befunden hatte. Nun war fast alles abgerissen wie auch das große Gutshaus der Familie Freigang, obwohl der ganze Hof als Mittelpunkt des Dorflebens der Kolchose galt. 1933, als der Prozess der Kollektivierung durch die Gründung einer Kolchose abgeschlossen war, erfolgte die Anweisung, die Kulaken-Häuser abzureißen und in der Nähe des Zentrums (welches der Hof von Freigangs darstellte) neu zu bauen.

Otto arbeitete auf den Kolchosfeldern als Brigadier (Vorarbeiter). In der Zeit heiratete er Linda Albrecht aus Rogowka und am zweiten Februar 1943 bekamen sie ihren Sohn Willi, den zweiten Willi in der Familie Freigang. Sonja hatte mit ihrem russischen Mann, Nikolai Plinski, eine Tochter Lilli.

Im Herbst nahm die deutsche Armee auf dem Rückzug alle Deutschen, die mitgehen wollten, mit. Otto hatte eine Kutsche mit zwei guten Pferden. Die Männer liefen der Kutsche hinterher, auf der Großmutter Antonie, Schwiegertochter Linda mit dem einige Monate alten Willi, eingehüllt in ein großes Daunenbett, saßen.

Dieses Daunenbett ließ Oma auch später nie aus der Hand, es sollte stets für Wärme sorgen, damit der kleine Willi nie frieren musste. „Im Warmen geht es auch hungrigen Menschen besser. Man kann wenigstens etwas schlafen und die Zeit leichter überbrücken", pflegte meine Großmutter zu sagen. Auch heute hat diese Decke meine Tante Linda, die selbst über neunzig ist und dauernd wiederholt: „Ach, wie weise war deine Oma, alles verkaufte sie, damit wir zu essen hatten und nicht schwer tragen mussten, nur die Decke nicht. Und die Decke rettete uns öfters in kritischsten Zeiten das Leben. Heute wärme ich darunter meine alten Knochen und danke jeden Tag oder jede Nacht deiner klugen Oma."

Sogar eine Kuh hatten sie mit, in der Hoffnung auf ein friedliches Leben, als sie noch auf der Hauptstraße, die nach Polen führte, sich Deutschland näherten. In Polen lud man die Russlanddeutschen der vielen Partisanen wegen in Züge, die von deutschen Flugzeugen begleitet wurden.

Am 15. November 1943 (dieses Datum weiß heute noch Tante Linda so genau, als ob es gestern war) kamen sie in Breslau an und wurden im schönen Kloster, 1926 außerhalb der Stadt gebaut, mit zweihundert anderen Flüchtlingen untergebracht. Es gab einen Lagerführer, eine Krankenschwester und gegessen haben alle in einer Gemeinschaftsküche, so schilderte es Tante Linda. Die Kinder bekamen mehr Essen und Kleidung als Erwachsene. Leopold arbeitete erneut als Mathelehrer (dafür bekommt seine russische Witwe heute noch, nach mehr als siebzig Jahren, Witwenrente) und Otto in seinem Beruf als Schreiner.

Am 13. März 1944 ist noch ein Freigang geboren, Ottos und Lindas zweiter Sohn Helmut, der nur bis September lebte, aber wie alle anderen drei Familienmitglieder meines älteren Onkels Otto am 19. Mai 1941 eingebürgert wurde. Auch Oma und Onkel Leopold wurden im April 1944 eingebürgert, die Kopie dieser Dokumente besitze ich.

Kurz darauf musste Onkel Leo an die Front. Seine einheimische Freundin Anna, die Kindergärtnerin, gebar ihren gemeinsamen Sohn Erich. Onkel Otto ist nach dem Tode seines zweiten Sohnes im September eingezogen worden. Meine Tante Sonja mit ihrem Mann und Kind kamen nach Stettin, da brachte sie ihre zweite Tochter Vera zur Welt. Bei der Verabschiedung ihres Mannes, der nun auch an die Front musste, sah Tante Linda sie zum letzten Mal. Sonja bat ihre Mutter zu ihr zu ziehen, aber Großmutter blieb bei ihrer Schwiegertochter Linda.

Mit Linda musste Großmutter bald in Richtung Tschechoslowakei flüchten, ohne von Sonja etwas zu hören. Die ganz Alten und die Kinder

Einwandererzentralstelle

Staatsangehörigkeitsstelle

Abschrift der Einbürgerungsurkunde

D

er ✓ Leopold   F r e i g a n g

in _____, geboren am _____ 1

Weide-West /Schlesien   12. September   922

in _____, hat mit dem Zeitpunkt der Aushändigung

Solodyri / Rußland

dieser Urkunde die deutsche Staatsangehörigkeit (Reichsangehörigkeit) durch Ein-

bürgerung erworben. Die Einbürgerung erstreckt sich nicht auf Familienangehörige.

_____, den _____ 19___

Dyhernfurth   13. Mai   4

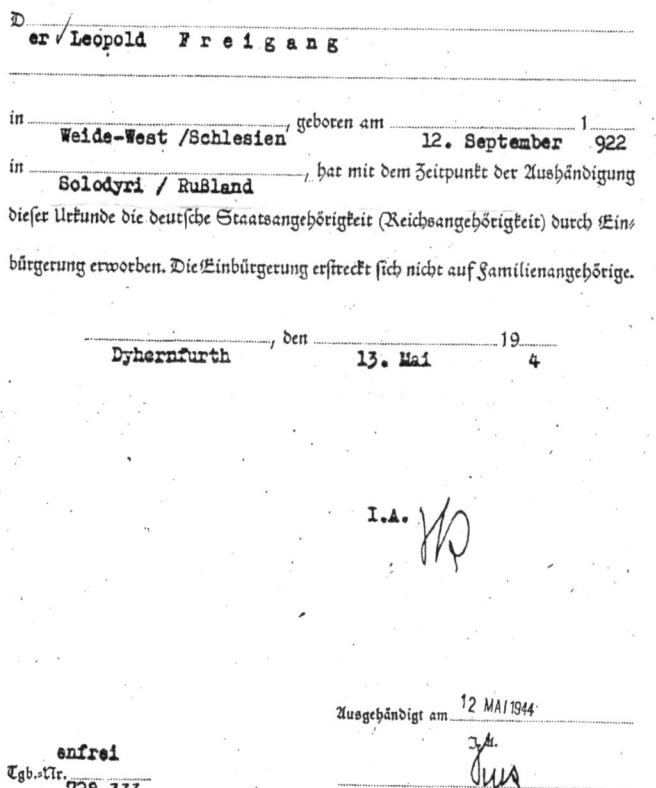

I.A.

Ausgehändigt am 12 MAI 1944

gebfrei

Tgb.-Nr.   728 333

Hey.

75

Deutsches Reich

Einbürgerungsurkunde

Der   Otto   F r e i g a n g

in   Weide-West/Schlesien, geboren am   25. Dezember 1917

in   Solodyri / Rußland   , sowie seine Ehefrau

Linda   ,

geborene   Albrecht   , und folgende von ihm

kraft elterlicher Gewalt (§ 1626 BGB.) gesetzlich vertretene Kinder:

1.   Willi   , geboren am 2.Feb.1943 inSolodyri/Rußl

2.   Helmut   , » »13.März1944. » Weide-West/,

                    an bei Breslau   Schl.

3.   _____ , » »   »   »

    _____

    _____

haben mit dem Zeitpunkt der Aushändigung dieser Urkunde die deutsche Staatsangehörigkeit (Reichsangehörigkeit) durch Einbürgerung erworben. Die Einbürgerung
erstreckt sich nur auf die vorstehend aufgeführten Familienangehörigen.

    Trebnitz   , den   19. Mai   194

Der Reichsführer SS - Reichsminister des Innern

    Einwandererzentralstelle

        I.A.

Gebührenfrei

Tgb.Nr. 728 500   Hey.

F 25 (11.30)   Reichsdr. Ber. Stelle

wurden mit der Bahn befördert. Großmutter Antonie und Tante Linda mussten sich aber vierundzwanzig Stunden ohne Pause mit einer Schubkarre, in der sich ein paar Habseligkeiten befanden, zu Fuß bewegen. Es gab Essen, hungern mussten sie nicht. Die Füße waren geschwollen und auf den Beinen hielt man es vor Müdigkeit kaum aus. In das tschechische Saaz, achtzig Kilometer von Prag entfernt, kamen sie mit dem Zug. Der war dermaßen überfüllt, dass sie stehen mussten. Oma und Willi waren als erste im Lager untergebracht, dann kamen die jüngeren Erwachsenen nach, darunter Linda. Sie war, wie die meisten, körperlich an der Grenze ihrer Kräfte angelangt. Viele wurden in dieser Zeit krank oder starben. Die einheimische Anna wurde mit dem kleinen Erich im privaten Haus untergebracht. Großmutter Antonie besuchte sie laut Tante Linda noch zwei Mal, danach war Anna plötzlich verschwunden.

Erst Jahrzehnte später erfuhr meine Mutter von Onkel Leopold, dass Anna nach Hannover zurückkehrte und ihn über das Rote Kreuz aufsuchte. Onkel Leo konnte ihr nie verzeihen, dass sie Oma in ihre Pläne nicht einweihte oder sogar mitnahm, um sie vor der erzwungenen Rückkehr in die Sowjetunion zu retten. Somit habe ich einen Cousin Erich, ein Kind des Krieges, der von meiner Existenz nichts ahnt, wie ich von seiner bis 2004 auch nichts vermutete. Meine Mutter behielt diese Tatsache für sich, um vermutlich durch diese Geschichte über die wilde Ehe und das uneheliche Kind das heile Bild ihres heißgeliebten, klugen, in jeder Hinsicht ehrenhaften Bruders in meinen Augen auch nach seinem Tode nicht zu zerstören. Wobei Tante Linda sich heute noch erinnert, wie Oma Antonie ihren Sohn ermahnte: „Wie verantwortungslos kann man sein, um in dieser furchtbaren Zeit ein Kind zu zeugen, dazu auch noch unehelich." Von dieser Verurteilung wird Tante Linda bestimmt meiner Mutter mitgeteilt haben, wie auch das, was mit ihnen weiterhin geschah.

Am Tag vor dem dritten Mai 1945 verteilte der Lagerführer an die Flüchtlinge Landkarten und erklärte: „Das ist das Einzige, was wir noch für euch tun können. Wer in den Westen flüchten möchte, sollte sich auf den Weg machen. Die Russen sind bald da, wir können euch nicht mehr schützen". Sie waren aber schon am dritten Mai 1945 da.

Kapitel 3. Deportation. Deutschland. Sibirien. Asien. GULAG. In der großen Welt zerstreut. 1941-1947

Der Leidensweg der Großmutter Antonie Freigang mit ihrer Schwiegertochter und Enkel. Breslau. Saaz. Altai.

Die Flucht in den Westen war unmöglich, dennoch gelang Oma Antonie und ihrer Freundin Frau Hirsch die Flucht aus dem Lager in ein tschechisches Dorf. Die gute Familie behielt sie bis September, dann mussten sie sich stellen. Und schon zogen die Russen über Österreich und Ungarn weiter. In Rumänien verbrachten sie auf einem Stützpunkt einen ganzen Monat. Sie bekamen, wie viele russischen Soldaten, gutes Essen. Und wiederum sorgte meine weise Oma vor: sie trocknete heimlich Brotstücke für die weitere Fahrt. Von diesem rettenden Zwieback hatten sie noch einen Sack, als sie in der Altai-Region (im westlichen Sibirien), der Siedlung Kulunda am dreiundzwanzigsten Dezember 1945 ankamen.

Die erste Nacht in Sibirien verbrachten Oma, Linda und Willi mit den anderen Flüchtlingen im großen Saal des Klubs, dem Kulturhaus, das jeder mittelgroße, sogar kleine Ort als Zentrum des Lebens führte, was früher die Kirche vollbrachte. Hier wurde den Flüchtlingen am frühen Morgen der Ukas (Erlass) vorgelesen. Danach wurden sie gesetzlich verpflichtet, ohne ein Recht auf Ausreise und schon gar nicht in die Heimatorte, zwanzig Jahre hier zu leben und sich monatlich in der Kommandantur zu melden und eine Unterschrift zu leisten. Es war ein kalter Winter und es war Sibirien. Die Deutschen wurden wohl oder übel, von den Einheimischen oder auch nicht, in russischen Familien untergebracht. Großmutter Antonie Freigang mit ihrer Schwiegertochter Linda und Enkel Willi hatten großes Glück im Unglück: sie kamen in eine nette „arme, aber ehrliche" Familie (so Tante Linda), mit der zusammen sie sogar im Gotteshaus oder in der Kirche beten durften.

Nach einem Jahr baute das Getreidelager der Kolchose, in der Linda arbeiten musste, eine Baracke, in die sie einziehen konnten. Linda schuftete indessen ununterbrochen in Schichten bis zwölf Stunden im Getreidelager. Erst nach zwölf Stunden gab es eine Suppe, die man nach dem Tagen der schweren Säcke kaum in den Händen halten konnte. Zum

Glück wurde Willi voll von Oma versorgt, während viele Kinder der Straße überlassen waren. Die Mütter mußten arbeiten.

Oma Antonie passte nicht nur auf den Enkel auf, sie sorgte weiterhin für kleine, aber zeitgemäß wertvolle wirtschaftliche Wunder. Zusammen mit ihrer Freundin Frau Hirsch kauften sie Hühner. Sie sammelten das von den Lastwagen auf dem Wege zum Getreidelager verschüttete Getreide auf, so hatten die zwei Hühner ihr Futter und Willi jeden Morgen sein Ei. Als sie 1949 endlich in ihre Ein-Zimmer-Wohnung einzogen, in der sie die Küche mit einem jungen Ehepaar teilten, waren sie glücklich. Könnte das heute jemanden glücklich machen? So relativ kann Glück bemessen werden.

Und Großmutter setzte noch eine Prise von dem Nachkriegsglück drauf: sie ging mit ihrer Schwiegertochter zum Markt und kaufte ein kleines Ferkel. Sie sagte: „Keine Sorge, auch das kriegen wir groß und haben endlich unser Fleisch auf dem Tisch." Sie hatte tatsächlich an alles gedacht. Das kleine Schwein lief den Tag über auf dem brachen Stück Land hinter dem Hause herum, Willi passte auf. Das Schwein fraß im Hausflur und hatte dort ein Strohlager, denn es wurde im Herbst früh kalt, und das wertvolle Schwein sollte ja nicht krepieren.

Leider wurde Omas Traum vom schönen Braten nicht wahr, denn das Schwein wurde im Dezember von der Freundin Frau Hirsch und ihrem Sohn aus einem traurigen Anlass geschlachtet. Das Fleisch diente als Traueressen nach der Beerdigung meiner lieben Oma, die am 13. Dezember 1949 vermutlich dem Leiden an Bauchspeicheldrüsen-Krebs erlag.

Im Sommer desselben Jahres wurde ihre Enkelin, nämlich ich, in der kasachischen Steppe, gerade mal zwölf Stunden Bahnfahrt entfernt, geboren. Meiner Großmutter war es nicht vergönnt, das zu erfahren, denn uns trennte nicht die Entfernung, uns trennte ein grausamer Ukas. Als meine Mutter, durch Tante Lindas Bekannte Ende der Fünfziger zufällig „gefunden" wurde, vom Tod ihrer über alles geliebten Mutter erfuhr, weinte sie tagelang bitterlich. Sie erschütterte die Tatsache, dass sie in deren letzten Stunde nicht bei ihrer Mutter sein konnte. Mein Vater wollte sich nicht beruhigen: der Zug, der ihn und Tausende andere Deutsche aus dem sibirischen Arbeitslager 1947 nach Kasachstan transportierte, hielt stundenlang in Kulunda, dem großen Bahnverbindungskreuz zwischen Sibirien und Kasachstan, viele Frauen suchten nach ihren Männern, nur seine Schwiegermutter oder Schwägerin waren nicht da. Bis zu seinem Tode gab er sich indirekt die Schuld, nicht nach seiner Schwiegermutter gesucht, sie nicht getroffen zu haben. Es trug aber niemand Schuld an diesem grausamen Schicksal außer dem Krieg. Auch daran nicht, dass es nicht einmal ein Grab in knapp zehn Jahren gab, das meine Eltern aufsuchen wollten. Es wurde viel gebaut und man baute auf Knochen, wie so oft in der Geschichte der Menschheit. Nachdem alle am Leben gebliebenen Mitglieder der Familie Freigang sich Ende der Fünfziger, Anfang der Sechziger (das Aufsuchen deutscher Verwandten war erst nach dem Aufheben der Kommandantur möglich) wiederfanden, kamen noch viele grausamen Details dazu. Eine davon ist die des Bruders meiner Mutter, Leopold Freigang.

Onkel Leopold Freigang. SS-Schütze. Elf Jahre Gefangenschaft.

Mein Onkel Leopold Freigang wurde im Mai 1944 in die Wehrmacht und zwar zur SS zwangseingezogen. Beim ersten Fallschirmeinsatz auf russischem Territorium, irgendwo in Lettland, wurde er mit zwei anderen Schützen gefangengenommen.

Die beiden jungen Soldaten landeten mit ihren Fallschirmen auf einem Feld, das Bauern bearbeiteten, mein Onkel dagegen im Wäldchen außer Sichtweite der Bauern. Seine perfekten Russischkenntnisse verhalfen ihm zu entkommen. Nach kurzem Überlegen ließ er sich von den Bauern festnehmen. Mein Onkel, zweiundzwanzigjährig, sprach von blutjungen Soldaten, denen er dank seiner Russischkenntnisse zu entkommen verhelfen hoffte. Diese Geschichte bekam ich als Neunjährigebeim ersten Besuch meines Onkels mit. Mein Gedächtnis hielt fest, es war der erste und letzte Einsatz, und mein Onkel hat nie geschossen. Er hatte den Auftrag bzw. Befehl als Kundschafter zu erfüllen. Dass er als Schütze der SS eingezogen war, erfuhr ich erst hier aus den Archiv-Dokumenten. Ob ich die Geschichte vom Kundschaften erfunden habe, da der Onkel von perfekten Russischkenntnissen sprach, die ihm bei der Festnahme behilflich sein könnten, kann ich nicht mehr nachvollziehen. Ob ich das Wort Schütze überhört habe, oder es nicht ausgesprochen wurde, kann ich nach vielen Jahren auch nicht mehr beurteilen. Seine Familie, meine Eltern, alle waren überzeugt, ihr Bruder, Schwager, mein Onkel war zwangseingezogen worden und kein Mörder. Die letzte Überlebende der Familie Freigang, Tante Linda aus Karlsruhe, war Zeugin seines Einzugs 1944. Mein Onkel beteuerte (schwor), er habe nie einen Menschen erschossen. Man habe auch aus diesem Grund nach langen Monaten Untersuchungshaft das Todesurteil (zweimal wurde er zum Erschießen aufgestellt) aufgehoben und durch lebenslange Haftstrafe bzw. Lagerarbeiten ersetzt. Ich hatte keinen Grund an der Unschuld meines geliebten

Z - II 1"S		52076 Aachen , o3.o7.1995 /do.

Az.:
Bei Rückfragen bitte Aktenzeichen angeben

52076 Aachen , o3.o7.1995 /do.
Abteigarten 6
Telefon (0.24 08) 1 47-0
Durchwahl 1 47-
Telefax (0 24 08) 1 47 37

Bundesarchiv-Zentralnachweisstelle, Abteigarten 6, 52076 Aachen

Landratsamt Neustadt a.d. Aisch
Postfach 152o

91405 Neustand a. d. Aisch

Landratsamt
Neustadt a.d.Aisch
Bad Windsheim
0 6. JUU 1995
A3 22

EINGEGANGEN
1 5. SEP. 1995

Erled. ....

Auf Ihre Anfrage vom 30.03.1995 an die Deutsche Dienststelle Berlin; Aktenzeichen: _ ohne _ wird Ihnen nachstehende

Dienstzeitbescheinigung

erteilt:

Herr __Leopold F r e i g a n g__ geb. am __12.o9.1922__

1) Dienstzeiten in der alten Armee vom ./. bis ./.
   sind nicht verzeichnet

2) Dienstzeiten im Reichsarbeitsdienst vom ./. bis ./.
   sind nicht verzeichnet

3) Dienstzeiten in der Reichswehr und der Wehrmacht: _____

vom	bis	Grund s. unten *)	Bemerkungen
27.05.1944	-	-	als SS-Schütze
			b. SS-Hauptamt Sonderkommando "O" eingestellt.
	-.-	-.-.-.-.-.-.-	
			Weitere Eintragungen liegen nicht vor.

Vorstehende Angaben stimmen überein mit __dem SS-Tagesbefehl__

*) a = aktive Dienstpflicht
   b = freiwillige Dienstverpflichtung
   c = Kriegsdienst
   d = kurzfristige Ausbildung
   e = Übung im Beurlaubtenstand
   f = letzte Meldung

Anlage:

Im Auftrag:

(Beißel)

Onkels zu zweifeln. Er redete mit mir über unsere Ahnen, über die deutsche Geschichte und Literatur. Von ihm bekam ich meine ersten wunderbar illustrierten deutschen Bücher geschenkt: „Münchhausen", Schillers „Balladen", Goethes „Leiden des jungen Werthers."

Über die Geschichte meines Onkels in der Kriegszeit, der Lagerarbeit, darüber sprach man in unserer Familie selten bis nie. In den zwanzig Jahren in Deutschland las ich viel darüber und erfuhr von meinen vielen Freunden, in den deutschen Familien schwieg man auch über diese grausame Zeit. Die Erinnerungen schmerzten, man verdrängte sie.

Zehn lange Jahre und sieben Monate, vom 8. April 1945 bis 22. Oktober 1955, arbeitete Onkel Leopold unter Aufsicht von Hunden und Menschen, im Workuta-Gulag. Zweimal wurde das Todesurteil in letzter Sekunde aufgehoben und in das Urteil: lebenslänglich - umgewandelt. Er glaubte, man machte das mit Absicht, aus Hohn und um seinen Willen zu brechen. Das erste Mal, erzählte der Onkel, stand er unter einem kleinen Tundra-Baum, eher Gestrüpp, und in seinem Kopf spielte sich wie ein Film das ganze Leben ab. Da war er ja erst Anfang dreißig Jahre alt.

In einem Brief schrieb er an uns: „Ich musste so oft frieren und vor Kälte zittern, dass ich eine organische Abscheu gegen jede Temperatur unter 0 Grad bekommen habe." Deshalb baute er, kaum in Rente gegangen, ein Haus im Süden. Als er am 22. Oktober 1955 (nach Adenauers Besuch) entlassen wurde, blieb er in der kleineren Stadt Inta. Wohin sollte er auch? Die Kommandantur war noch nicht aufgehoben und niemand wartete auf ihn. Vor der Aufhebung der Kommandantur war es unmöglich, nach Verwandten zu suchen.

In Inta heiratete er 1956 eine jüngere Frau estnisch-finnischer Herkunft, deren Eltern im selben Lager arbeiteten. Damals glaubte er, aus der ganzen Familie als einziger überlebt zu haben (er behauptete, immer wieder nach Familienangehörigen gesucht, aber nur negative Antworten bekommen zu haben), so blieb er mit seiner Frau und zwei Kindern im tiefsten Norden, wo es entweder (die längste Zeit in Jahr) vierundzwanzig Stunden dunkel ist, oder für kürzere Zeit vierundzwanzig Stunden ausschließlich „weiße Nächte" herrschen, im Ganzen ein hartes Klima. Im Rentenalter, mit sechzig, wechselte der Onkel in den warmen Süden. Da baute er ein Haus, an dem er sich kaum erfreuen konnte, weil er schon mit zwei Jahre später an Krebs starb.

Vermächtnis meines Onkels Leopold

Ich bewahre als einen wertvollsten Schatz seinen letzten Brief an mich auf, der noch einmal die Echtheit meines Deutschtums, meiner Kollegin und dem Leser, allen die mich Russin oder Deutschrussin (Russlanddeutsche, bitte) nennen, bestätigt.

Maikop, den 13.06.1984

Mein liebes Lenchen, meine liebe Nichte!

Ich muss mich beeilen und heute diesen Brief schreiben, sonst bekommst Du ihn nicht zu Deinem Geburtstag. Viel habe ich Dir zu sagen, doch die Zeit eilt, und ich muss mich kurz fassen. Sei recht glücklich und versäume Deine Chancen nicht im Leben. Das Schicksal geizt mit den Augenblicken, die wir wahrnehmen müssen, und was versäumt ist - ist versäumt.

Ich habe ein schweres Los gehabt: alle Mühsalen, Hohn, Schmach und Peinigungen sind mir zu teil gekommen. Doch der Allmächtige hat mir auch so manchen glücklichen Augenblick geschenkt. Ich habe das Land unserer Väter und sein Volk kennengelernt und liebgewonnen wie selten unser einer. Ich durfte die Herrlichkeiten, was erhalten geblieben von ehemals und alles Neue bewundern. Mein Herz war sein Leben lang stolz das zu sein, was ich war und das trotz allen Verleumdungen und Erniedrigungen.

Hier sagt man oft: Wer im Leben wenigstens einen Baum gepflanzt hat, hat nicht umsonst gelebt. Das soll wohl auch gelten für die, die tausende in schönster Blütenzeit geknickt und zerfleischt haben? Ich habe niemandem was zu leid getan. Kein Kind und keine Witwe hat meinetwegen auch eine Träne verloren, und doch wurde ich als Ausgestoßener und wie ein Aussätziger betrachtet. Meine Fähigkeiten wurden im Stillen gewürdigt, aber laut wurde darüber nicht gesprochen, und immer wieder versuchte man alles so zu gestalten, dass man daraus sehn konnte, dass alle Anstrengungen umsonst sein werden, dass alles Deutschen zur allmählichen Vernichtung langst verdammt seien. So blieb es bis in die 60er Jahre, und wenn man es in seinem tiefen Wesen nimmt, hat sich nichts daran geändert.

Ich muss nun gehen! Du aber bleibst, und ich wünsche Dir Mut und ein wackeres Herz, alles zu überstehen, durchzuhalten und der anschwellenden Wucht der zwangsweisen Russifizierung zu widerstehen, und mit Deinen Mädels wieder zu Deinem Volke zurückzufinden. Und dabei wünsche ich Dir Glück und Wohlergehen, wo es möglich sein könnte, auch meinen Kindern dabei Beistand zu leisten.

Maikop, den 13.06.84.

Mein liebes Henchen, meine liebe Nichte!

Ich muß mich beeilen und heute diesen Brief schreiben, sonst bekommst Du ihn nicht zu Deinem Geburtstag. Viel habe ich Dir zu sagen doch die Zeit eilt und ich muß mich kurz fassen. Sei recht glücklich und versäume Deine Chancen nicht im Leben. Das Schicksal geizt mit den Augenblicken die wir wahrnehmen müssen, und was versäumt ist – ist versäumt.

Ich habe ein schweres Los gehabt: alle Mühsalen, Hohn, Schmach und Peinigungen sind mir zu Teil gekommen. Doch der Allmächtige hat mir auch so manchen glücklichen Augenblick geschenkt: ich habe das Land unserer Väter und sein Volk kennengelernt und liebgewonnen wie selten unser Einer. Ich durfte der Herrlichkeiten was erhalten geblieb von ehemals und alles Neue bewundern. Mein Herz war ein Leben lang stolz das zu sein, was ich bin und das trotz aller Verleumdungen und Erniedrigungen.

Hier sagt man oft: Wer im Leben wenigstens einen Baum gepflanzt, hat nicht umsonst gelebt. Was soll wohl auch gelten für die, die Tausende in schönster Blütezeit geknickt und zerfleischt haben? Ich habe niemanden was

Zu leid getan. Kein Kind und keine Wittwe hat meines Weges wohl eine Träne verloren, und doch würde
ich als Ausgestoßener, und wie ein Aussätziger betrachtet.
Deine Fähigkeiten wurden im Stillen gewürdigt, aber laut
wurde darüber nicht gesprochen und immer wieder versuchte
man alles so zu gestalten, daß man daraus sehen
sollte, daß alle Anstrengungen umsonst sein werden,
daß alle Deutschen zur allmählichen Vernichtung
längst verdammt seien, so blieb es bis in die
60er Jahren, und wenn man's in seinen tiefen
Wesen nimmt, hat sich nichts daran geändert.
Ich muß nun gehen! Du aber bleibst und
ich wünsche Dir Mut und ein wackeres
Herz alles zu überstehen, durchzuhalten und
die anschwellende Wucht der Zwangsweisen
Russifizierung zu widerstehen und mit
Deinen Mädels wieder zum Volke zurückzufinden. Und dabei wünsche ich Dir Glück
und Wohlergehen, wo es möglich sein könnte
auch meinen Kindern dabei Beistand zu leisten.

Und nun noch einmal umarme ich
Dich u. küsse Dich, mein liebes
Lenchen, meiner lieben Schwester's
Kind.

Dein Onkel Leopold

PS. Die Gratulierung zum Geburtstag d. Stiefel kommt nicht von
mir (im NL), man hat da meinen Namen mißbraucht.

Und nun noch einmal umarme ich Dich und küsse Dich, mein liebes Lenchen, meiner lieben Schwester Kind.

Dein Onkel Leopold

PS. Die Gratulation zum Geburtstag M. Stößel kommt nicht von mir (im NL - „Neues Leben" - Zeitung der Russlanddeutschen), man hat da meinen Namen missbraucht.

Im September starb er mit zweiundsechzig Jahren, aber seinen Brief bewahre ich als Vermächtnis und wertvolle Reliquie.

Onkel Otto. Wehrmachtdienst. Straflager. Sibirien.

Otto Freigang, mein anderer Onkel, wurde in ein Gefangenenlager in der sibirischen Taiga hinter Krasnojarsk überstellt, nach Sewero-Jenissejsk, das in den neunziger Jahren nur zu bestimmten Zeiten und nur mit Hubschraubern erreichbar war. Er blieb wie sein jüngerer Bruder nach der Entlassung im Ort der Gefangenschaft. Zu der Zeit hatte er hier Frau und Kind, also eine neue Familie gegründet. Diese Frau, eine Tatarin, (so nannte sie mein Vater, da er Tataren als Fremdlinge und Barbaren kennzeichnete) eher eine Eskimo, rettete meinem Onkel das Leben, denn sie arbeitete als Köchin und ließ ihn dank zugesteckten Lebensmitteln nicht verhungern. So kehrte er nie wieder zur treuen Linda zurück, die auch ein Kind hatte, auf ihn wartete und mit seiner Mutter bis zu deren Tod lebte.

Das brach meinen Eltern bald das Herz, aber das, was der Krieg angerichtet hat, war nicht ungeschehen zu machen. Familie Freigang war ohne Mutter und ohne Heimatort in der Welt, in dem großen Land zerstreut: Linda in Altai, Otto in Sibirien, Leo im tiefsten Norden, Sophie für immer verschollen, und meine Eltern kamen nach Kasachstan. Wie sie nach Kasachstan kamen, wird im weiteren Teil der Kriegsgeschichte geschildert.

Meine Eltern und der II. Weltkrieg. Im schönen Kaukasus

Zu Beginn des Krieges befanden sich meine Eltern im Kaukasus, den die deutschen Truppen nicht so schnell erreichen und besetzen konnten wie die ukrainische Stadt Shitomir.

Vater ließ sich endlich 1937 in Nikolajewka, einem Vorort der Stadt Pjatigorsk, die am Fuß des von Lermontow besungenen Berges Elbrus liegt, nieder. Mutter kam 1938 nach, nachdem sie vom NKWD vorgeladen wurde. Sie nahm ihre Kinder, ein paar Sachen und verließ die Stadt wenige Stunden nach dem Erhalt der Vorladung. Mutter wusste genau: das bedeutete eindeutig, entweder in vierundzwanzig Stunden die Stadt zu verlassen oder Verhaftung in der darauffolgenden Nacht. Es war sowieso ein Wunder, dass man sie anstelle des geflüchteten Ehemannes nicht schon eingesperrt hatte und versuchte herauszukriegen, wo ihr Mann sei. Vielleicht war es auch kein Wunder, sondern Heimtücke: irgendwann würde die junge Mutter mit zwei kleinen Kindern bestimmt zum Vater führen, man schnappte sich den, oder auch die ganze Sippe und ab nach Sibirien.

Die Sowjetunion hatte an allen Grenzen Feinde. Hitler verstand es zwar wie der Wolf im Schafspelz den alten Fuchs Stalin mit dem berühmten Pakt zu überlisten und eine gewisse Zeit hinzuhalten, um ihm dann trotzdem am 22. Juni 1941 in den Rücken zu fallen.

Überraschend und verblüffend fand ich die Aussage meiner Tante Linda, der einzigen lebenden Verwandten, zur Geschichte jener Zeit. Als ich meinte, der grausame Krieg hat unsere Familie zerstreut, sagte sie plötzlich: „Der Krieg hat uns das Leben gerettet, sonst hätte Stalin uns alle umgebracht." Von meinen Eltern habe ich diese Ansicht nie gehört, entweder sahen sie es nicht so, oder konnten sie sich mir gegenüber nicht so offen äußern wie es sich die Tante, die in Karlsruhe seit Ende der siebziger Jahre lebte, erlauben konnte.

Auf jeden Fall berichteten meine Eltern vom Lebensabschnitt im Kaukasus, als einem, wenn auch nicht angstfreiem, aber relativ ruhigen und schönen. Sie versuchten einfach zur Normalität zurückzukehren, obwohl sie ein neuer Schicksalsschlag traf: die knapp einjährige Tochter Sina starb an Scharlach. Jung und lebensdurstig wie sie waren, Mutter - sechsundzwanzig, Vater - knapp fünfunddreißig, verarbeiteten sie gemeinsam diese Trauer. Mutter bedauerte auch im hohen Alter immer wieder, dass ich keine Schwester habe. Vater widersprach, lebenserfahren und realistisch wie er war: „Na, na, schau dir Marie und Lisa Wiebe an, die Zwillingsschwestern, die jahrelang miteinander nicht reden."

Für jeden anderen wäre das ein überzeugendes Argument, nicht für Mutter, denn sie glaubte fest an das Gute im Menschen. Das Böse war für sie eine Ausnahme. Über das Böse hörte ich meine Mutter nie laut schimpfen. Vater tat das eher emotionell geladen, wenn er verärgert war, trotzdem auf kultivierte Art. Er machte von russischen Flüchen nie

Gebrauch, wie es in anderen Familien üblich war. Meine Mutter mahnte eher mit den Augen, die sagten alles aus: Unzufriedenheit, Tadel, Warnung, Traurigkeit, etc.

Stets traurig war sie bei der Feststellung der Tatsache, wie schnell die schöne Zeit in Nikolajewka vorbei war. Gerade hatte Vater als Schreiner und Zimmermann, in Pjatigorsk eingestellt, gut verdient. Sie arbeitete als Köchin in einem Waisenhaus in Nikolajewka. Willi ging zur Schule und die Lehrer sagten ihm, wie Mutter einst ihr Lehrer, eine vielversprechende Zukunft voraus, da er ein begabter Junge war. Mutter schwärmte von einem Arzt in der Familie.

Gute Freunde hatten sie auch, die russisch-ukrainische Familie Bondar, mit der meine Eltern ihre Freizeit verbrachten. Vater erzählte von kostenlosen Weinproben auf dem Wochenendbasar in Pjatigorsk, die alleine die beiden jungen Männer fröhlich stimmten, oder von gemeinsamen Spielabenden und dem wunderschönen Vorgarten mit dem großen Wallnussbaum vor dem Haus. Dieser Baum, glaube ich, war der Anlass zu meiner Legende um meinen angeblichen Geburtsort im Kaukasus. Die schilderte ich monatlich dem kasachischen Milizionär in der Kommandantur, unheimlich stolz dabei, weil ich wie meine Eltern und mein Bruder von dem Baum in der kasachischen Steppe träumte, obwohl ich ihn nie gesehen habe. Der Kasache sollte es glauben und genauso neidisch sein wie ich.

Ich hörte gerne den Geschichten aus der Jugend meiner Eltern zu, wohl umso lieber, weil ich sie nie so jung und lustig erlebt hatte. Das ist mir erst viel später bewusst geworden, dass ich in einem sehr ernsten Haus aufgewachsen war, wo nicht viel gelacht, gealbert wurde. Meine Mutter hat mit mir nicht Verstecken (oder Blinde Kuh) gespielt, oder moderne Schlager gesungen, wie ich mit meinen Zwillingen. Vater spielte nicht Ball oder Tennis mit mir. Das hat mich bestimmt im gewissen Sinne auch geprägt. Aber sie schenkten mir unendlich viel Liebe. Mein Vater konnte seine Gefühle nicht offen zeigen, dafür kümmerte er sich um mich wie kaum ein anderer Vater. Er stand in der Nacht auf, deckte mich zu, schlief bei mir, wenn ich krank war. Meiner Mutter Wiegenlied habe ich heute noch im Ohr:

Schlaf Herzenslenchen, hast goldige Zeit
Morgen und morgen, wird's nicht mehr wie heut'.
Stellen sich Sorgen um Lager und Herr
Lenchen, dann schläft's sich so ruhig nicht mehr.

Sie kannte viel mehr Lieder, sogar scherzhafte, wie das z.B.:

Einst ging ich die Straße nach Heim,
da fand ich mein Schätzchen allein.
„Ach, Schätzchen, was tust du denn hier?
Du hast ja gar keinen bei Dir!"

Die Mutter ganz leise klopft an:
„Ach, Mama, hab keinen dabei,
was willst Du denn hier?"
„Und hast Du gar keinen bei Dir
So sollst Du mir öffnen die Tür!"

Die Türe ganz leise ging auf
Und's Liebchen zum Fenster sprang raus.
„Ach, Tochter, was sagen die Leut';
Was Du mit deinem Lieben so treibst?"

Refrain:
Das Leben, das geht durch die Welt,
Ein jeder liebt, was ihm gefällt.

Dieses Lied sang mir meine Mutter nicht vor, das schrieb sie mir erst auf, als sie achtzig war.
Also, ich kann mich auf keinen Fall beschweren, denn damals entbehrte ich nichts. Ich hatte ja meine Spielkameraden im Hof, mit denen ich den ganzen lieben Tag Völkerball, Blinde Kuh etc. bis zum Umfallen spielte. In der Nachkriegszeit gab es viele Kinder, die wie ich, etwas ältere Eltern hatten, deshalb vermisste ich nichts und hatte keinen Grund auf jüngere fröhlichere Eltern meiner Schulfreunde neidisch zu werden.

Ukas. Mein Vater auf dem Weg nach Sibirien

Aber zurück zum Thema, das man „kurz vor dem Kriege", eigentlich schon „Kriegsausbruch" nennen könnte. Denn schon bald war es mit der Freundschaft der Familien Bondar und Kelm für immer vorbei. Trotz der Garantie des Nichtangriffspaktes überfiel Hitler die Sowjetunion am 22. Juli 1941. Bondar wurde eingezogen. Am 30. August 1941 (am 9. des Monats war sein fünfunddreißigster Geburtstag) wurde Vater zum Sammelpunkt bestellt. Es hieß, ein Zug mit Soldaten geht an die Front. Und wieder hieß es Abschied zu nehmen. Der wievielte war es im Leben meiner Eltern?! Deshalb spielte mein Vater ab und zu Klavier und sang dabei ein Lied mit Tränen in den Augen:

Morgen will mein Schatz abreisen, Abschied nehmen mit Gewalt,
draußen singen schon die Vögel,
singen schon die Vögel,
in dem dunkelgrünen Wald.
Und es fällt mir so schwer, aus der Heimat zu gehen,
wenn die Hoffnung nicht wär auf ein Wieder-Wiedersehn,
Lebe wohl, lebe wohl, lebe wohl, lebe wohl,
Lebe wohl, auf Wiedersehn.
Droben sitzen ein paar Tauben
Auf dem schönen grünen Ast.
Wo sich zwei Verliebte scheiden,
zwei Verliebte scheiden,
da verwelken Laub und Gras.
Lebe wohl, ...

Selten sah ich meinen Vater so traurig wie bei diesem Lied. Bestimmt hatte er stets diese Bilder wieder und wieder vor Augen.

Auf dem Sammelpunkt warteten Hunderte Ukrainer und Russlanddeutsche auf Befehle, es erteilte keiner welche. Man verkündete: der Natschalnik oder Offizier muss irgendwo aufgehalten worden sein. Die Ukrainer gingen nach Hause, die pflichtbewussten Russlanddeutschen blieben. Als doch noch ein Offizier auftauchte und verkündete, in ein paar Stunden steht ein Zug zum Abtransport an die Front bereit, zeigten die Deutschen Gehorsam und Bereitschaft, die Heimat gegen den Feind zu verteidigen. Sie ahnten nicht, dass der Ukas vom 28. August nicht nur die Wolgadeutschen betraf, der galt genauso für die Deutschen, die im Kaukasus lebten.

Und der lautete in freier Übersetzung von mir: Das Militärkommando verfügt über zuverlässige Angaben darüber, dass sich unter der deutschen Bevölkerung in den Wolga-Regionen, Tausende und Zehntausende Diversanten und Spione befinden. Diese sollen auf von Deutschland ausgehende Signale Bombenanschläge in den mit Wolgadeutschen besiedelten Regionen verüben.

Da die deutsche Bevölkerung die große Anzahl von Diversanten und Spionen in ihren Reihen der Sowjetischen Regierung nicht meldete, wird

90

davon ausgegangen, dass die Wolga-Deutschen die Diversanten und Spione absichtlich verheimlichten.

Im Falle der von Deutschland aus organisierten Terrorakte und des darauffolgenden Blutvergießens durch Diversanten und Spione aus Reihen der Wolgadeutschen sieht sich die Sowjetregierung nach den Kriegsgesetzen gezwungen, Generalmaßnahmen gegen die gesamte deutsche Bevölkerung der Wolga-Regionen zu unternehmen.

Um solche unerwünschten Ereignisse und ein Blutvergießen auszuschließen, fand der Oberste Sowjet es unvermeidlich, die gesamte deutsche Bevölkerung (sprich: Wolgadeutsche) umzusiedeln, damit ihnen Land und Staatshilfe bei der Eingliederung in die neuen Regionen zur Verfügung gestellt werden.

Für die Umsiedlung werden Regionen mit fruchtbarem Land der Nowosibirsker und Omsker Bezirke wie die von Altai und Kasachstan zugeteilt. Aus diesem Anlass ist das Staatskomitee für Verteidigung verpflichtet, die Umsiedlung aller Deutschen unmittelbar zu vollziehen und den Wolgadeutschen in den neuen Regionen Land und Grundstücke zuzuteilen. Der Vorsitzende des Obersten Sowjets der UdSSR M. Kalinin, Sekretär des Präsidiums des Obersten Sowjets der UdSSR A. Gorkin. Moskau, Kreml, 28. August 1941. (Aus der Zeitschrift der Russlanddeutschen „Volk auf dem Wege").

Hätten die deutschen Männer in den Güterwaggons von dem Ukas gewusst oder sogar auf sich bezogen (obwohl die Rede ja nur von Wolgadeutschen war), konnten sie nie im Leben ahnen, welche „Regionen" ihnen „zugeteilt" würden und was auf sie zukommt.

Nun fuhren sie, Achtzehn- bis über Sechzigjährige, zusammengepfercht in einem Viehwagen im Schneckentempo in Richtung Osten, was sie erst nach einigen Tagen feststellen konnten.

Der Zug hielt mit Absicht nachts. Die Insassen hatten tagsüber auch nichts von der Außenwelt mitbekommen. Die Türen der Viehwaggons waren stets geschlossen. Es stank darin bestialisch. Beim Anhalten des Zuges konnte man frische Luft schnappen, die Füße vertreten, die Notdurft im Freien verrichten. Bei jedem weiteren „Ausgang" merkten sie, der Zug rollt unausweichlich in Richtung Norden. Hinter Swerdlowsk war die Kälte nur noch durch die Körpernähe der anderen zu ertragen. Es wurde immer kälter, der Boden war zu Stein gefroren, soweit man ihn erkennen konnte, denn die Landschaft lag unter meterhoher Schneedecke.

Das „Austreten" beim Stopp fiel immer schwerer wegen der grausamen Kälte und der körperlichen Schwäche. Auch das Spekulieren darüber, was man mit ihnen vorhatte, ließ nach. In den ersten Wochen gab es noch hitzige Debatten: Die einen glaubten, man bringe sie in den Fernen Osten, um die Japaner zu bekämpfen, die anderen tippten auf die Nordsee-Front, die dritten waren der Meinung, sie werden als deutsch- sprechende für besondere Aufgaben ausgebildet. Die extremen Pessimisten prophezeiten allen den baldigen Tod. Ihnen wurde heftig entgegnet: „Dann hätten sie uns schon längst an Ort und Stelle umgebracht, wozu dieser unsinnige Transport?" Dieser Einwand war auch der einzig logische und realistische für die Männer, alte und junge, gesunde und kranke, die auf dünnem Strohlager saßen, schliefen, hungerten. Alles andere waren Phantasien der Männer, die für ihre Heimat bereit waren zu kämpfen, nun aber in Richtung Nirgendwo gebracht wurden, und nicht mal einer Erklärung würdig waren. Niemand von diesen tausend und zehntausend Menschen konnte zu diesem Zeitpunkt erahnen, was man mit ihnen vorhatte, und was zur Realität für viele Jahre wurde, als es endlich hieß: „Alle aussteigen! Endstation! Zweier-Reihen bilden!"

Ihnen bot sich ein Bild des weißen Schneemeeres, das sich bis zum dichten Wald, dessen Bäumen in Schnee gehüllt, einige hundert Meter ausbreitete. Es war schön: weiße Baumkappen, die Landschaft verzuckert und verzaubert, trotzdem beängstigend. Der Schnee blendete. Der klirrende Frost erschreckte die ausgemergelten Menschen. Die eisige Luft verschlug ihnen den Atem. Diejenigen, welche Handschuhe und Mützen besaßen, zogen sie über, die meisten hatten keine. Nur die Wache war in Pelze, Fellmützen und Filzstiefel gehüllt. Ihre Hunde hatten Fell und das war sibirische Kälte gewohnt. Die Russlanddeutschen mussten sich daran gewöhnen. Nicht nur an die eisige Luft, daran, als Hunde zu leben oder zu sterben, mehr stand ihnen nicht zur Wahl. Was sie danach schon beim Graben der Erdhöhlen, ihrer ersten Behausung taten, um zu überleben. Später wurden Baracken aus gefällten Bäumen gebaut.

Beim Fällen der Bäume, das zur Hauptaufgabe der Iwdel-Lagergefangenen wurde, starben Tausende Männer. Als sie ankamen, war es Ende Oktober. Sie waren zwei Monate unterwegs gewesen. Die Temperaturen fielen in den nächsten Monaten auf minus fünfzig Grad. Es war fast hinter dem Polarkreis. Die Menschen starben wie die Fliegen. Sie mussten und konnten gar nicht dagegen rebellieren, umgebracht zu werden, sie starben durch Hunger und Kälte. Diejenigen, welche die Tagesnorm nicht erfüllten, bekamen abends kein Essen, mussten aber am nächsten Tag wieder arbeiten. Irgendwann fielen sie einfach um. Einige wurden im Wald von den bewaffneten Wächtern zurücklassen, damit sie „ihre Norm erfüllen", was ein Todesurteil bedeutete. Begraben wurde im Winter nicht, die Leichen wurden gestapelt und erst, als die Erde etwas nachgiebiger erschien, etwa im Juni, Juli, wurde das Massengrab zugeschüttet.

In den Sommermonaten ernährten sie sich von gesammelten Pilzen und gefangenen Fischen. Seitdem hat mein Vater nie mehr Pilze gegessen. Er glaubte, Maden in der „Pilzsuppe" schwimmen zu sehen. Fische kamen auch sehr selten auf ihren Mittagstisch. Die Deutschen fällten Bäume und bauten Flöße, die bis zur Nordsee oder zu einem größeren Fluss, wo die Schiffe warteten, getrieben wurden. Das Land brauchte Holz. Der Tod von tausenden Deutschen zählte nicht.

Mein lieber Vater erzählte mir, wie er sich vor den schweren Lasten schützte, indem er rief: „Eins, zwei, drei, los!", alle packten zu, er tat aber nur so, als ob. Es war eine notgedrungene Schutzmaßnahme, es ging ums Überleben. Heute würde es so mancher Mensch drücken nennen, aber ich habe meinen Vater nur als ehrlichen und fleißigen Menschen erlebt und seine bäuerliche Schlauheit sogar bewundert. Er versuchte zu überleben und es gelang ihm da, wo einzig „die Taiga das Gesetz" war. Der Kampf ums Überleben in der Taiga des Nord-Urals dauerte sieben lange Jahre.

Eines Tages erkrankte er trotz alledem, denn diese Sklaverei hielt auch er, obwohl so jung und lebenskünstlerisch, nicht aus. So kam er in die kleine Stadt Iwdel, zuerst ins Lazarett. Das Städtchen - ein paar Holzhäuschen und Baracken - nannte man tatsächlich Stadt. Iwdel bewohnten die Angestellten des Iwdel-Arbeitslagers, auf Russisch „Trudarmee". Als es meinem Vater besser ging, sollte er beim Bau der „Villen" der Lager-Obrigkeit helfen. Dank seiner „goldenen Hände" behielt man ihn in der Stadt. Dies war die entscheidende Wende, sie rettete meinem Vater das Leben. Hier bekam er von den Ehefrauen der Natschalniks ein Stück Brot, ein Süppchen, etwas Tabak, den er als Nichtraucher für Brot eintauschte. Sogar meine Mutter, die endlich seine Adresse hatte, schickte ihm Tabakpäckchen. Diesen Tabak baute meine Mutter in der Kolchose Tasbulak im Süden Kasachstans extra für Vater an.

Meine Mutter. Kolchosarbeiten in Kasachstan.

Wie meine Mutter aus dem Kaukasus nach Kasachstan kam, dass sie deportiert wurde, erfuhr mein Vater erst viele Monate später, Anfang

1942 und wohl nur in groben Zügen. Die ganze Wahrheit über diese Zeit erfuhren sie beide erst 1947. Mutters Kriegsgeschichte begann am 11. Oktober 1941. Es ging ganz schnell und ohne viele Worte bzw. Erklärungen. Die Frauen wurden von den Arbeitsstellen nach Hause geschickt, um ein paar Sachen zu packen und auf dem Sammelpunkt anzutreten. Es war erlaubt, Kinder bis vierzehn Jahren mitzunehmen. Die Kinder, der in Arbeitslager eingezogenen Deutschen, kamen in Waisenheime. Ihnen nahm man nicht das Leben, aber die Eltern. Meine Schwägerin Lisa Lang kam auf diese Weise ins Waisenhaus. Ihre Eltern, beide Russlanddeutsche, mussten ins Arbeitslager und die Achtjährige in ein Waisenhaus.

Meine liebe Mutter sagte viele Jahre später immer noch: „Die Deutschen waren so diszipliniert und hatten Angst vor dem Gericht. Natürlich kamen alle hin. Ich hatte unser Gepäck in einer Hand, so viel ich tragen konnte, und das war nicht viel: ein paar warme Sachen und etwas zu essen. An der anderen hielt ich meinen Willi fest. „Den hätten sie mir nur mit Gewalt wegnehmen können", meinte sie. Wie oft musste ich so alles stehen und liegen lassen und mich ins Ungewisse begeben. Ich legte mein Schicksal in Gottes Hand, und er sorgte stets für mich. Siehst du, ich habe meinen Mann, meine Kinder bei mir und habe was zu essen und zu trinken, und was anzuziehen, wenn es auch nicht so viel ist." Darauf legte meine Mutter auch keinen Wert. Diese Werte hat sie an mich vererbt, worüber ich so stolz und glücklich bin. Mich macht kein Reichtum neidisch, und wenn ich etwas verloren habe, (was nicht oft in meinem Leben geschah, Gott sei Dank!), denke ich immer an meine liebe Mutter, wie es ihr am 11. Oktober 1941 erging.

Die Reise, die über einen Monat bis zum 17. November 1941 dauerte, begann mit der Zugfahrt bis zur Station Kotelnikowo. Da mussten alle auf einen großen Lastschleppkahn umsteigen. Der brachte sie bis zum Kaspischen Meer. Das Kaspische Meer überquerten sie auf drei Schleppkähnen. Mutter erzählte stets mit Tränen in den Augen, wie die Deutschen, ohne einen Tropfen Trinkwasser, hungrig, frierend, durchnässt, zitternd vor Angst, von Bombenanschlägen nicht verschont, die Hölle auf dem Kaspischen Meer erlebt haben. Die sowjetischen Bombenflieger mit roten Sternen kamen in der Nacht, erzählte Mutter. Die Scheinwerfer beleuchteten die Kähne so, dass „man eine Nadel sehen konnte", die Bomber kreisten ganz tief über ihnen. Danach kamen die deutschen Flieger, mit den Kreuzen, man konnte es erkennen, und die sowjetischen schmissen in Eile ein paar Bomben herunter, die nur zufällig die Russlanddeutschen nicht trafen. Eigentlich verhinderten es die deutschen Piloten, die begleiteten sie, bis es hell wurde. „Sie beschützten uns, sonst wären wir tot, die Russen wollten uns, Frauen, Kinder und Greise, vernichten." wiederholte Mutter.

Sie war so eine gute Erzählerin, dass ich mir diese Bilder lebhaft vorstellen konnte. Ich sah die verängstigten Menschen, die sich vergeblich in dem grellen Licht der Scheinwerfer, das ohne Erbarmen blendete, zu verstecken versuchten. Die Bomber dröhnten mit solcher Lautstärke, dass es wenig brachte, die Ohren zuzuhalten. Jede Nacht fielen Bomben daneben, und durch die Wucht der Detonation drohte den Kähnen das Absinken, es gab Menschen, die von den hohen Wellen in die Meerestiefe mitgerissen wurden. Ich sah Willi, nah an Mutter geschmiegt, und wünschte mir ab und zu dieses Abenteuer mit Mutter, aber je älter ich wurde, desto klarer wurde mir, was meine arme Mutter und Willi durchgemacht hatten. Mutter hielt ihren Sohn stets fest, sie wollte, dass sie zugleich sterben, wenn es soweit ist. Ihm sagte sie das natürlich nicht, ihm musste sie Mut zusprechen. Er war seekrank und konnte an nichts mehr denken, als an einen Schluck Wasser. Das salzige Meereswasser verschlimmerte nur das Verlangen nach dem normalen Trinkwasser. Der Durst, Hunger sowie der Tod, denn es starben besonders viele Kinder, waren die ständigen Begleiter auf ihrer Reise, die in der größten kasachischen Stadt am Kaspischen Meer, Gurjew, endete.

Es sollte noch nicht die Endstation sein. Die Überlebenden wurden in einen Güterzug eingesperrt, und weiter ging die Reise. Nun hörte man wenigstens die Flugzeuge nicht mehr. Die Kinder, Alte und Kranke starben auch ohne Bomben. Der Todestransport schien kein Ende zu nehmen. Doch am späten Abend des 17. November war es so weit, alle mussten aussteigen. Die Russlanddeutschen sind in Ajagus, Gebiet Semipalatinsk angekommen.

Hier erwartete sie klirrender Frost, vierzig Grad minus, Schneesturm. Die Russlanddeutschen sollten in den kasachischen Familien aufgenommen werden. Auf welche Weise das Verteilen vor sich gehen sollte, erwähnte Mutter nicht, oder ich habe es vergessen. Einige Bilder bleiben für immer eingebrannt in mein Gedächtnis. Ich sehe, wie sie weinend mit dem kranken Willi auf den Armen durch den Schneesturm stapfte. Willi hatte Fieber, lallte wirres Zeug, Mutter war am Rande ihrer physischen und psychischen Kräfte. „Da kam auf mich ein Kasache zu", sie erkannte ihn an seinen Schlitzaugen, und sagte im gebrochenen russisch: „Komm, gib mir das Kind, ich helfe dir." Mutter wollte Willi nicht loslassen, aber mitgehen musste sie. Welche Wahl hatte sie denn? „Also gut, ging ich mit. Wir betraten ein winziges Lehmhäuschen mit einem Herd in der Mitte des Zimmers, links neben dem Eingang sah ich ein Schaf, der Fußboden war mit seltsamen Teppichen bedeckt und in der Ecke ein Strohlager, das wohl die Schlafstelle war. Oben an der Decke, genau in der Mitte, befand sich eine winzige Luke. Willi, der die plötzliche Wärme spürte, schlug die Augen auf und sagte ganz leise zu mir: „Mama, schau, das Fenster ist ja oben."

Die Frau gab Mutter heißen Tee, Willi bekam sogar warme Milch und kalte Wickel. Die Kasachen hatten keine Kinder und kümmerten sich rührend um Willi. Als Mutter nach einer Weile aus Ajagus weg musste, bedrängten die guten Menschen meine Mutter durch ein unerwartetes Angebot: „Lass uns den Jungen, er wird es bei uns gut haben, wie ein Sohn. Er ist uns sogar ähnlich, schwarze Augen, schwarzes Haar. Was mit dir passiert, weißt du nicht, und dein Junge lebt." Mutter war unerbittlich, versteht sich. Oder etwa nicht? Es gab bestimmt auch andere Mütter. Aber meine war eine besonders weise und mutige Frau, was ich nicht müde werde zu wiederholen.

Dafür habe ich auch Beispiele ohne Ende. Als meine Mutter später, selbstverständlich mit ihrem Sohn, in die Kolchose Tasbulak (170 km entfernt von Ajagus und 70 km von der chinesischen Grenze) gebracht wurde, musste sie so viel Mut aufbringen, dass es einem anderen für zwei, drei Leben reichen würde. Der völlig verschneite Ort zählte vier Gebäude, zwei große Schafställe und ein paar kleine Lehmhütten - „ohne Dach und Fenster" - so meine Mutter. Weiterhin mutig musste sie mit anderen russlanddeutschen Frauen in der Kolchose Hilfsarbeiten jeder Art verrichten, und das tagtäglich vierzehn bis sechzehn Stunden. Eigentlich gab es auch nachts keinen Schlaf, höchstens vier, fünf Stunden. „Alles für die Front" - hieß die Losung dieser Jahre, die als Plakat nirgendwo fehlte.

Besonders schlimm war das Heueinfahren in der Nacht, erzählte Mutter. Das war kein Abenteuer in der nächtlichen Steppe: zwei Frauen, ein oder zwei Ochsen, die Fuhre und die hungrigen Wölfe. Dieses Bild bot sich immer wieder meiner Phantasie. Es war nicht romantisch, dafür war es zu beängstigend. Es war ein Ringen ums Leben. Die Wölfe näherten sich dreist, fletschten bedrohlich ihre Stoßzähne, bereit anzugreifen und die Frauen und Ochsen zu zerfleischen. Die Ochsen stellten sich stur, wie Ochsen eben sind, und wollten nicht weiter. Die Frauen zündeten Bündel trockenen Strohs an und hofften und bangten, dass die Wölfe es nicht wagen würden, sich zu nähern. Als es hell wurde, zogen sich die Wölfe knurrend zurück und die Frauen, um ein paar Jahre vor Angst gealtert, begaben sich in Richtung Kolchose. Für diese Arbeit bekamen sie einen Hungerlohn. Die täglichen Brotrationen betrugen zweihundert Gramm für einen Erwachsenen und hundert Gramm für ein Kind. Mutter gab ihr Brot Willi solange, bis ihre Beine vor Hunger anschwollen und sie nicht mehr laufen konnte.

Irgendwann musste Willi mit nur zwölf Jahren Traktor fahren und erhielt ab nun die Erwachsenenration. Dafür forderte man aber auch von Mutter eine Gegenleistung. Was will wohl ein Mann von einer Frau? Immer dasselbe. Männer gab es ja nicht viele, man konnte sie an den Fingern abzählen, alle hatten leitende Positionen, waren meist russische Kriegsinvaliden und konnten über die russlanddeutschen Frauen schalten und walten. Viele Frauen konnten ihnen keinen Widerstand leisten.

Meine Mutter war wiederum mutig. Jetzt benötigte sie ihren Mut nicht gegen Kasachen, die ihr Kind wegnehmen wollten oder gegen die Wölfe. Nun war es ein zweibeiniger Wolf, eher ein anderthalbbeiniger, denn er hatte eine Prothese. Umso giftiger war der invalide Brigadier. Mutter hatte ihn aber gezähmt, sie bewies ihm, dass sie lieber vor Hunger stirbt, als ihrem Mann untreu zu werden.

Der Brigadier bekam Respekt vor ihr und meinte: „Hätte nie gedacht, dass ich einer solchen Frau begegne, dass es so etwas wie Treue noch gibt". Damals bot man meiner Mutter an, den Namen zu wechseln und einen russischen zu übernehmen. „Ich bin und bleibe eine Deutsche", parierte Mutter ohne Bedenken. Man ließ sie in Ruhe.

Und ihr Mut und ihre Anmut wurden belohnt. Es hat zwar viel länger gedauert, als hier geschildert, aber eines Tages wurde ihr Traum wahr: Ihr Ehemann Rudolf Kelm kam im Mai 1947 nach Tasbulak und holte sie und seinen Sohn Willi in die nordkasachische Siedlung Bajanaul. Sie waren endlich wieder zusammen nach langen grausamen sechs Jahren, wenn sie auch nicht nach Wolhynien zurück durften und absolut nichts von den anderen Mitgliedern der Familie wussten, war ihre Freude in diesem Moment unbeschreiblich. Auf das neue Mitglied der Familie konnten sie sich noch nicht freuen. Ich kam erst zwei Jahre später auf die Welt.

Kapitel 4. Kasachstan. Bajanaul
- Mein Geburtsort. 1947-1951

Bajanaul. Das Naturwunder.

Bajanaul/Pawlodar lautet der für ewig eingemeißelte Vermerk in meinem deutschen Ausweis. Klingt fremd, nicht wahr? Ist es auch, total fremd, aber wahr, denn es gibt diese Orte tatsächlich am „Ende der Welt" - von Berlin aus gesehen, und ich bin da vor mehr als fünfzig Jahren gewollt und ungewollt geboren worden. Jeder Berliner Türke würde den ersten Teil sofort als „Dorf der Dame" übersetzen, denn Bajan heißt Dame und Aul Dorf. Die Kasachen, die diesen Aul gegründet haben, behaupteten, Bajan sei der Name einer Frau aus einer Legende. Wie auch immer: das Kasachische ist das Alttürkische; die Zusammenhänge, nicht nur sprachliche, sondern kulturelle fand ich hier in Berlin heraus. Pawlodar heißt auf Russisch „Geschenk Pawels", gemeint ist Zar Pavel, nach dessen Ehrenbesuch die Kasachen ihre Stadt nach ihm benannten. Es ist eine Bezirksstadt im Nordosten Kasachstans.

Nun wissen Sie, liebe Leser, woher ich stamme, sozusagen. Sie sollten aber bitte keine voreiligen Schlüsse daraus ziehen und behaupten, ich sei also Kasachin russischer Herkunft oder Russin kasachischer Herkunft. Ich war auch nie Kasachin deutscher Herkunft, das möchte ich gleich an dieser Stelle nochmals berichtigen, obwohl ich über meine echten Wurzeln ausführlich informierte. Ich war immer, fast dreiundvierzig Jahre in Kasachstan, eine Deutsche, so wie ein Türke, geboren in Berlin, trotzdem Türke ist.

Aber zurück zu dem kleinen Ort Bajanaul, der in der Oase der kasachischen Steppe, im staatlichen Nationalpark, unweit vom See Schasybai liegt. Der Legende nach gab es einen Djigit (Krieger, Reiter), dessen Tod die verliebte Bajan beweinte, an dieser Stelle entstand der tränenklare See.

Nie danach erlebte ich ein solch konstastierendes Naturwunder wie das von der Oase um den See Schasybai. Dreihundert Kilometer Steppe, ohne einen einzigen Hügel, salzige (man sah das Salz), weiße, harte Steinerde, ab und zu ein vergilbter Grashalm oder Wermut am Wegrand, keine Wasserquelle weit und breit, drei kleine Orte, zu denen staubige, holprige Landwege führten und plötzlich wie aus dem Nichts - eine Vision wie eine Fata Morgana: große Steine vom Wind und Wasser glatt geschliffen, auf märchenhafte Weise verschieden aufeinander geschichtet. Zwei von der Bildhauerin Natur geschaffene Skulpturen, links und rechts der Einfahrt in das Gebiet um den See, nannte der Volksmund Baba und Ded. Das hätte kein Mensch geschafft, diese riesigen Steinplatten so zu schichten, dass man ohne Mühe zwei Häupter erkennen konnte. Das mit der kleinen Nase war die Baba-Oma und das mit der ausgeprägten der Ded-Opa. Irgendwann wurden die Platten-Hügel größer, höher und zwischen den Steinen ragten und protzten, dieser tristen Natur zum Trotz, immergrüne Bäume empor. Die Hügel wurden zu Bergen, bedeckt mit Tannen und Fichten. Die Steine waren dadurch von weitem kaum zu erkennen, nur beim Waldspaziergang staunte man jedes Mal aufs Neue, wie sich die dicken Wurzeln der Baumkolosse Wege zwischen den Steinen suchten.

Genauso plötzlich und überraschend, wie die Oase in der endlosen Steppe sich dem Auge offenbarte, erschien das nächste Naturerlebnis: der traumhaft schöne See Schasybai. Die einige Kilometer große azurblaue Platte, in der sich der Himmel widerspiegelte, umrandet vom sandigen Strand und ewig grünen Bergen - ein Blick, der mich und jeden Besucher für immer verzauberte. Wen sollte es wundern, dass dieser Ort Menschen aus weit entfernten Ecken des Landes lockte. Um den See herum entstanden Anfang der fünfziger Jahre Erholungseinrichtungen für jedes Alter. Ein „Haus der Erholung", ein riesiger Bau mit vielen Bungalows für Familien mit Kindern und Alleinstehende, der sich bis in den Wald Platz geschaffen hatte und sehr begehrt war. Ein Touristen-Stütz-und-Ausbildungspunkt, sowie Erholungsstätte für Bergsteiger und Touristen in einem. Hier gab es auch Tanzabende, zu jener Zeit noch nicht Disco genannt. Zwei große Pionierlager, in denen in drei Schichten die Kinder der reichen Arbeitersiedlung Maikain-Soloto (Gold) und der Bezirksstadt Pawlodar ihre Ferien organisiert verbrachten.

Staatlicher Nationalpark

Auch heute gibt es viele Erholungsgebiete und Kurhäuser, Möglichkeiten zum Baden, Bergwandern, Bergsteigen, Mountainbike fahren im Nationalpark Bajanaul. Zum Staatlichen Nationalpark wurde das Gebiet

жалбыз ысі бүркіраған сары қымы-
зын сапырып алдымызға қонды.
  Қала типті шағын поселкеге көз ал-
дымызда көсіліп жатқан осынау қа-
тігілір өлкенің жүрегі іспеттес. Бұл —
ауданның әкімшілік орталығы. Бау-
райына поселке орналасқан Ақбеттау
тұлғасы әркилы ойға жетелейді. Тау-
кейде томсарып ойға кеткендей бола-
ды, бәлкім, аңыздағы Ақбет қызды —
жексұрын жанға жар болудан бас
тартып биік құздан терең көлге құлап
өлгендей артық көрген сол бір сорлы
бейбақты өсіне түсіретін болар...
Таудың Ақбеттау аталу тарихы
да сол аңызға байланысты. Оның
биіктігі — теңіз деңгейінен 1027 метр,
бұл — Баянауыл таулары сілемінде-
гі ең биік таш.
  Сапарда шаршап, жолсоқты болған
кісіні поселкеге кірген беттегі ыстық
ықылас пен кең пейіл толқынары да
хак.
  Жартастар мен жасыл баулар сан-
сында мыңнан астам коммуналдық
және жекеменшік үйлер қатар-қатар
сап түзей қалыпты. Кей тұстардан
бөренеден қиып тұрғызған үйлер де
ұшырасады. Олар Баянның көне та-
рихымың куәгеріндей. 1826 жылы бұл
қазақ-орыс станицасы еді, оның түп-
тұң атаманы орыс офицері Николай
Потанин болса, ол белгілі саяхатшы
Григорий Николаевич Потаниннің
әкесі. Тарихи мағлұматтарға кара-
ганда, 1868 жылы Баянауыл ста-
ницасында 47 ағаш үй болған. Станица төрт тар көшеге бөлініп тұрыпты.
Шіркеу, оның қасында діни училище,
меніт, почта-телеграф үйі, станица
басқармасының кеңсесі, сауда дүкен-
дері, болатын. Мекен тіршілігі бір
сарынды қалпымен самарқау ғана
өтіп жататын, тек күзгі жәрменке
кезінде бір селт етіп, еңсесін көтере-
тін. Баянауыл Қарқаралы мен Кере-
кудің арасындағы үлкен жолдан бо-
йында тұрғандықтан, жәрменке мұн-
да жыл сайын өтетін еді. Жәрменке-
де жалғыз сауда-саттық емес, түрлі

Bilder aus der Broschüre „Bajan-Aul", 60er Jahre

von 68452,8 Hektar Fläche seit 1985 als erstes in Kasachstan ernannt.
Das Hügelland, dessen natürliche Flora und Fauna, das sich im Paläozoi-
kum als Gebirgsland ausgebildet hatte und nach einer langen Geschichte
kontinentaler Zerstörung nur noch über verhältnismäßig niedrige Höhen-
züge verfügt (400 - 1027 Meter über dem Meeresspiegel) zu erhalten, war
das Ziel.

Der höchste Berg des Nationalparks Akbet ist 1027 Meter hoch. Der
Legende nach erhielt er seinen Namen, nachdem ein Mädchen namens
Akbet sich in den Tod nach der Heirat mit einem ungeliebten Mann von
seiner Spitze gestürzt hat.

Bajanauls Naturschöpfung bietet viele Legenden und Sehenswürdigkei-
ten. Es gibt Exkursionen und Führungen zu den „Steinköpfen", die ich
schon erwähnte, die auch Baba Jaga (russische Märchenhexe) und „Män-
nerzier" genannt werden. Wenn man die Baba aus einem bestimmten

Winkel ansieht, erinnert sie an die zahnlose, kahle, hinterlistig lächelnde slawische Märchenfigur.

Im Nationalpark gibt es Steine, die mit rätselhaften Zeichen, Zeichnungen und Totems bemalt sind. Da man früher keine Erklärung dafür wusste, schrieb die Phantasie der Menschen ihnen Zauberkräfte und mystische Bedeutung zu. Die Menschen mieden diese Orte. Vielleicht sind diese auch deshalb bis in unsere Tage erhalten geblieben.

Führungen finden für Besucher zum Berg Bulka (Brötchen, runder Laib Brot) statt. Auf dessen Gipfel befinden sich Seen. Im Sommer trocknen sie aus. So bewundern diese nur Bergsteiger zu anderen Jahreszeiten. Den Peak Smelych - Gipfel der Mutigen - versuchten wir nicht zu besteigen. Wir waren nicht so mutig, dazu noch unter strenger Aufsicht der Erwachsenen. Auf keinen Fall ließen wir uns die Führung in die mystische „Heilige Höhle" entgehen. Die Legende faszinierte uns zu sehr. Demnach muss man nur die Wand der Höhle beim Betreten berühren und sich dabei etwas wünschen. Wenn man dann die Höhle verlässt, ohne dabei den Kopf zum Ausgang zu wenden, würde der Wunsch in Erfüllung gehen. Ob mein Wunsch in Erfüllung ging, kann ich nicht mehr sagen, es war wohl eher ein kindischer Wunsch. Laut Volksmund hilft die Höhle auch kinderlosen Paaren bei der Erfüllung ihres Kinderwunsches, wozu man in der Höhle ein spezielles Ritual vollzieht. Vom Felsen Najsatas soll man Tag und Nacht Ausschau nach sich nähernden Feinden gehalten haben. Man kann auf den Gipfel des Najsatas nur auf einem Wege gelangen - über eine siebenhundert Meter lange Strickleiter. Der Fels ist Bestandteil des Emblems des Staatlichen Nationalparks Bajanaul, als Symbol der Unbesiegbarkeit und Unbeugsamkeit.

Im Jahr 1741 versuchten Dschungaren die Steppen Bajanauls zu erobern. Im malerischen Tal Schambak stellte der kasachische Feldherr Schasybaj zusammen mit anderen Batyren eine Truppe auf, um den Feind zurückzuschlagen. Hier, im malerischen Tal Schambak, wurde der große Schasybai auch begraben.

Schambak. Geburtsort.

Im Tal Schambak, drei Kilometer vom See entfernt, lag das gleichnamige Dörfchen Schambak, das aus einigen Lehmhütten und ein paar Holzhäuschen bestand, die während des Zweiten Weltkrieges von zwangsumgesiedelten Tschetschenen und Deutschen (wie meinen Eltern) gebaut wurden. Mein Vater und seine Leidensgefährten, die Russlanddeutschen

Gottfried Jauck, Roman Alles, Julius Lange beförderte man 1947 in Viehwaggons aus den Lagern und Gulags in diese Walachei. Jeder von ihnen erhielt eine eigene Nummer. In der Bescheinigung des Iwdel-Gulag bzw. der Einrichtung N-240, steht dazu die Eintragung: „gekündigt und der Erz-Mine Maikain-Soloto übergeben." Also, wie ein Gegenstand übergeben!

Nun sollten mein Vater und seine Leidensgenossen hier Holz fällen, bauen und für immer bleiben, in die heimatlichen Orte zurückzukehren war verboten. Erneut bestand die Hauptnahrung aus: Fischen, Pilzen und Beeren. Trotzdem waren es völlig andere, mildere Wetterverhältnisse nach Jahren hinter Stacheldraht, ohne Spürhunde, fast wie Freiheit.

Bald brachten die Männer ihre Frauen hierher, die in sieben Jahren keine neue Lebensgefährtin hatten. Mein Vater holte seine Frau Meta und seinen Sohn Willi, der inzwischen siebzehn Jahre war, und begann mit ihm zusammen zu zimmern. Weitere Kinder kamen für meinen Vater nicht in Frage, denn er fürchtete sich immer noch - und das bis zu Stalins Tod 1953 - vor einer Verhaftung. „Was wirst du dann mit den Kindern machen?", fragte er meine Mutter. „Rudolf, Willi ist erwachsen, er wird selbst bald Vater, und wir werden alt, wer reicht uns ein Glas Wasser? Eine Tochter! - Und so kamst du auf die Welt", schilderte meine mutige Mutter mir Jahrzehnte später die Vorgeschichte meines gewollten und ungewollten Erscheinen auf dieser Welt.

Dies geschah im Sommer 1949, einem Sonntag in Bajanaul, wohin meine Mutter mit einem Pferdewagen über Berg und Hügel, auf dem schmalen steinigen Bergweg in die Baracke mit dem Namen Kreiskrankenhaus gebracht wurde.

Oft erzählte meine Mutter, wie sie mich, das kleine Häufchen in Windeln, auf dem furchtbaren Rückweg beinahe verloren hätte. Meiner Mutter, sechsunddreißig Jahre alt, von den Entbehrungen des Krieges gezeichnet, ging es nach der schweren Geburt gesundheitlich sehr schlecht. Die Hebamme hätte zum Vater gesagt: „Du kannst von Glück reden, dass deine Frau überhaupt noch lebt." Und dazu kam noch diese Strapaze mit dem Wagen. Als die Mutter, völlig entkräftet von einem der heftigen Stöße hochflog und aufprallte, war ich plötzlich weg. Ich wurde heil ein paar Meter entfernt vom Wagen vom Vater gefunden. Seit dem hat er mich nie wirklich aus seinen väterlichen Händen gelassen. Er liebte sein Nesthäkchen abgöttisch und ist auch heute, wenn auch schon zwanzig Jahre im Himmel, mein Schutzengel.

Die Eintragung in das Geburtsregister erfolgte zwei Wochen nach meiner Geburt, wiederum eine Geschichte für sich. Für die Eintragung musste mein Vater noch einmal nach Bajanaul, was meine Mutter wegen ihrem schlechten Gesundheitszustand nicht machen konnte. Vaters Russisch war eher dürftig, ganz besonders das Schriftliche. Die Russischkenntnisse der kasachischen Angestellten auf dem Standesamt waren es aber auch. Diese Voraussetzung führte zu fatalen, wenn auch nicht lebensbedrohlichen Folgen. Mein Vater kam am 12. Juli 1949 zur Behörde, um rechtsgemäß die neue Bürgerin in das Geburtsregister einzutragen. Mutter und Vater einigten sich auf den alten deutschen Namen Adeline. Als mein Vater, stolz auf sich selbst, mit der Urkunde nach Hause zurückkehrte, war meine Mutter über die Eintragung entsetzt: Kelm, Lena, geboren am 12. Juli 1949. Mein Vater behauptete, das richtige Datum angegeben zu haben. Kasachen führten bis dahin kein Register und haben wenig Wert auf Präzision gelegt. Also hat der Kasache den Tag eingetragen, an dem mein Vater auf dem Amt erschien. Meine Mutter hätte es wenigstens überprüft, sie hätte auch nicht zugelassen, dass der Angestellte anstatt des völlig fremd klingenden Namens den aus dem Russischen doch schon eher bekannten Namen Lena eintrug. Ein Glück: der Nachname und das Geburtsjahr stimmten. Mutter beruhigte Vater: „Na ja, so heißt sie wie meine Lieblingstante Lenchen und ist den Papieren nach zwei Wochen jünger".

Bis zu meinem sechzehnten Lebensjahr ahnte ich nichts davon. Mit Sechzehn erhielt ich mit meinen Klassenkameraden in festlicher Atmosphäre meinen roten Sowjet-Passport (russischen Personalausweis), da zeigte ich meiner Klassenleiterin die Urkunde. Sie schaute mich verwundert an. „Lena, du hast doch nicht am zwölften Juli Geburtstag?" Das wusste sie genau, denn meine Geburtstage wurden mit Kuchen gefeiert, auch aus der Eintragung im Klassenbuch ging das hervor. Meine Mutter meinte auf ihre sanfte ruhige Art: „Es ist nun mal so, dass ich nach deiner Geburt sehr krank war, und dein Vater hat die Eintragung nicht überprüft, da er damals die russische Schrift nicht beherrschte. Sechzehn Jahre feierten wir deinen Geburtstag im Juni und so bleibt es auch, ist ja nicht schlimm, mein Kind." So lebte ich unbekümmert mit dem zweiten offiziellen Geburtsdatum weiter.

Mit der Umsiedlung nach Deutschland hat sich das schlagartig geändert. Auf Schritt und Tritt musste ich mein Geburtsdatum eintragen, nennen. Ich konnte es nicht ändern. Sollte ich jetzt zur Polizei gehen und erklären: „Habe zweiundvierzig Jahre meines Lebens mit dem falschen Geburtsdatum gelebt!" Ich musste mich jedes Mal auf einem Amt zusammenreißen, um die Frage ohne auffallendes Schweigen zu beantworten oder ganz und gar das „Falsche" zu sagen. Stellen Sie sich das vor, da sitzt eine Dame mit über vierzig und kennt nicht ihr Geburtsdatum, sie sagt „so und solcher Juni, nein, nein ..., der zwölfte Juli 1949." Ist mir Gott sei Dank nicht passiert, aber die paar Sekunden des Nachdenkens haben schon manchmal zu einer hochgezogenen Braue, wie mitfühlendem Blick wie „die Arme hat ja schon Alzheimer" oder ironischen, etwas verächtlichem Lächeln geführt.

Mein Cousin aus Mecklenburg, Helmut, der auch in Russland geboren ist, aber als er ein paar Monate alt war, mit den Eltern nach Deutschland auswanderte, erhielt auf die gleiche Weise eine zwei Wochen spätere Eintragung. Das beruhigte mich etwas, eine andere Erfahrung trug dazu bei. Mein türkischer Lebensgefährte erklärte nach Mutters Aussage - geboren zu sein, als alles blühte - die Eintragung fiel auf den dritten März 1953. Sogar das Jahr sollte seiner Meinung nach nicht stimmen. In seiner Verwandtschaft kannte ich einige, die am ersten Januar 1951 „auf dem Papier geboren" sind. In Wirklichkeit weiß das die eigene Mutter nicht genau. Allmählich beruhigte sich mein Gewissen, und der zwölfte Juli kommt mir viel flotter von den Lippen.

Dafür eignete ich mir aus freien Stücken den zweiten Namen an, da ich „echt" deutsch sein wollte, als ich nach Deutschland kam. Ich sollte so heißen, wie meine Eltern es ursprünglich vorhatten. So bin ich bis heute für meine Verwandten Adeline und Lenchen. Die meisten stiegen auf Lenchen um, was mir ganz recht war. Adeline klingt heute auch für die „echten" Deutschen zu altdeutsch.

Aus diesem Stückchen „Kasachischer Schweiz" wurden meine Eltern, wie auch die anderen Deutschen, nach vier Jahren versetzt. Sie hatten genug Bäume gefällt und gebaut, nun wurden ihre fleißigen Hände woanders gebraucht. Mit einem konnten sie nicht mehr rechnen. Gottfried Jauck, ein Riese, etwas über vierzig, der nicht nur Bäume fällen, sondern auch ausreißen konnte, war plötzlich querschnittgelähmt. Das Stehen bis zum Leib im eiskalten Wasser über Jahre hinaus beim Flößebauen machte ihn über Nacht zum Invaliden. Meine Mutter, die gute Seele, suchte seine Frau Marie auf, die aus Mariental an der Wolga stammte, damit sie mit ihrem Sohn Gottfried zu ihm kam. Diese Familie, die das schlimme Schicksal traf, und danach über Jahre ein inniges Verhältnis zu meiner hegte, blieb damals in Schambak zurück. Ich, zu dieser Zeit ein Jahr alt, musste mit. Meine Kindheit verbrachte ich also nicht an diesem schönen Fleckchen, zu jener Zeit fast unberührten Natur.

Wiederkehr zum Geburtsort

Die Erinnerungen an den Geburtsort kommen von den Besuchen in den darauffolgenden Jahren. Nach Bajanaul brachte mich ein alter klappriger Bus mit einundzwanzig Jahren als angehende Lehrerin, die zur Einstellung in eine Allgemeinbildende Schule (also von erster bis zehnter Klasse bzw. Abitur) zum Kreisschulamt musste. Danach folgen noch zwei, drei Besuche zu obligatorischen August-Konferenzen, die jährlich zu Beginn des neuen Schuljahres stattfanden. Jedes Mal war es eine Tortur, dieser stundenlange Landweg, unvergleichbar mit einer asphaltierten Straße. Gegen die ständigen kleinen und größeren Schlaglöcher halfen keine gepolsterten Sitze. Es war kein Sitzen, eher wie ein Reiten auf einem wilden Pferd. Man musste höllisch aufpassen, sich krampfhaft festhalten, um nicht „aus dem Sattel" gerissen zu werden. Dazu die Staubwolken aus allen möglichen Ritzen. Am Zielort angelangt, verstaubt und zerschlagen, musste man zur Konferenz. An Duschen war nicht zu denken. Es gab kein Hotelzimmer mit Frühstück. Man musste in aller Herrgottsfrühe aufstehen, und in der Nacht zurückkehren.

Das Witzige an der Sache ist, dass ich das heute viel schlimmer empfinde als damals. Der Staub und die Schlaglöcher gehörten einfach dazu. Das liegt an den Straßen und Autobahnen Deutschlands, den besten auf der ganzen Welt. Damals kannte ich die deutschen noch nicht, und deswegen war es selbstverständlich, solche Busse und solche Straßen zu fahren.

Man ertrug es erstaunlich gut, denn wie immer half der Humor. Es wurden unterwegs Witze erzählt, es wurde gesungen und viel gelacht. Dazu fällt mir mein Lieblingsspruch ein: „Es wäre nicht so zum Lachen, wenn es nicht so traurig wäre." Niemand jammerte oder fühlte sich unglücklich, niemand kannte in dieser Gegend auch etwas anderes.

Bajanaul machte dagegen schon damals auf mich einen unansehnlichen, trostlosen Eindruck. Denn ich kannte zu jener Zeit schon zivilisiertere Orte, wie die Stadt Omsk, in der ich studierte. Die Siedlung, in der ich aufgewachsen bin und nun als Lehrerin arbeitete, war dagegen eine Augenweide. Hochhäuser gab es in Bajan-Aul keine, die Architektur der größten Gebäude reduzierte sich auf den Baracken-Typ. Aber auch die meisten Lehmhütten, die eigentlich zu Einfamilienhäusern zählten, sahen höchst ungepflegt aus: lange nicht mehr weiß getüncht, an vielen Stellen schauten die gelben bröckelnden Lehmsteine heraus oder Löcher, die Fenster winzig und schmutzig. Die Bevölkerung bestand fast ausschließlich aus Kasachen, die immer noch mehr an ihrem Nomadenleben hingen, als an diesen verwahrlosten, heruntergekommenen, für sie komischen Häusern.

In Schambak war ich nicht auf beruflichen Wegen, sondern aus seelischen Beweggründen. An die Sommerfahrten mit Mutter zum Beerensammeln kann ich mich nur vage erinnern: Waldwiesen, rot von Erdbeeren oder Himbeeren, der betäubende Geruch und das einzigartige Aroma einer Waldbeere, sowie der daraus stundenlang vor sich hin kochenden Konfitüre. Mutter im blumigen Sommerkleid, weißem Baumwolltuch auf dem Kopf an der Kochstelle, mit einem Holzlöffel in der Kupferschüssel rührend. Auch der göttliche Geschmack des ersten Löffels Konfitüre zum Butterbrot ruft heute noch intensiven Speichelfluss hervor. Ganz bewusst zog es mich zum elterlichen Hause, das ich gar nicht kannte. Als ich dreizehn war und meine Ferien im Pionierlager, drei Kilometer entfernt, verbrachte. Meine Clique - bestand aus vier Mädels, drei Jungs und mir, in Begleitung eines jungen Pionierleiter-Praktikanten (ohne Begleitung käme es nicht in Frage) - machte sich auf den Weg in das Dorf.

Dieses Abenteuer war auch nur möglich, da es einen von Aktivitäten freien Nachmittag gab. Der Ausflug war auf jeden Fall abenteuerlich: wir toben, klettern auf die Bäume, essen Beeren ohne Ende, trinken das klare kalte Quellwasser, das den Zähnen weh tut und reagieren frohgemut nicht so wie gewöhnlich auf die Plagegeister Mücken. Der heimtückische Stich eines Wespen-Tornados, den ich in das rechte Schulterblatt abbekomme, tut natürlich höllisch weh. Aber auch das kann die ausgelassene Stimmung nicht trüben, meine etwas gehobene, umso mehr, je näher ich meinen Heimatort bin.

Plötzlich stehen wir vor einer größeren Waldwiese, ein einziges bewohntes Haus und zwei zerfallene „zieren" sie - und das soll Dorf heißen? Ich führe meine Kameraden zur Stelle, an der unser Haus gestanden hatte. (Mutter hatte es mir genau erklärt.) und wir sehen einen mit Gras bewachsenen Graben, das war's ...

Eine uralte Frau sitzt vor einem erhaltenen Haus auf einem kleinen Hocker. Sie erklärt dem Pionierleiter und uns: „Ja, da stand das Haus von Familie Kelm, aber die sind wie die anderen Deutschen hier längst weg. Wer bleibt schon hier? Sind auch nur mein Sohn, der Förster und die Schwiegertochter geblieben, wir sind Tschetschenen, Mamedows." Auf dem Wege zurück fragen wir uns immer wieder, wie können Menschen, von der übrigen Welt so abgeschottet, leben.

Nach sieben Jahren, also zwanzigjährig, frisch vermählt, zeige ich meinem Mann die „kasachische Schweiz" und meinen Heimatort. Die alte Frau ist inzwischen tot, erklärt nun die Schwiegertochter, die zu Hause ist und sehr interessiert nachfragt, wen wir suchen. Als sie erfährt, wer ich bin, sagt sie offen und unverblümt: „Die Mutter war aber schöner." Sehr nett! Aber ehrlich und wahr: ich fand ja meine Mutti auch schöner als mich. Sie erzählt, ihre Söhne zog es auch in die Stadt, sie und ihr Mann sind es hier gewohnt. Im Winter ist es schon etwas einsam, aber nun gibt es ja den Fernseher. Im Sommer haben sie viel Besuch, obwohl schon weniger, denn die Natur gibt nicht mehr so viel her. Fast keine Beeren, weniger Fische. Sie möchten diese Natur trotzdem nicht missen. Wohin auch? Hier liegen ihre Eltern begraben, hier ist ihr Zuhause. Ich konnte die Frau damals überhaupt nicht verstehen. Heute, glaube ich schon, obwohl, leben könnte ich da nicht, denn ich bin mit Leib und Seele ein Stadtmensch.

Danach war ich noch zweimal mit meinen Töchtern da, die diese schöne Natur erleben sollten. Beim ersten Mal meinten sie verwundert: „Mama, hier ist so viel Luft!" Der Tannenwald bot auch andere Luft als die Steppe. Bei meinem letzten Besuch, 1984, war die Luft nicht mehr so schön, vom Wald noch die Hälfte und von Beeren keine Spur.

Da wusste ich aber schon, dass an der Tötung der Natur nicht nur das Klima, sondern die Zivilisation, der Mensch schuld sind. Die langsame, aber sichere heimtückische Ausrottung ist der sowjetischen Regierung zu verdanken, die ein paar Kilometer von dieser Naturperle entfernt von 1949 bis 1966 Atomversuche auf der Erdoberfläche und danach unterirdisch durchführte.

1949, ein schicksalsträchtiges Jahr. Am 23. Mai 1949 verkündete K. Adenauer vor dem parlamentarischen Rat das vorläufige Grundgesetz der BRD. Am 7. Oktober 1949 feierte die DDR ihren Gründungstag. In München fand seit Kriegsende das erste Oktoberfest statt. Und die Sowjetunion beginnt im Steppenland Kasachstan mit den ersten oberirdischen Atomversuchen. Von diesem Jahrzehnt dauernden „Tschernobyl" weiß heute noch leider kaum ein Deutscher.

Ausgerottet wurden vor allem die Menschen: Kasachen, Deutsche und ein kleinerer Anteil Russen, die erst in den zwanziger, dreißiger Jahren unfreiwillig hierher kamen. Entweder von der Sowjetregierung zum Aufbau des Sozialismus geschickt oder als lebenslängliche Häftlinge zwangsangesiedelt. In den 50er Jahren ahnte davon niemand etwas.

Die reiche kasachische Erde hatte nicht nur Uran zu bieten, sondern viel, viel mehr: Öl, Kohle, Buntmetalle, Salz. Und das sollten diese Menschen, wie auch mein Vater, herausholen. 1951 kamen meine Eltern nach ZES.

Kapitel 5. ZES. Kasachische Steppe. 1951-1954

Beim Kommandanten

Meine Eltern kamen - das ist der falsche Begriff für dieses historische Nachkriegsereignis in ihrem Leben. Sie wurden in den siebzig Kilometer weiter entfernten Steppenort Maikain-Soloto zwangsumgesiedelt, „übergeben" als immer noch Insassen des GULAG, Leibeigene sozusagen. So wie die Familien Alles, Bocksberger, Stricker, Krott, Strack, Krutsch, Lange, Dinges, Bitsch, Winter, Sackmann, Schlegel und viele, viele andere. Die vollständige Liste würde den Rahmen sprengen, an viele kann ich mich nicht mehr genau erinnern.

Dafür hat sich meine erste Erinnerung, so etwa mit vier Jahren, für immer in mein Gedächtnis eingeprägt: ich halte mich fest an Mutters Hand, bin stolz auf mein Sonntagskleid mit Blümchen, wir kommen in eine Baracke, warten auf dem dunklen, kühlen Flur, treten in ein fast leeres Zimmer mit einem Tisch, der von einem roten Tuch bedeckt ist und zwei einfachen Holzstühlen. Auf einem Stuhl sitzt hinter dem Tisch, ein kleiner Mann mit blauer, rot umrandeter und Gold verzierter Schirmkappe. Er hat einen gelben Gesichtsteint und Schlitzaugen. Ich weiß schon, dass er ein Kasache, ein Milizionär, und sehr wichtig ist. Auch dass er kinderlieb ist und mich mag, fühle ich, denn er lacht so amüsiert, während ich ihm meine Geschichte erzähle. Zuerst fragt er: „Na, Fräulein, wo sind Sie geboren?", und ich lege wie aus der Pistole geschossen mit meiner „wunderschönen" erfundenen Herkunftsgeschichte los: „Meine Eltern und mein älterer Bruder haben mich in einem Paket in unseren Gartenteich unter dem groooßen Wallnussbaum gefunden. Und das war im schönen Kaukasus. Jetzt bin ich vier Jahre alt." Ich glaubte fest an diese Geschichte, die teilweise von meinem neunzehn Jahre älteren Bruder für mich erfunden wurde, sowie auch die Geschichte mit dem Paket im Teich. Alles andere habe ich mir zusammengereimt, denn meine Eltern erzählten so oft nostalgisch von dem wunderschönen Kaukasus, den Wallnussbäumen, der Bergluft. Da wollte ich auch geboren sein und nicht in dieser Steppe, die meinen Eltern offensichtlich missfiel. Der Kasache amüsierte sich köstlich allmonatlich auf diese Weise, denn jeden Monat mussten die Russlanddeutschen zur Kommandantur wegen ihrer persönlichen Unterschrift. Es hieß, sie dürfen sich nicht ohne

Sondererlaubnis weiter als im Radius von sieben Kilometern bewegen. Wegen Fluchtgefahr wurden sie verpflichtet, einmal im Monat eine persönliche Unterschrift zu leisten. Der Kommandant wurde nach dem Lachanfall ernst und ließ meine Mutter dieses „einfallsreiche" entwürdigende Dokument unterschreiben. Bestimmt prägte sich mir dieser geschichtliche Akt nicht wie bei meiner Mutter wegen dieser grausamen Willkür ein. Ich freute mich auf mein Sonntagskleid aus billigem Blümchenstoff, von Mutti genäht, sowie ihre für mich kreierte Tasche, deren Henkel sie durch einen Knoten verkürzte, und spazierte glücklich an ihrer Seite durch den Ort.

In diesen Ort wurden meine Eltern und ca. ein Zehntel aller russlanddeutscher Familien für den Aufbau der ZES und der Arbeitersiedlung gebracht. Die Siedlung, mitten in der unendlichen kasachischen Steppe gelegen, trug den unromantischen Namen aus drei Buchstaben ZES, was die Abkürzung von Zentrale Elektrostation war. Die gab es tatsächlich, etwa anderthalb Kilometer vom Ort entfernt. Sie wurde Anfang der 30er Jahre von Stalins Sträflingen nahe der Kohlengrube Schoptykul, einer der unzähligen kasachischen Rohstoff-Schatzgruben, errichtet. Die Sowjetmacht brachte den unzivilisierten Kasachen, die damals noch in ihren Filzjurten im Winter hausten, Kultur und Architektur bei, indem sie die Nomaden sesshaft machte. Nun wohnten sie das ganze Jahr hier, ohne, wie einst, mit dem Vieh durch die Steppe zu ziehen, in kleinen Hütten, deren Wände aus mit Lehm und Pferdemist gemischten, getrockneten Steinen, gebaut wurden. Die wurden zwar mit Kalk weiß getüncht, nur hielt das Weiße nicht lange. Diesen Mistgeruch werde ich garantiert nie aus der Nase kriegen. Besonders penetrant war er während der wenigen warmen Regentage im Sommer. Er gehörte aber zum Heimatgeruch dazu, erinnern Sie sich noch? - „wir leben nun mal auf einem Misthaufen". Neben den Kasachen aus dem Aul, etwas abseits gelegen, lebten hier auch einige russische Familien von Sträflingen, die lebenslänglich oder fünfzehn bis fünfundzwanzig Jahre hierher zwangsumgesiedelt wurden und zwei Natschalniks, die Befehlsgeber, Ingenieure für Elektrizität. Der eine von ihnen war auch ein ehemaliger Häftling wie die anderen russischen Einwohner. Die Palette der „grausigen" Straftaten derer, die einige Jahre in Stalins Gefängnissen und Lagern verbrachten, also einen Teil der fünfzehn, meist fünfundzwanzig Jahre und mehr abgesessen hatten, reichte von Diebstählen von Kolchos-Gut (Strohhalme aus Hunger und Not in den 20er, 30er Jahren) bis zur unvorsichtig erzählten Anekdote mit Anspielung auf die Staatsordnung oder unbeabsichtigtem Schubsen der Stalin-Büste im Club.

Dazu kamen nun die „Faschisten", zu denen meine Eltern zählten. Sie wurden nicht nach einem richterlichen Urteil, sondern nach Stalins Ukas vom 28. August 1941 wegen Generalverdacht der Spionage und der bestehenden Gefahr von Kollaboration mit Hitler in das Hinterland deportiert. Mein Vater nach Ostsibirien, hinter den Polarkreis, und meine Mutter nach Kasachstan.

Die Natschalniks wohnten in Zweifamilien-Baracken, nebenan die Familien der Zwangsumsiedler, die in Vierfamilien-Häusern der gleichen Größe wohnten. Dafür wurden die Baracken noch einmal geteilt, damit nicht zwei, sondern vier Wohnungen entstanden. Eine Wohnung dieser Vier-Familien-Baracke bestand aus zwei ziemlich großen Dielenräumen, von denen einer als Küche und Esszimmer diente, der andere als Wohn- und Schlafzimmer. In solch einer Zweizimmer-Wohnung mit Kohlenheizung wohnten meine Eltern mit meinem zwanzigjährigen Bruder und mir, der Vierjährigen. Nach Stalins Lagern waren diese Wohnverhältnisse der reinste Luxus, sogar für solche, wie die kinderreiche Nachbarfamilie Bocksberger.

Diese „Luxus-Baracken" standen in gleichmäßigen Abständen dreireihig entlang der Landstraßen, die dazwischen lagen. An Straßennamen oder Hausnummern kann ich mich nicht erinnern. Es gab ja auch keinen Bedarf, denn einen privaten Briefwechsel führte sowieso niemand. Die amtlichen Schriftstücke wurden einmal im Monat und in dringenden Fällen mit der Kutsche befördert. Deswegen gab es im Ort keine Postbaracke, dafür eine Heizungsbaracke mit aufgeschütteten Kohlenbergen neben der ersten Häuserreihe; eine halbe Baracke in der dritten Reihe diente als Konsum, das war der Mittelpunkt des örtlichen Lebens, sprich: Klatsch- und Tratsch-Baracke.

Die unangenehme befand sich etwas abseits: die kleine Dorfambulanz mit einer Krankenschwester, die hauptsächlich die staubigen Pilzfüße und Haare der kasachischen Kinder, sowie Krätze, Rachitis, Gelbsucht oder die gängigen Krankheiten behandelte. Der einzige Arzt, ein Deutscher wie mein Vater, Herr Hildermann, wohnte fünf Kilometer entfernt in Schoptykul, einem noch winzigeren Ort. Es war eher ein Aul, in dem fast ausschließlich Kasachen wohnten. Die Kohle, die in den strengen Wintern alle weit und breit in der Steppe wärmte, wurde von den Sträflingen und Zwangsumgesiedelten von hier zur ZES transportiert.

Im Club

Die geheimnisvolle und interessanteste war wohl die kleinere Baracke, Club genannt, wo am Samstag Filme liefen und getanzt wurde. Zu einer dieser Discotheken (so würde man diese Attraktion heute nennen) durfte ich mit. Mit anderen Worten: mein älterer Bruder war gezwungen, mich mitzunehmen. Es musste schon einen wichtigen Grund dafür gegeben haben, sonst hätte mein Vater das nie zugelassen, weil das zu spät war und sich überhaupt nicht gehörte. Er sollte sich keine Sorgen machen, denn ich fühlte mich wieder mal im Mittelpunkt und glücklich. Meines Bruders Freunde: Roman, David, Alexander, Waldemar und Sascha sorgten sich um mich abwechselnd mit solchem Eifer, dass ich ermüdet, bei lauter Musik, noch vor dem Heimgang fest einschlief.

Die Erinnerung an den Club-Besuch blieb. Der nicht besonders große Saal mit Holzstühlen, im Vordergrund die Leinwand, hinten der Tisch mit der großen (zumindest für ein Kind) Aluminium-Trommel, die in den dunklen Raum einen Lichtstrahl sendete und sehr laute knisternde Geräusche von sich gab. Ab und zu wollte sie nicht so richtig, es riss der Film, oder der Ton blieb aus, dann buhten die Zuschauer, das Licht ging an, der Filmvorführer zauberte einige Minuten, und es ging weiter. Nach dem Film machten sich die älteren Genossen auf den Weg nach Hause, die Jugendlichen wie mein Bruder, blieben. Die laute Tanzmusik „produzierten" abwechselnd das Grammophon oder der Knopfakkordeon-Spieler. Die Jungs, komischer Weise in der Nachkriegszeit in der Mehrzahl, waren alle in dunkle weite Hosen mit Aufschlägen und hellen Hemden gekleidet. Sie rauchten alle die Papirossen „Belamor", die Abkürzung für „Weißes Meer".

Heute würge ich bei dem bloßen Gedanken daran, dass mir damals die erwachsenen Jungs und der „Papirossen-Duft", der sie umgab, gefielen. Da mein Vater nicht rauchte und nur nach Holzspänen oder an Sonntagen nach Eau de Cologne roch, schwor ich, einen Raucher zu heiraten. Diesen Kindesschwur fand ich später natürlich lächerlich. Die Mädchen, sowie meine spätere Schwägerin Lisa hatten alle, ohne Ausnahme, Locken, selbstverständlich selbstgedrehte. Für die schwarzen Wimpern und Brauen sorgte die kasachische Kohle bester Qualität, für die roten Wangen - die rote Beete. Das Bio-Make-up verursachte keine Hautschäden und kostete keine Kopeke. Für mich sahen sie wie Filmdiven im Abendkino aus. So wollte ich bestimmt damals, aber nie später als junge Frau, aussehen.

Weder mit dem Raucher-Ehemann, noch mit dem Make-up sollte es klappen, ich heiratete einen Nichtraucher, dafür einen Alkoholiker (die Nikotinsucht wäre mir lieber gewesen), der Fortschritt bescherte mir Mascara-Stifte und Lippenstifte aller Schattierungen.

Es gab noch ein öffentliches Gebäude, das in mir Ehrfurcht erregte, das einzige zweistöckige im Ort, das etwa anderthalb Kilometer entfernt auf dem Weg zum noch größeren grauen Gebäude der ZES lag, das ich vor meinem siebenten Lebensjahr, ebenso den Club, vielleicht nur einmal von innen besichtigen durfte. Es gab sie tatsächlich: die sieben-klassige Internat-Schule, die Bildungs- und Erziehungs-Schmiede für die zahlreichen Kinder der Schäfer und Hirten aus den umliegenden kleineren Orten und Kolchosen. Der Bildung und Erziehung wurde in diesem Staat eine besondere Rolle beigemessen. Meine Erkenntnis über diese Grundsatzlinie der Politik bestätigte sich immer wieder aufs Neue im Laufe meiner späteren mehr als zwanzigjährigen Lehrerlaufbahn. Strategisch gesehen, befand sich das Internat genau richtig, denn hier gab es Strom und hierher führten aus wirtschaftlichen Gründen alle Landwege.

All das war mir damals selbstverständlich nicht bewusst und auch schnuppe. Mich prägten die vielen gesellschaftlichen Spiele mit meinen Spielkameraden in der freien Natur.

Natur der kasachischen Steppe

Die Natur der kasachischen Steppe hat mich schon geprägt, denn ich habe heute noch ein beklemmendes, einengendes Gefühl beim Anblick der schönsten Berge. Die Steppe konnte nicht einengen, sie war grenzenlos. Es gab nur blauen Himmel über gelber ausgebrannter Erde, endlos wie der Wind, der hemmungslos tagein, tagaus über die Steppe fegte. Ich hörte, wie mein Vater sich öfters über den Wind aufregte. „Der Kasachstan-Schlagwind!", sagte er so gefühlsvoll und besonders betont (geflucht hat er nie), dass ich wusste, der Wind gefiel ihm entschieden nicht. Dem Wind versperrte auch kein Hügel, kein Baum den Weg, er wirbelte Staub und Sand von der trocknen Erde hoch, wirbelte bei größerer Stärke auch kleine Steine, wovon es jede Menge gab, in die Höhe.

Vor Augen habe ich die hohen Windsäulen aus Staub und Sand, die wie Tornados vorbeifegten. Zu dem streng kontinentalen Klima gehörten sie dazu. Es war streng das Klima: im Winter bis zu 30-35 Grad minus, im Sommer bis zu 30-35 Grad plus, im Frühling und Herbst regnete es. In den Wintern der 50er Jahre gab es unheimlich viel Schnee und sehr oft

Schneestürme. Dann stürmte es einige Häuser bis zum Dach zu, und die Nachbarn gruben Tunnel mit Schneetreppen, die bis zur Eingangstür oder umgekehrt von der Tür ins Freie führten. Schon am nächsten Morgen nach dem Sturm schien die Sonne, der Himmel war wieder blau, der Schnee knirschte unter den Filzstiefeln. Wir Kinder spielten wie die Kinder auf der ganzen Welt gerne im Schnee, organisierten wie selbstverständlich Schneeballschlachten, Wettbewerbe im Schneemann-Bauen, aber noch beliebter waren die Versteckspiele in den Tunneln. Auch heute bewundere ich das: wir, die Kinder der unmittelbaren Nachkriegszeit, führten keine Kriegsspiele in den „Schneekatakomben". Leider spielen die Kinder von heute zu viele Gewaltspiele am Computer.

Es wurde viel gerodelt, die Väter fertigten die Schlitten an. Allen voran im Schlittenbau - mein Vater, der Tischler und der handwerklich Begabteste im Ort. Nur war das Schlittschuhlaufen im Winter nicht möglich. Es gab schon einige Kufen, die an die Filzstiefel geschnürt wurden. Die konnten nur kurz in den Monaten März oder April an Frosttagen benutzt werden. Man lief auf den zugefrorenen Pfützen, die sich aus dem, an einigen warmen Tagen getauten Schnee, gebildet hatten. Spätestens Anfang Mai gab es die nicht mehr.

Es gab kein Wasser weit und breit in dieser Gegend. Viele Kilometer vom Ort entfernt, fanden die Geologen mit Hilfe der Einheimischen tief unter der Erde einige Quellen salzigen Wassers, das man als Trinkwasser gebrauchen konnte. Diese Bohrlöcher, sogenannte „Squashina", die hunderte Kilometer auseinander und entfernt von den Siedlungen lagen, bekamen eine Nummer entsprechend dem Kilometer der Entfernung z.B. 117 oder 118. An der 118 entstand dann eine Siedlung, dort hielten die ersten Züge. Der Ort hieß völlig prosaisch: 118. „Rasjesd".

Nach ZES wurde das Trinkwasser von der 117. Squashina zuerst mit Kutschen in Holzfässern transportiert, später dann mit einem LKW geliefert, in Aluminium- oder Gusseisenfässern mit Wasserhahn daran. Die Einwohner mussten alle Behälter, größeren Töpfe, Eimer und Fässer füllen, denn Wasser gab es einmal, höchstens zweimal in der Woche. Mein Vater fertigte für Mutter und die Nachbarfrauen „Trachthölzer" an, Hilfen beim Wassertragen. Ein etwa fünf Zentimeter breiter, einen Meter langer Balken, der im Halsbereich dünner und passend ausgehöhlt und an den Enden dicker, runder und stabiler war. Daran wurden Lederriemen, in Länge der Hände, mit Eisenhaken zum Einhaken der Eimer befestigt. Hört sich kompliziert an, war aber so simpel wie genial. Die Erfindung des Jahrhunderts, wie der Rucksack. Die Last der schweren Wassereimer verteilte sich gleichmäßig auf dem Rücken. Ich weiß, wovon ich rede, denn später fertigte mein Vater ein kleineres für mich an, das ich etwa von meinem zehnten bis siebzehnten Lebensjahr benutzte.

Eine noch größere Hilfe für den Haushalt und die Körperhygiene war der seltene Sommerregen, denn der füllte selber die Fässer, die unter blechernen Dachrinnen standen. Während man das „harte", salzige Wasser hauptsächlich als Trink- und Kochwasser benutzte, wurden mit dem „weichen" Regenwasser (von dessen Radioaktivität niemand etwas ahnte) die Haare gewaschen, aber auch die große Wäsche, sowie das Geschirr gespült und das Vieh getränkt.

Der Sommerregen fiel in regelmäßigeren Abständen als heute, nach monatelanger extremer Trockenheit. Es war öfters eine Husche, ab und zu gab es Blasen, und der Regen dauerte etwa einen Tag zur Freude aller, ganz besonders der Kinder. Die trockene Erde sog nicht sofort das Wasser auf und wir durften in den entstandenen Pfützen toben. Das war eines der größten Vergnügen der unzivilisierten Kinderwelt der Steppe. Wir glaubten fest daran, im Regen schneller zu wachsen. Und welches Kind, zivilisiert oder nicht, träumt nicht davon, schneller erwachsen zu sein?

Wenn ich geahnt hätte, dass die Kindheit meine glücklichste Lebensphase für immer bleiben würde, hätte ich mir das Erwachsensein nie gewünscht. Quatsch, es war gut so und ist es, das man so „ahnungslos", vor allem sorglos aufwächst und vom bösen Schicksal nichts ahnt.

Aber so schnell wie das Schicksalsblatt sich wenden kann, wechselte der Regen in Sonnenschein um. Die Sonne schien von vier Uhr morgens bis dreiundzwanzig Uhr abends und das meist ab Mai bis Ende September. Die drei Sommermonate waren natürlich die heißesten und lustigsten, denn es gab drei Monate Sommerferien, immer bis zum ersten September.

Kinderfreuden

Meistens spielten wir im Sommer auf dem Territorium des kasachischen Auls, der ungefähr hundertfünfzig Meter von den Baracken entfernt lag. Da gab es wenigstens im April und Anfang Mai grüne Wiesen, oh, Wunder! Auch Schneeglöckchen, Butterblümchen und den „wilden Knoblauch", den sogar wir Kinder aßen, brachte die an Bodenschätzen wie Kohle, Erdöl, Gold, Uran und vielen anderen reiche, an Flora so arme, Steppe hervor. Obwohl es diese „Raritäten" wie auch das Grün des Grases nur kurze Zeit gab, blieb hier die Erde weicher als auf der befahrenen steinigen Straße im Ort. Für die kasachischen Kinder war das Barfußlaufen eine bequeme Gewohnheit, sie schonten auf diese Weise ihre Schuhe.

Wir passten uns ihnen an, eigentlich mussten wir es nicht, aber wir waren ein Teil von ihnen, wir gehörten zusammen. Unseren Eltern war der Kulturunterschied zwischen Deutschen und Kasachen schon bewusst, so wie er mir heute zwischen einer Türkin und mir bewusst ist, ich hörte keinerseits ein böses Wort. Die Kasachen mochten insgeheim die Russen nicht, denn die waren Eindringlinge, Eroberer, die Russlanddeutschen dagegen, die Leidensgefährten, teilten mit den Kasachen das Schicksal der Minderheiten. Sie waren gastfreundlich und großzügig zu den Deutschen und die Kinder, die besten Freunde. Wir tauschten gerne unsere mit zuckerbestreuten Butterbrote (was gäbe ich heute für dieses Stück Brot aus handgemachtem Teig mit luftigen Löchern drin) mit ihrem Gebäck, dem „Baurssack" - einem kasachischen Pfannkuchen, kleiner als Berliner Pfannkuchen, nicht süß und ungefüllt, in Fett frittiert, trotzdem nicht fettig, dafür schnell trocken, der zu ungesüßtem Schwarztee mit Milch, etwa auf englische Art passte - oder der Knabberei „Kurt", beides schmeckte uns auch ohne Tee, dazu gab es im Sommer auf den Dächern getrocknete Stückchen Sauermilch. Kein Vergleich mit Kartoffelchips oder gesalzenen Erdnüssen, trotzdem beliebt wie der Kaugummi aus trockenem rabenschwarzem Teer, der für die Zähne genauso ein Weißer wie der heutige Kaugummi war.

Ein Gaumenschmaus war ganz bestimmt das Stückchen Pferde- oder Rindfleisch, das wir von den alten Kasachinnen bekamen. Sie trugen Kopftücher und unter langen Kleidern, weite lange Hosen meist mit einem Gummiband am Saum - Scharowary, (man behauptete, sie trugen keine Schlüpfer wie die Europäerinnen). Auf das Plumpsklo gingen sie stets mit einer Wasserflasche oder einer alten Teekanne voll Wasser, sie benutzten kein Klopapier, das es zu jener Zeit nicht gab. Von Mittag bis abends rührten sie mit ihren verbeulten Aluminiumkellen in großen schwarzen Kesseln über den offenen Feuerstellen vor ihren Hütten. Darin köchelte stundenlang das Pferde- oder Rindfleisch. In das kalte Wasser kamen zum Fleisch einige Zwiebeln, Lorbeerblätter, Salz und Pfeffer. Die Brühe schmeckte so köstlich wie sie roch, einfach göttlich.

Bis heute bereite ich auf diese Art Brühe. In das kalte Wasser kommen außer dem Fleisch eine ungeschälte Zwiebel, ein paar Lorbeerblätter, Salz und Pfeffer. Eine Karotte gebe ich wie meine Mutter dazu, und lasse die Brühe nach dem Aufkochen und Abschäumen auf niedrigster Stufe langsam köcheln. Die einfachsten Dinge sind manchmal die genialsten.

Dazu fällt mir ein kasachischer Witz ein: Ein alter Kasache lag im Sterben. Familienmitglieder, Nachbarn, Freunde umringten sein Bett. Endlich traute sich einer zu fragen: „Nun kannst du uns doch dein Geheimnis der besonders schmackhaften Teezubereitung verraten, oder?" Und der Alte antwortete: „Jetzt tue ich es schon, und es ist ganz einfach - man sollte nicht mit dem Tee geizen." Bei der Suppe sollte man nicht mit der Zeit geizen. Aber dieser Ratschlag ist in der heutigen Zeit der Fünf-Minuten-Suppen überflüssig. Deshalb kehre ich auf der Stelle in die Vergangenheit zurück, wo wir Kinder uns über ein Stückchen weichgekochtes, saftiges Fleisch freuten. Jeder, ohne Ausnahme, aus dieser bei weitem nicht kleinen Kinderschar, bekam von der einen oder anderen freundlich lächelnden Frau, die sonnengegerbte faltige Gesichter hatten und schnell in ihrer Sprache redeten, ein Stückchen zugeteilt. Das Fleisch stammte von dem Vieh, das mit seinen Herren zusammen in den aus Lehm oder Pferdemist angebauten Stallräumen hauste.

Der Geruch von Heu, Mist und kräftiger Fleischbrühe vermischt mit Staub, lag ständig in der heißen Luft. Das war sie, die Luft meiner Kindheit. Die trockene Luft, der Wind als Begleiter dazu, ließ das Klima relativ leicht ertragen. (Meine Eltern mussten es bestimmt ertragen, ich kannte ja kein anderes). Der Wind wehte öfters schön stark und böig. Er wirbelte Sand und kleine Steine hoch; den Staub merkte man nicht mehr, der Sand knirschte ekelhaft zwischen den Zähnen und die scharfen Steinchen piekten abscheulich. Besonders eingeprägt hat sich mir das Bild von großen Staubwolken oder Staubsäulen, die in Sekundengeschwindigkeit einem Orkan gleich vorbeisausten und große stachlige Heuballen durch die Luft wirbelten. Wir verabscheuten sie. Die Kasachen schmissen sie in ihre Feuerstellen. Ich könnte mir heute vorstellen, wie solch ein Gartenfreak wie meine Kollegin, solch einen Stachel sehr dekorativ finden würde. Sie mag ja auch Taschen aus Filz als wahre Naturfreundin, ich dagegen hasse sie wie meine unbeliebten klotzigen Filzstiefel damals.

Ich sehe die schmutzigen braunen Gesichter, die dünnen langbeinigen Körper mit den Armen fuchtelnd meiner kasachischen Spielkameraden vor mir. Ihre schwarzen Haare waren durch den ewigen Staub und seltenes waschen „grau meliert" und ihre Schlitzaugen mit schwarzen „Knöpfen" darin, kamen kaum zur Geltung. Sie liefen im Sommer ausschließlich barfuß, bekleidet nur mit einer schwarzen knielangen Baumwollhose. Sie waren stets in Bewegung: hopsten, sprangen, hüpften, liefen, holten ein, ritten auf dem Rücken eines anderen, schrien, lachten ausgelassen.

Dieses Bild gehört zu den friedlichsten und glücklichsten Bildern meiner sorglosen Kindheit. Wir spielten fast nur gemeinsam: Versteck, Wettlaufen, viele Spiele mit dem Ball. Zum Beispiel: alle stehen im Kreis, die Abgezählten mit ungerader Zahl stellen sich in die Mitte und dürfen nicht vom fliegenden Ball berührt werden. Der vom Ball Berührte „fliegt" raus, Sieger ist, wer als einziger vom Ball nicht getroffen wurde. Er darf neu abzählen und in die zweite Runde hinein. Wir spielten solange, bis sich nur noch zwei gegenüber standen, das Spiel dauerte stundenlang. Natürlich gab es auch ruhigere Spiele beispielsweise mit Glasscherben oder kleinen Knochen. Auch getrennt spielten wir manchmal, die Mädchen Seilspringen oder Hüpfen in Quadraten, „Klassiki" genannt, die Jungen Fußball.

Meine erste kasachische Freundin

Die erste und beste Freundin in meinem Leben war eine Kasachin. Sie hieß Schamschia, war so alt wie ich, und wir waren uns sogar ähnlich, pechschwarze Haare und der gleiche Schnitt: schulterlang mit Pony, schwarze Kulleraugen. Schamschia hatte ausnahmsweise keine Schlitzaugen und weißen statt gelben Teint. Es gab Kasachen, wenn auch sehr selten, mit blauen Augen und roten Haaren. Sie behaupteten, dass sie ursprünglich wie Europäer aussahen. Erst nach der Eroberung des Landes durch Dschingis Khan kamen schlitzäugige und gelbhäutige Kinder zur Welt. Schamschia ähnelte ihrer Mutter, deren Urmutter wohl den Eroberern entkam. Sie sah wunderschön aus, hatte große schwarze Augen, blendend weiße Zähne, wenn auch etwas zu groß, und eine Haut wie Milch.
Der Vater, hieß Boris Mukanowitsch Mukanow, wobei der Vorname in kasachischer Sprache bestimmt Baltabek oder Bulat lautete. Auf russische Art wurde er von den Schülern Boris genannt, denn er war Lehrer der örtlichen Internat-Schule. Die Schüler machten Witze über seinen Unterricht, vor allem wegen seinem mangelhaften Russisch und Wissen, z.B. in Geographie. Sie krümmten sich vor Lachen, wenn sie nachahmten, wie der Lehrer jedes Mal auf der großen Wandkarte einen Fluss suchte. Aber nie war das Lachen bösartig, daran erinnere ich mich gut. Boris Mukanowitsch war ein gutmütiger Mensch, er verzieh seinen Schülern so manche Verspätung oder Schwänzen. Als einziger gebildeter Kasache wohnte er mit seiner Familie im Ort und nicht im Aul. Er war unser Nachbar.

118

Dieser Umstand begünstigte unsere Freundschaft mit Schamschia noch mehr. Wir konnten den ganzen Tag nur zu zweit spielen, aber erst etwa ab elf Uhr, denn meine Freundin war eine Langschläferin, ich dagegen Frühaufsteherin. Im Sommer wartete ich auf der von meinem Vater gebauten Holzbank vor dem Fenster stundenlang auf sie wie ein treuer Hund. Ich sehe sie heute noch schlaftrunken, buchstäblich torkelnd, nur mit einer Unterhose bekleidet, schnell in Galoschen schlüpfen und über den Hof zum Plumpsklo gehen. Erst als sie vom Klo zurückkehrte, waren ihre Augen offen. Was für eine Freude: sie war endlich wach, und ich ging ihr in die Küche nach, wo der längst gedeckte Frühstückstisch auf uns wartete. Für mich war es das zweite Frühstück, hungrig war ich nicht, aber Schamschia benötigte Gesellschaft, und ich hatte eine Heidenfreude daran, an einem niedrigen runden Tisch im Schneidersitz zu sitzen. Schamschias Mutter, die wie meine und andere Frauen im Ort, außer der Verkäuferin und den Putzfrauen in der Schule oder der ZES, keine Arbeit hatten, war den ganzen Tag mit Putzen, Waschen, Vieh versorgen und Kochen beschäftigt. Morgens stellte sie Tee, Milch Butter, Zucker, Baurssaki, selbstgebackenes Brot und Käse von der eigenen Ziege auf den Tisch.

Die Ziege, die im angebauten kleinen Stall „schlief", durfte am Tage frische Luft schnappen und Gras schnuppern, in abgezäunter Tenne unmittelbar vor dem Haus. Wir sahen der Mutter beim Melken zu, gaben der Ziege Futter und freundeten uns allmählich an. Eines Tages glaubten wir so enge Freunde zu sein, dass uns die Ziege auf ihr reiten lassen würde. Indem ich die Ziege festzuhalten versuchte, sollte Schamschia sie besteigen und losreiten. Gerettet hat die Ziege, vor uns, die Mutter. Es passierte weiter nichts, aber wir erhielten unsere Lektion und versuchten nie wieder die Ziege, die uns Milch und Käse gab, zu besteigen. Die Szene der sich sträubenden Ziege und fallenden Schamschia, sowie der mahnenden Mutter, hat sich für immer in mein Gedächtnis eingemeißelt. Leider blieben viel zu wenige Erinnerungen an diese Freundschaft, denn wir haben uns mit nur fünf Jahren für immer getrennt.

Eine Erinnerung geht noch auf Hepatitis A zurück, eher auf die Hautfarbe, die plötzlich wie auch die Augen komisch gelb wurden. Diese Krankheit war hier bei diesem Mangel an Wasser- und Körperhygiene zu Hause. Sogar meine ordentliche Mutter konnte meine Ansteckung nicht vermeiden. Erinnert wurde ich an dieses unschöne, aber längst vergessenes Ereignis mit achtzehn Jahren, als ich als Studentin aufgerufen war, Blut zu spenden. Ich trank, wie alle vor der Spende heißen süßen Tee und aß ein Brötchen (und das kostenlos!) und betrat frohen Mutes den Raum.

Die erste Frage des Arztes lautete: „Besteht eine Schwangerschaft?"
Prompt folgte ein überzeugendes „Nein". Die zweite Frage: „Waren Sie
an Hepatitis erkrankt?", sorgte zuerst für Verwirrung (ich musste nach-
denken) und danach kam das zögernde: „Ja, aber das ist lange her."
Darauf die resolute Antwort: „Sie dürfen kein Blut spenden, geben Sie
ihr Kostüm im Vorderraum ab." Meine Enttäuschung war unbeschreiblich. In Deutschland erfuhr ich, dass dieser Umstand kein Hindernis für
eine Blutspende sei, aber nun habe ich es nicht mehr versucht, wohl aus
Befürchtung einer neuen Enttäuschung; den wahren Grund kann ich mir
selbst nicht genau erklären.

Die Hochzeit meines Bruders

Die Hochzeit meines Bruders im Winter 1954 ist das letzte Ereignis aus
dieser Zeit, an das ich mich noch vage erinnern kann. Mein Bruder heiratete ein wolgadeutsches Mädchen, Lisa Lange. Meine Eltern hätten eine
Wolhynien-Deutsche viel lieber gehabt, aber wir waren in diesem Ort
die einzigen Wolhynier. Die Mischung der Kulturen auf dieser Hochzeit
wie z. B. das Lied „Schön ist die Jugend" und viel zu viel Wodka, und
die Geschichte mit Joska sind, jedenfalls glaube ich es, Gründe dafür,
dass ich mich an dieses Ereignis, mindestens an eine Episode mit diesem
Mann erinnern kann.

Vielleicht auch deshalb, dass lange nach der Hochzeit wiederholt erzählt
wurde „Na, der Joska (wieso Joska und nicht Joschka, weiß ich nicht).
Weißt du noch?" -

Danach kam der tragisch-komische Kernpunkt, besser Wendepunkt der
Feier. Joschka, ein kleingewachsener Wolgadeutscher, war zur Berühmt-
heit geworden, denn er teilte stolz mit, er habe drei Tage vor der Hochzeit nichts gegessen und landete gerade deshalb wohl als erster Gast
unter dem Tisch. Jedem, der ihn ermahne nach Hause zu gehen, sang er
vor: „Do bleib ich nett, haam keh ich ach net!"

Für uns Kinder war das wie ein Kasperletheater: der Mann mit der
beginnenden Glatze trank, fiel unter den Tisch, richtete sich auf, sang
sein Lied, trank, landete erneut unter dem Tisch wie ein Aufstehmänn-
chen. Nach jedem Schläfchen und Aufrichten leierte er: „Do bleib ich
net. Haam keh ich ach net." Alle fanden es lustig mit Ausnahme meiner
Eltern.

Joska schlief aber auch noch, als alle anderen am zweiten Tag spät
nachmittags nach Hause gingen. In der frühen Morgenstunde wurde er

geweckt, bekam ein halbes Glas Wodka und eine saure Gurke gegen den Kater und ging zur Arbeit. Das war weniger amüsant für meine Eltern, die das Saufen verabscheuten, aber die Leute im Ort amüsierten sich. Keiner empfand Abscheu, weil Joska nüchtern ein ganz friedlicher „lieber Kerl" war.

Nach vielen Jahren geriet mein russischer Mann in diese Clown-Rolle auf der Hochzeit meiner Nichte. Er landete mit dem Kopf auf dem Teller, „erwachte" und man goss ihm wieder Wodka ein. Mit dem kleinen Unterschied: er sang keine deutschen Lieder.

Gottfried Jauck

Wenn ich Gottfried Jauck Junior nicht erwähnen würde, könnte ich das mit meinem Gewissen nicht vereinbaren. Da seine Eltern wegen seines gelähmten Vaters in Schambak blieben, wo es keine Schule gab, kam er zu uns. Er war ja sowieso mein Babysitter Nummer eins zu jener Zeit, als ich noch in der Wiege lag. Daraus wurde eine innige Freundschaft über Jahre hinaus. Wenn er in den Ferien zu den Eltern fuhr, sehnte ich mich nach ihm. Als ich einst krank zu Hause saß und sehnsüchtig auf ihn wartete (er kam und kam nicht), wich ich nicht vom Fenster. Gottfried kam, und ich wurde an dem Tag gesund. Er brachte mich wie keiner zum Lachen, z.B. wenn er sang: „Heit las ich mei Stivel kracha, dass die Leit driwer lache." Gottfried nahm mich an der Hand und lief mit mir auf den zugefrorenen Pfützen „Schlittschuh". Genauer gesagt rutschten wir auf Filzstiefeln. Gottfried, den ich als Kleinkind Friedgott nannte, schlief neben meinem Bettchen, in dem er mich bewachte, wenn die Eltern mal weg waren. Das eine Mal blieb für immer in Erinnerung. Die Eltern klopften, Gottfried machte nicht auf, denn er schlief fest. Ich wachte auf und schrie: „Friedgott! Mach auf!" Gottfried schlief seinen tiefsten Schlaf. Die Tür hatte er von innen verriegelt. Den Riegel hatte mein Vater eigenhändig angebracht, also war der nicht einfach aufzumachen. Meine Eltern mussten die Tür aufbrechen. Mein Bruder, so nannte ich ihn später, wiederholte öfters: „Hab ich nicht gut für dich gesorgt? Nur dank mir bist du heute so eine Schönheit. Und kräftig, weil ich dich öfters gekniffen habe, damit du aufhörst zu schreien."

„Mein Bruder" Gottfried alias Friedgott starb 2001 in Osnabrück.

An dieser Stelle höre ich mit meinen spärlichen Erinnerungen aus der frühen Kindheit auf, denn, wie schon erwähnt, zogen wir noch im selben Jahr 1954 in einen achtzehn Kilometer weiter gelegenen, größeren Ort um.

Kapitel 6. Maikain und seine „Wunder".
Schulzeit. Atompilz. 1954 - 1966

Weitere Zwangsumsiedlung

Auch dieser Umzug, der zweite in der kasachischen Steppe, erfolgte nicht auf Wunsch meiner Eltern. Wenn es nach ihrem Wunsch gegangen wäre, wären sie in die fruchtbare Ukraine umgezogen bzw. zurückgekehrt.

Man schrieb noch nicht das Jahr 1955, in dem sich der Bundeskanzler Adenauer bei seinem Moskau-Besuch um die Rückkehr der deutschen Gefangenen, sowie für die Aufhebung der Kommandantur-Aufsicht über Russlanddeutsche sorgte. Also konnten meine Eltern ohne Befehl gar nicht umziehen.

Es gab aber auch ein paar positive persönliche Vorteile bei diesem Umzug. Mein Bruder, der vor kurzem geheiratet hatte, konnte nun in dieser Wohnung bleiben. So mussten wir nicht wie die meisten, drei bis vier Generationen in ein paar kleinen Räumen, lebenslang wohnen. Meine weise Mutter wiederholte stets in diesem Zusammenhang: „Je weiter die Entfernung, desto näher die Verwandtschaft."

Zum anderen war es eine wesentliche Verbesserung hinsichtlich der Infrastruktur. Denn Maikain, aus dem Kasachischen übersetzt - Butter der Birke, wuchs in der Nachkriegszeit zu einer größeren Arbeitersiedlung an. Mit vollem Namen hieß sie in den 50er bis 70er Jahren Rudnik Maikain-Soloto (Rudnik von Ruda, bedeutet Erz, Soloto Gold auf Russisch), später nur Maikain genannt. Und wenn der Name Maikain bei den drei Birken in der kahlen Steppe (früher sollten es mehr gewesen sein, sie wurden im Krieg verheizt) der Zeit nicht für jeden nachvollziehbar war, so war das Gold im Namen berechtigt inbegriffen. Erz mit sichtbaren Goldsandkörnchen hielt ich persönlich in der Hand, als ich sechzehnjährig mit meinen Klassenkameraden Säcke mit diesem Erz füllte. Auf diese Weise verdienten wir Geld für eine Bildergalerie auf der Fluretage, die wir unserer Schule nach dem Abitur schenkten.

Geschichte von Maikain. Zwei Versionen

Bevor ich mit meiner persönlichen Geschichte beginne, muss ich in ein paar Zeilen die Geschichte Maikains erwähnen, denn sie spiegelt die Geschichte der Sowjetunion und Kasachstans mehrerer Jahrzehnte wieder.

Die Geschichte Maikains, die mir bekannt war, begann 1922 mit der Gründung der Republik Kasachstan mit der Hauptstadt Alma-Ata (Alma -Apfel, Ata-Opa, die Äpfel aus Alma-Ata waren berühmt). Davor hießen die Stadt Werny und das Land Kirgistan. Kirgistan war ausschließlich Nomadenland. Es wurde den anderen Republiken vom „großen" Lenin angeschlossen. Zwar wurde die Hauptstadt Werny (Treuer) in das kasachische Alma-Ata umbenannt, den Apfelgroßvater (vergleichen Sie: Alma auf Türkisch - Apfel), dafür blieben von der kasachischen Kultur, Sprache und den Sitten immer weniger übrig.

Der kleine Ort Maikain im nördlichen Bezirk von Kasachstan, Pawlodar, änderte seinen Namen nur teilweise durch die Hinzufügung von „Rudnik" und „Soloto". Er erlebte aber in den Zwanziger bis Dreißiger Jahren einen bedeutenden Aufschwung. Diesen hatte er wiederum, wenn auch notgedrungen einzig der „Neuen Ökonomischen Politik" (NÖP) Lenins zu verdanken. Lenin schaffte es dank der NÖP tatsächlich, eine große Ruine, geschwächt durch Revolution und Bürgerkrieg, aus vielen zusammengestückelten und heruntergewirtschafteten Republiken, zu einem wirtschaftlich funktionierenden Giganten aufzupäppeln. Es wurden ausländische Unternehmer in das Land gerufen, die laut Zeitverträgen unter vorteilhaften Bedingungen die zahlreichen Rohstoffe Kasachstans nutzen konnten. Dass der Engländer Urquart sich vor allem in Maikain durch Gold und Buntmetalle bereichert hat, ist wohl klar. Trotzdem sorgte er für den enormen wirtschaftlichen Aufstieg Maikains, von dem wir unumstritten jahrelang zehrten.

Diese Geschichte Maikains kannte ich aus meiner Schulzeit, erst Jahrzehnte später las ich die andere Version.

Demnach begann Urkart (so lautet sein Name in dieser Schrift) schon 1913 mit der Nutzung der Rohstoffe des Pawlodarer Gebietes. Zum einen, weil die Stunde des russischen Kapitalismus schlug, der nach Investitionsobjekten suchte. Man begann z.B. zu dieser Zeit mit dem Bau der großen sibirischen Magistrale, die wiederum die Nutzung der Kohle förderte. Das nordkasachische Pawlodar-Gebiet lag sehr günstig. Zum anderen ging die Woskresenskaja Berg-Industrie-Gesellschaft, gegründet am 21. Januar 1899 vom Kaufmann und Millionär Derow und seinen

Auslandspartnern, Bankrott. So kaufte 1913 der Engländer Urquart die Ekibastuser Kohlengruben, sowie die Gold- und Buntmetallbergwerke. Angesichts des nahenden Weltkrieges baute er ein Zink- und ein Bleiwerk, in Maikain eine Goldwäschefabrik.

Stalins Politik verjagte ihn, es blieben in Maikain am Rande der Siedlung nur die Fabrik und die roten abgetragenen „Erz-Berge" um die mit grünem Wasser gefüllten Gruben der Erzmine.

Dass ein System historische Fakten so „biegen" kann, wie es ihm gerade passt, habe ich auch erst als gestandene Frau mit über vierzig begriffen, als ich aus Kasachstan nach Deutschland kam. Ich stellte z.B. fest, dass hier niemand je von Popow als Erfinder der Glühbirne gehört hat. Hier erwähnte man die Makarenko-Pädagogik, sogar der Name Galperin fiel, in der Sowjetunion kannte ich als Pädagogik-Studentin und anschließender Lehrerin keine amerikanischen Pädagogen. Gott sei Dank, verheimlichte man uns Pestalozzi nicht. Der war ja auch längst kein ideologischer Feind mehr.

Als ich 1994 in der TU-Bibliothek Werke amerikanischer Pädagogen las, staunte ich, dass mir die Theorien schon bekannt waren, aber von den Autoren hörte ich nie. Mein Verdacht bestätigte sich teilweise auf eine ganz besondere Art und in einer „unseriösen" Branche. Der Sohn meiner russlanddeutschen Bekannten, Liebhaber von Disco-Musik, sagte verärgert: „Ich weiß nun, woher die tollsten Melodien der sowjetischen Lieder kamen, die sind alle aus dem Westen geklaut. Wir haben sie ja früher nie zu Ohren bekommen."

Den hieb- und stichfesten Beweis dafür brachte mir die Erfahrung eines ehemaligen DDR-Bürgers, der öfters und längere Zeit in der Sowjetunion weilte. Der sagte: „Ich habe nicht wenig gestaunt: alle Erfindungen der Wissenschaft und Technik haben ausschließlich die Sowjets gemacht, denen konntest du nicht beweisen, dass die eine oder andere Erfindung schon früher von Deutschen oder Amerikanern gemacht wurde. Die waren felsenfest überzeugt, es war ein Russe, so haben sie es in den Schulbüchern gelernt."

Diese späten „Offenbarungen" trafen mich zutiefst, denn ich fühlte mich von allen: Lehrern, Eltern, Maikainern belogen, „hingehalten".

Vor ein paar Monaten suchte meine Kollegin aus purem Interesse meinen Heimatort im Internet. Und das, was ich zu Augen bekam, traf mich wie ein Blitz! Unter Maikain stand: „Maikain-Lagerabteilung", in fetten großen Buchstaben: LAGER. Darunter die Kurzinformation: Die Lagerabteilung Maikain bestand von Juli 1947 bis 29. April 1953, also kurz nach Stalins Tod am 5. März 1953. Die Verwaltung befand sich in der Arbeitersiedlung Maikain. Es waren bis zu tausend Personen inhaftiert, die Belegschaft sollte auf zweitausendsechshundert erhöht werden. Unter Wirtschaftstätigkeit: Bereitstellung von Arbeitskräften für das Kombinat Maikain-Soloto (Gold), Erzförderung, Bauarbeiten. Leiter: Oberstleutnant Dipl. Ing. F. A. Trifonow. Quellennachweis: Befehl 00735 des MWD (Innenministerium) vom 14. Juli 1947. Zuständigkeit. GULAG des Miu."

Maikain war demnach der Verwaltungssitz der Abteilung GULAG, zu der auch ZES und Bajan-Aul, wohin meine Eltern, sowie viele andere Deutsche aus der Trudarmee, 1947 deportiert wurden. Also bin ich ein GULAG-Kind! Unfassbar! Wenn ich auch den Stacheldrahtzaun, die Hunde und Kalaschnikows nicht hautnah erlebte, vor meinem geistigen Auge hatte ich sie stets durch Vaters Erinnerungen. Nun hatte ich auch die Antwort auf die Fragen, wieso mein Vater keine Kinder mehr wollte, kein Haus bauen, keine besonderen Möbel und andere Anschaffungen wollte, obwohl Mutti sich das alles so innig wünschte. Vater wiederholte öfters: „Wir kaufen nur das Nötigste: Lebensmittel und Kleidung." Eine „Anschaffung" haben sie trotzdem gemacht, und zwar mich, und konnten, Gott sei Dank, mir eine glückliche Kindheit schenken.

Die Angst begleitete meinen Vater bis zu seinem Tode. Vielleicht ist es doch gut, dass ich nicht mit dieser Angst aufgewachsen bin, dass mich, eine ganze Generation, Eltern, Lehrer, alle, davor bewahrten? Nichts, aber auch gar nichts, keine einzige Silbe davon war mir in den über vierzig Jahren meines Lebens in dieser Region bekannt.

Der Name Trifonow fiel ab und zu mal, wenn mein Vater über die Leitung sprach, mit Sicherheit war dabei keine Rede vom Lager, denn das hätte ich behalten. Die Geschichte des guten Nachbarn, des Arztes Fjodor Fjodorowitsch Gergert (bestimmt Friedrich, des Friedrichs Sohn und eventuell Hergert) habe ich behalten, wenn ich mir auch nicht ganz sicher bin, ob er wegen eines politischen Witzes oder wegen des Anrempelns einer Stalin-Büste im Klub verhaftet wurde. Aber ich wusste nicht, dass er in das Lager eingezogen wurde, ich glaubte an die Zwangsumsiedlung, der auch seine russische Ehefrau Ekaterina Grigorjewna aus Rostow am Don folgte. Dass sie ihm in ein Lager folgte, davon war nie die Rede. Dass die persönliche Geschichte eines Menschen Geheimnisse birgt, das war und ist mir klar. Auch ein Ort birgt Geheimnisse über Jahrtausende sogar.

Aber, dass es der Heimatort ist, der dir so vertraut ist, der so viele Schulen, Museen hatte, vor allem Menschen, mit denen du zusammen lebtest, die Eltern, Lehrer, denen du vertrautest, dass sie dir so etwas Wichtiges verschwiegen, das ist unbegreiflich!

Übersichtskarte / Projekt / Lager

LAGER

MAIKAIN-LAGERABTEILUNG

Kurzinfo	Die MAIKAIN-LAGERABTEILUNG bestand von Juli 1947 bis April 1953 seine Verwaltung befand sich in der Siedlung Maikain, GebietPawlodar. Im Lager waren bis zu 1.000 Personen inhaftiert, die bei der Goldgewinnung und zu Bauarbeiten eingesetzt wurden.
Zuordnung	Lagerverwaltungen und Lagerabteilungen unter Zentralverwaltung
Dauer	eingerichtet am 14.07.47 [1]; geschlossen am 29.04.53 {35}.
Zuständigkeit	SGU im Bestand der UITLK des MWD der Kasachischen SSR [1]; GULAG des MJu ab 02.04.53 {33}.
Standort	Kasachische SSR, Arbeitersiedlung Maikain [1]; Gebiet Pawlodar, Bezirk Bajan-Aulski, Arbeitersiedlung Maika
Wirtschaftätigkeit	Bereitstellung von Arbeitskräften für das Kombinat "MaikainSoloto" [Maikain-Gold] [1], Erzförderung, Bauarbeiten
Insassenzahlen	die geplante Maximalbelegung betrug 1947 700 Personen und sollte im folgenden auf 2.600 Personen erhöht werden [1]; Monatsdurchschnitt 1952 — ca. 400 Gefangene [3]; 01.03.52 — 517 [2. Bl. 95].
Leiter	Oberstleutnant Dipl.-Ing. F. A. TRIFONOW, (Direktor des Kombinats "MaikainGold"), 14.07.47 - frühestens 01.03.52 [1], [2. Bl. 98].
Archiv	k.A.
Quellennachweis	1. Befehl 00735 des MWD vom 14.07.47. 2. GARF. f. 9414. op. 1. d. 528. razd. 3. 3. Ebenda. d. 676. l. 5.
Autor(en)	Sergei Sigatschow
Quelle	Das System der Besserungsarbeitslager in der UdSSR 1923-1960 Handbuch. Hrsg. Michail Smirnow

Quelle: http://www.gulag.memorial.de/lager.php?lag=233

Ich verstehe es nicht, dass in den vielen Jahren kein Sterbenswort darüber fiel. War es die Angst, die meinem Vater seit den 30er Jahren bis zu seinem Tode in den Gliedern saß?! Nach Aussage meiner Mutter, bis zur Einreise nach Deutschland. Bestimmt! Was ich unmöglich finde: ich war in Maikain als Lehrerin tätig, wenn auch nicht lange, und war über den Ort genau so unwissend wie meine Schüler.

Gelähmt waren die Menschen durch diese Angst, danach wurden die Fakten verdrängt, allmählich ausgerottet, so, als ob es sie nie gab. Vielleicht war es einfach zu schmerzhaft, über diese Zeit zu reden.

Für den Leser ist es bestimmt egal, ob der große Lenin oder der englische Kapitalist für die Entwicklung des Pawlodar-Gebiets im Norden Kasachstans, der Arbeitersiedlung Maikain, sorgte. Mir bedeutete es aber viel, denn ich habe mein halbes Leben an die andere Geschichte meiner ersten Heimat, die ich nie aufhöre zu lieben, geglaubt. Ich musste es tun, um etwas zu berichtigen, bevor ich mit der Beschreibung meiner ersten Heimat, die selbstverständlich aufs Engste mit meiner Person verflochten ist, beginne. Es ist mir ein Bedürfnis dem Leser meine Erlebnisse und Erfahrungen mitzuteilen, von meiner Verblüffung und Bestürzung zu erzählen, als sich mir in Deutschland die wahren historischen Fakten und Hintergründe über das Land, in dem ich gelebt hatte, das für seine „ausländischen Feinde" geschlossen war, offenbarten.

Maikain. Einteilung. Klischees.

Trotzdem möchte ich Maikain, den radioaktivverseuchten, mit fatalen Schicksalen beschwerten Ort meiner unbekümmerten „rosigen" Kindheit und frühen Jugend dem Leser vorstellen.

Dieser Ort formte mich zur Persönlichkeit, so dass ich durch das weitere Leben ehrenhaft und respektvoll schreiten konnte, darauf bin ich selbstverständlich stolz. Meine Zufriedenheit verdanke ich den Menschen um mich herum, allen voran meinen Eltern und Lehrern.

Eigentlich waren es zwei Kindheiten, zwei Jugenden: die elterliche und die gesellschaftliche bzw. sowjetische. Die „funktionierten" aber parallel so harmonisch, dass ich beide auch heute noch unter dem Begriff „glücklich" vereine.

Maikain selbst war nicht viel anders als tausend andere Orte in der unendlichen Steppe Kasachstans. Nicht viel anders als ZES, trotzdem eine etwas höhere Stufe der Zivilisation hatte Maikain vorzuweisen. Nun weiß ich es besser, da befand sich die GULAG-Verwaltung.

Sogar die Steppe lag nicht so total flach und eben von Horizont zu Horizont, wie ein Laken ausgebreitet, sondern wies ein paar kleine Hügel und „Wellen" auf. Die Erde war ebenso hart, sogar etwas härter und viel steiniger als im achtzehn Kilometer entfernten ZES.

Es gab auch hier an vielen Stellen die weißen Salzaustritte. Hinzu kamen aber noch die roten. Die hatten ihren Ursprung im Gold und Buntmetallerz in dieser kargen und so reichen Erde, sowie die künstlich entstandenen roten Berge des abgebauten Erzes. Diese roten Aufschüttungen grenzten die Siedlung von einer Seite ein. Auf der anderen, einige Meter weiter entfernt, befanden sich zwei Hügel, die liebevoll „kleiner Maikain" und „großer Maikain" genannt wurden.

Zwischen Erzbergen und Hügeln zogen entlang einer endlosen breiten Landstraße die Gebäude, die Maikain darstellten. Die Straße teilte die Siedlung in zwei Gebiete.

Genau in der Mitte erhob sie sich ein Hügel, auf dem mein Elternhaus stand, im russischen Teil. Somit wohnte ich in der Mitte dieser zentralen Straße und in dem eigentlichen russischen Teil. Der zweite hieß Shanghai und der dritte Berlin. Im Teil Shanghai wohnten die Kasachen, die wie Chinesen aussahen, in Berlin hausten die Deutschen. Ich erlaube mir die Unterstellung, dass Russen den Ortsteilen diese Namen gaben. Die Kasachen hätten irgendeinen „Stan" und die Wolgadeutschen Stuttgart oder Saratow bzw. Engels gewählt. Die Russen assoziierten Kasachen mit Chinesen und die größte, sowie bekannteste deutsche Stadt war für sie das 1945 besiegte Berlin. Wie auch immer, nun lebten hier alle in Frieden.

Die kleinen Hügel zur einen und Erzaufschüttungen zur anderen Seite schützten wenig vor dem „kasachischen Schlagwind" (Vaters Bezeichnung). Das Erz sorgte dafür, dass man nach solch einem Wirbelsturm völlig „gerötet" nach Hause kam. Mir passierte es oft beim Wasser holen. Dieses Ereignis blieb mir wohl in Erinnerung, da ich mit zwei Eimern am Trachtholz mich schlecht schützen konnte. Die Wasserpumpe, zu der ich fast jeden Tag musste, lag nur einige Meter von den roten Bergen entfernt. Auf der Rückkehr zum Elternhaus musste ich den Hügel besteigen. Steil genug war er, dass wir Kinder ihn im Winter atemanhaltend herunter rodelten. Als ich diese Zeilen schrieb, wurde mir bewusst, dass ich fünfunddreißig-vierzig Jahre später in Berlin lebe und wieder genau auf einem Berg, der Rollberg heißt (mein Kindheitsberg war steiler, obwohl in der Kindheit alles größer und wichtiger erscheint), wie auch der danach benannte Kiez.

Aber natürlich war das keine administrative Teilung und schon gar nicht die offizielle Benennung. Wie oft bringt der Volksmund auf den Punkt, was Politiker oder Wissenschaftler nicht schaffen. Deren Sachbegriffe, Neologismen geraten in Vergessenheit, die aus dem Volksmund stammenden Spitznamen werden meist von Generation zu Generation weitergegeben.

Berlin war den Russen ein Begriff. Sie hatten Berlin, das alles Deutsche verkörperte, besiegt und waren darauf stolz. Das konnte man ihnen gerade in der Nachkriegszeit nicht verübeln. Der Name aus den 40ern blieb mindestens bis Ende der 90er, danach veränderte sich die Struktur durch die Auswanderung der Deutschen. Ich bin Anfang der 90er nach Deutschland gekommen, weiß also nur vom Hörensagen, dass da nun Mongolen wohnen.

Auch Schanghai ist eine Erfindung der Russen. Die Kasachen hätten bestimmt irgendeinen Aul gehabt, mindestens etwas Türkisches. Die Kasachen sprechen die alte türkische Sprache stark gemischt mit Russisch. Es ging hier aber nicht um die Sprache, sondern um die Augen. Ja, ja, sie hören richtig: die Kasachen haben Schlitzaugen und die Chinesen teilweise. Schanghai war wiederum die größte und nächste chinesische Stadt, die die Russen kannten. Also nannte der Russe den Ortsteil, in dem chinesenähnliche Menschen lebten, „Schanghai". Auch dieser Name passte. Mir ist nie zu Ohren gekommen, dass sich ein Kasache über diese historisch-geografische Fälschung beschwerte. Den Russlanddeutschen gefiel wohl der Aufstieg vom Bauern zum Berliner. Ich habe heute gut zu scherzen, diese Menschen konnten sich das zu jener Zeit nicht erlauben. Die Kasachen sowie die Deutschen haben auch persönliche Spitznamen geduldig ertragen, nach anderen Prinzipien von Russen erteilt, die viel mehr wehtaten.

Tatsache war, dass die zwei Ortsteile sich nach außen genau so unterschieden, wie die Mehrzahl der Menschen, die diese bewohnten. „Berlin", hinter dem Hügel, am einen Ende Maikains gelegen, bestand aus Barakken oder Zweifamilien-Häusern. Alle sahen gleichgepflegt aus: weißgetüncht, die Fensterläden (gegen die kasachische Sommerhitze) gestrichen, die Fensterscheiben mit Zeitungspapier und Wasser blitzblank geputzt, weiße Tüllgardinen, Zimmerblumen auf den Fensterbrettern. Auch die Hauseingangstreppen wurden zu jeder Jahreszeit gefegt, sowie die Gehwege davor vom Schnee befreit oder mit Kies bestreut. Die Umzäunung war stets in Ordnung, es fehlte nie ein Zaunpfahl.

Etwa in den 70ern begann man die kleinen Vorgärten sogar mit Kräutern, Gemüse und Blumen für den Eigenbedarf zu bepflanzen. Die

„Berliner" und die Russen waren es, die sich nach und nach sogar Datschas mit Gärten außerhalb Maikains anlegten. Angesichts dessen, dass sie geeignete Erde und Düngung kaufen und transportieren mussten, sowie an das Wasser, die größte Mangelware der kasachischen Steppe, nur an zwei bestimmten Tagen in der Woche (wenn überhaupt) herankommen konnten, war dies ein gewagtes Unternehmen, eine Heldentat. Ein Sowjetmensch war ja stolz darauf, Schwierigkeiten zu überwinden. So haben die Kommunisten den Kampf um das Glück nach Karl Marx interpretiert: nur wer jeden Tag für sein Glück kämpft, der hat es auch verdient.

In „Schanghai" von Maikain waren sie eigentlich auch glücklich, wenn es etwas anders aussah. „Schanghai" lag hinter dem Gräder, einer Art unasphaltierter Autobahn oder Chaussee bzw. einer für Autofahrten geebneten Landstraße. Diese durchquerte Maikain von einer Fabrik zur anderen. Schanghai fiel jedem durch die kleinen unansehnlichen Lehmhäuser auf. Einige davon waren weiß getüncht und sahen fast fehl am Platz aus. Diese Häuser bewohnten wenige Deutsche. Schanghai machten aber die anderen Lehmhütten aus, deren Fassaden bröckelten, Risse hatten, deren Fensterrahmen Jahre auf das Malern warten mussten (frühestens, wenn die ganze Farbe abgeblättert war), sowie die kleinen Fensterscheiben auf das Putzen. Der Stall war meistens Teil des Hauses, oder er war angebaut. Im besten Fall befand er sich dahinter. Daneben ein obligatorischer Misthaufen, der im Frühling für besonderen „Duft" sorgte. Von Blumen oder einem Kieselstein-Gehweg vor dem Haus keine Spur.

Nomaden blieben Nomaden, wie Bauern Bauern blieben. Es gab keine Namensschilder an den Häusern, aber als ich mich in diesen Ortsteil befand, wusste ich ohnehin, in welchem Haus ein Deutscher oder Kasache wohnte.

Ja, ehemalige Nomaden konnten eben nichts mit Blumen auf dem Fensterbrett oder Gemüseanbau anfangen. Dafür mussten sie Schafe, Ziegen, Pferde, Kühe eher weniger, halten und hatten so zu jeder Tageszeit eine Fleischmahlzeit auf dem Tisch.

Diese übrigens immer sauber zubereitet, wurde aber jedem Gast, auch dem unerwarteten, sogar ungebetenen, angeboten. Sie waren gastfreundliche, friedliche Nachbarn. Und das zählte mehr als das Äußere.

Auch die Russen und Deutschen in dem zentralen Ortsteil hatten Viehställe. Die befanden sich aber in den Hinterhöfen, versteckt von der zentralen Straße, und aufgeräumter sah es auch aus.

130

Ihnen ist wohl schon aufgefallen, dass der zentrale Teil Maikains keinen speziellen Namen trug. Das bestätigt nur die Behauptung der kleineren Volksgruppen oder Minderheiten der Sowjetunion, die Russen seien die größten Nationalisten im Lande, obwohl sie sich das Recht genommen haben als die Internationalisten aller Völker und Zeiten zu fungieren. Russen hatten tatsächlich, was ich schon oben erwähnte, für jede Nation einen abwertenden Spitznamen parat: Kasachen - Kalbyty, Ukrainer - Chochly, Deutsche - na, klar: Fritzy. Diese Feststellung stimmt zwar, aber mir war das während meiner Kindheit und Jugend nicht bewusst, weil ich diese Erfahrung nie gemacht habe. Das Glück hatte ich im Gegensatz zu meinen Eltern.

Meine Eltern wohnten in einem Finski-Haus an einer Bushaltestelle, im Zentrum Maikains. In den Holzhäusern nach finnischer Art, von Deutschen unter anderem meinem Vater errichtet, umgeben von Steinhäusern, wohnten fast ausschließlich Deutsche, wie auf einer deutschen Kolonie-Insel. Sie standen absolut symmetrisch jeweils in drei mal drei Reihen, zwei Reihen auf einer Seite der breiten zentralen Verkehrsstraße und die dritte genau gegenüber.

In diesen Häusern wohnten die Familien Stricker, Jauck, Winter, Bitsch, Keller, Hahnemann, Schlegel, Sackmann, Eirich bis zu Lewakow und Stepanow.

In unserem Haus, in der Frunsee-Uliza dreiundsechzig, wohnte in den 60ern ein einziger Kasache Kadyrbaiew mit seiner russischen Frau und Sohn.

Zusammenleben

Die völlig untypische Situation des sonst so friedlichen multikulturellen Nachbarlebens möchte ich dem Leser an dieser Stelle nicht vorenthalten. Denn es war schon ein erschütterndes Erlebnis.

Das Drama spielte sich an einem sonnigen Samstagnachmittag im Juni, wenn auch nicht in meinem Beisein, ab. Ich erfuhr es detailliert von den Gästen meiner Eltern, als ich von der Prüfung in der Musikschule zurückkehrte. Meine Eltern schützten mich wie stets vor besonders dramatischen Erlebnissen.

Familie Eirich erschien zum Nachmittagstee und setzte sich mit meinen Eltern auf die Bank in die Sonne. Mein Vater baute an der Eingangstreppe Geländer an, erweiterte sie durch eine breite, bequeme Treppe.

Somit hatten wir eine Art winzige Terrasse mit Ausblick, zwar nicht ins Grüne, dafür auf die flanierenden Maikainer.

Die vier waren in ein Gespräch vertieft, das sie in deutscher Sprache führten, weil sie sich geborgen fühlten. (Sonst haben sie ja draußen nur russisch gesprochen). Dieser Umstand wurde ihnen wohl zum Verhängnis. Plötzlich erschien der kasachische Nachbar Kadyrbaew, stark alkoholisiert, was ihn meinem Vater nicht sympathischer machte, und begann die älteren Herrschaften lautstark zu beschimpfen. Der Sinn war eindeutig rassistisch: „Schert euch zurück, ihr Fritze, woher ihr gekommen seid, das ist mein Land!" Da er wie so oft besoffen war, hatten meine Eltern und schon gar nicht die Besucher vor, sich mit ihm einzulassen. Meine Mutti versuchte zu schlichten, indem sie ihn bat, auszuschlafen, sich zu beruhigen. Der Saufkopf kam aber immer mehr in Rage. Mein Vater hielt es nicht aus und sagte ruhig und sachlich: „Du solltest dich glücklich schätzen, dass die Fritze dir zivilisiertes Leben beigebracht haben." Darauf verschwand Kadyrbaew und erschien kurz darauf mit einer Flinte. Angeblich besaß er die, weil er als Wächter eingestellt war. Die Flinte richtete er auf meinen Vater. Alle Anwesenden erstarrten. Seine Frau und Sohn kamen dazu, vielleicht schoss er deshalb nicht sofort, weil der Sohn sich an ihn klammerte.

Irgendwann kam die Miliz, denn im Vorbeigehen beobachteten diese Szene mehrere Maikainer. Kadyrbaiew wurde überwältigt, musste fünfzehn Tage wie es üblich war, in der Ausnüchterungszelle der U-Haft übernachten. Zur Gerichtsverhandlung kam es nicht, die Kadyrbaews zogen kurz darauf weg.

Eine traurige Geschichte, die auch irgendwo, irgendwie auch irgendwann heutzutage passieren kann. Mein Vater nahm es nicht so tragisch, er war so manches gewöhnt. Wichtig war für ihn, dass er sich sonst sehr gut mit Kasachen verstand, wie zum Beispiel mit seinem unmittelbaren Vorgesetzten Kemal.

Finnische Häuser

Da ich schon die finnischen Häuser erwähnt habe, möchte ich etwas genauer darauf eingehen, weil eines davon mein Elternhaus war. Darin verbrachte ich die schönsten Jahre meines Lebens.

Eigentlich waren es zwei winzige Zimmer, wovon eins die Küche war. Also war das eine Wohn- und Schlafzimmer für die ganze Familie. Die meisten waren nicht so kinderreich, oder es waren auch alleinerziehende Nachkriegswitwen. Einzelne wie Familie Sackmann, die drei Söhne hatten und Frau Schlegel mit mehreren Kindern. Heute kann ich mir gar nicht vorstellen wie das Zusammenleben ablief. Es gab nicht mal Doppelbetten.

Es sollten Zweifamilien Häuser gebaut werden. Aber ein schlauer Kopf teilte die Räume, und nun hatten doppelt so viele eine Unterkunft. Diese bestand, aus zwei Zimmern, circa anderthalb mal zweieinhalb Meter groß. Dankbar musste man sein für einen Ofen, zwei Fenster, einen kleinen Flur, eine winzige Kammer über dem Keller. Kühlschränke gab es zu jener Zeit noch nicht. Der Sommer war heiß und das mindestens drei Monate lang. Vater baute im Flur ein Schieberegal ein, das im Winter, der noch länger, bis zu sechs Monaten dauerte, als Kühlschrank diente. In der Kammer wurden wegen der Mäuse die vielen Vorräte in Holzkisten und Fässern aufbewahrt, selbstverständlich vom Vater angefertigt. Mehl, Zucker, Äpfel - alles wurde auf Vorrat eingekauft. Dass es meine Eltern taten, ist kein Wunder, dass ich das bis heute mir mit Mühe abzugewöhnen versuche, schon eher. Die erste Zeit in Berlin war schlimm. Ich hatte das Gefühl, wenn ich es heute nicht kaufe, ist es morgen nicht mehr im Supermarkt.

Und von den blassgelben mit silbernen Ornamenten verzierten Tapeten träume ich heute noch, wenn sich dahinter öfter auch Wanzen einnisteten, gegen die meine Eltern einen erfolgreichen Kampf führten. Kein Wunder: die Träume. Es war eine solch schöne Zeit!

Vorschul- und Schulfreundschaften

Die vielen Vorschulfreunde, Nachbarkinder, mit denen ich Tag für Tag draußen verbrachte, werde ich nie vergessen. Man nennt sie hier Sandkasten-Freunde. Emil, Ewald, Victor Sackmann und ich hatten keinen Sandkasten (Sand hatten wir höchstens in den Haaren und zwischen den Zähnen), dafür viele Steine und grenzenlose Spielräume in der freien Umgebung. Sie war in dem Sinne frei, weil sie eine völlig unbedrohte Welt darstellte. Wir tobten in den Höfen, in der Steppe, sogar auf dem tschetschenischen Friedhof herum, keiner fühlte sich bedroht von Menschen, wir mussten von Eltern nicht beaufsichtigt werden.

Mit dem Schulbeginn vergrößerte und veränderte sich der Freundeskreis. Meine Klassenkameradinnen aus der unmittelbaren Umgebung kamen dazu. Darunter waren Russen und Kasachen, wie Nadja, Galja, Larissa, Viktoria, Tanja, Schura.

Schura wurde meine beste Freundin ab der fünften Klasse bis zum Abitur. Wir saßen sechs Jahre auf einer Schulbank. Jeden Morgen holte sie mich um sieben Uhr vierzig Minuten ab, da sie an meinem Haus vorbei musste. Sie wohnte in einem zweigeschossigen Bau etwa fünfhundert Meter von meinem Elternhaus entfernt. Wir verbrachten auch die Freizeit zusammen, meistens an Wochenenden, da ich sonst zur Musikschule musste. Zu Hause saßen wir fast nie, wenn, dann bei ihr, da sie in einer Dreizimmer-Wohnung über etwas mehr Platz verfügten. So bereiteten wir uns auf die ABI-Prüfungen vor bei Schura. Ihre Mutter war eine hagere, krank aussehende Frau, die arbeiten musste und außerdem sechs Kinder zu versorgen hatte. Der Vater war ein sehr strenger und wortkarger Mann. Er litt an einer tiefen Depression, er nahm sich das Leben, erhängte sich. Erst nach dem Tod des Vaters meiner Freundin vertraute mir mein Vater das Geheimnis von Amerchanow an. So hieß Schuras Vater mit Nachnamen. Er hat einen Soldaten, der einen deutschen Schützen absichtlich am Leben ließ, denunziert. Der musste für fünfzehn oder zwanzig Jahre ins Gefängnis, eventuell hieß das Urteil zuerst Todesstrafe, danach lebenslänglich, nach Stalins Tod kehrte Stepanow, der es sinnlos fand, dem jungen Deutschen das Leben zu nehmen, zurück. Schuras Vater hielt den Druck seines schlechten Gewissens irgendwann nicht mehr aus.

Wegziehen konnte die kinderreiche Familie nicht, eine Wohnung im anderen Ort zu bekommen, war nicht möglich. Hier hatten sie, wenn auch zu sechst, ein Kinderzimmer. Es war karg eingerichtet. Meine Freundin schämte sich dafür. Wenn ich kam, riss sie immer die Fenster auf, um zu lüften. Es roch sogar nach Armut. Die Kinder trugen abgetragene Stiefel und, wofür sie sich besonders schämten, keine Socken darin, sondern eine Art Windeln um die Füße.

Sie schämten sich, Kasachen zu sein, denn Schura hieß eigentlich Schamsia, ihre Schwester Soja ließ sich „umtaufen", sie hieß tatsächlich Gulja, der Bruder Bulat ließ sich Wowa (russische Abkürzung von Waldemar) nennen. Ich habe Schura nie kasachisch reden hören. Sie ging auch nicht zum Unterricht ihrer Muttersprache, was ich so leidenschaftlich tat. Der Deutschunterricht war für mich wie wunderbare Musik.

In allen anderen Fächern war meine Freundin die beste in der Klasse. Nach glänzendem Schulabschluss begann sie das Chemiestudium in Alma-Ata. Unsere Wege trennten sich. Jede Sommerferien trafen wir uns in Maikain bei unseren Eltern, aber wir hatten uns immer weniger zu sagen. Meine beste Freundin wirkte fremd.

Den wahren Grund glaubte ich zu erfahren, nachdem ich ihr von dem verhinderten bewaffneten Aufstand, den Schüler des Internats vorbereitet hatten, in das ich nach der Hochschule eingestellt war, erzählte. Der Aufstand sollte im Oktober zum Jahrestag des Eintritts Kasachstans in die Sowjetrepublik bzw. UdSSR stattfinden. Das Ganze wurde von Erwachsenen geleitet, Schüler der älteren Klassen waren einbezogen, sie verbreiteten Flugblätter. Die auf der Internatsschreibmaschine getippt wurden, und die Fahnder zu den Schülern führten. Ich kannte diese Geschichte durch Hörensagen, und war ziemlich erschüttert. Schura sagte mit absoluter Überzeugung in der Stimme: „Ich wäre auch dabei!" Und das sagte meine Freundin, die sich in der Schule für ihre Muttersprache schämte. Mir wurde klar, sie hatte reiche Verwandte in Alma-Ata, dank derer erwachte in ihr der nationalistische Stolz. Das unterschied uns und führte zur weiteren Entfremdung.

Trotz dieser Geschichte behaupte ich heute noch, Kasachen waren und sind ein friedliches Volk. Das bestätigt auch die Entwicklung nach dem Zerfall der Sowjetunion. In Kasachstan gab es kein Blutvergießen wie in vielen anderen Republiken. Vielleicht darum, weil Kasachstan wie keine andere ehemalige Sowjetrepublik reich an Rohstoffen ist und dementsprechend wirtschaftlich unabhängig.

Maikain-Siedlung der 50er bis 70er Jahre

Der zentrale Teil des Ortes bestand ausschließlich aus Steinhäusern bis auf die „Finski"-Häuser. Die Steinhäuser von meinem Elternhause aus gesehen, waren älter, vor dem Krieg gebaut. Fast alle Baracken, für vier Familien gebaut, mit Ofenheizung und Plumpsklos auf dem Hinterhof, nah an den Ställen. Darin unterschieden sie sich von den Wohnungen in „Schanghai", „Berlin" oder der „Finski" nicht.

Doch waren diese Wohnungen viel geräumiger und die meisten hatten das Privileg der eingebauten Plumpsklos. In diesen Wohnungen hauste die Elite des Maikain-Soloto-Kombinats, wie die Siedlung zu jenen „goldenen Zeiten" hieß.

Das Verwaltungsgebäude des Kombinats, einfach Kombinat genannt, befand sich etwas abseits dieser zentralen Straße, wo es bis in die 60er Jahre eine Geschäftsstraße gab, gehörte zum Zentrum dazu. Da standen: die Post, die Poliklinik, die Apotheke, der Buchladen, die Schule, das Warenhaus, das Lebensmittelgeschäft, in den 50ern gab es auch einen gutbesuchten Basar.

Nur das Krankenhausgelände befand sich auf der anderen Seite des Ortes, etwas abgelegener. Es rückte aber in den „reichsten" 60ern näher, denn es wurde ausgebaut bzw. erweitert. Auch auf der anderen Seite wurde gebaut, ein wunderschöner Klub, eine Musikschule, ein Supermarkt, Gastronom genannt, und mehrere zweistöckige, sogar drei- bis fünfstöckige Wohnhäuser. Aber beeindruckend, finde ich, war für jene Jahre die Entwicklung des Gesundheitswesens in Maikain.

Das Krankenhaus war etwas Besonderes. Bekannt in Vorkriegsjahren, populärer als das weit und breit beste Krankenhaus im Bezirk Pawlodar, wuchs es und gedieh nicht nur dank der neuen Räumlichkeiten, sondern auch der gut qualifizierten Ärzte. Angefordert von der Kombinatsverwaltung nach dem Medizinstudium, blieben sie für immer, wegen der guten Ausstattung des Krankenhauses und vor allem wegen des wirtschaftlichen Booms in Maikain der 50er, 60er Jahre. Wenn ich mich nicht irre, gab es eine Erste-Hilfe-Abteilung mit einem Rettungswagen, der „Schnelle Hilfe" hieß, eine Kinderklinik, eine Lungenklinik mit Röntgenabteilung, eine Infektionsklinik, ein großes zweistöckiges Internisten-Krankenhaus mit einer Geburtshilfestation, einer chirurgischen Abteilung inklusive. Der junge Chirurg Potschkin, der nach seinem Praktikum hier heiratete und für immer blieb, war eines dieser Beispiele für die Anziehungskraft auf hochqualifizierte Spezialisten aller Gebiete in Maikain jener Zeit. 1957 entstand sogar eine Musikschule, wenn auch eine kleine vom Gebäude als auch von der Schüleranzahl her. Zu den ersten gehörte auch ich als einzige Arbeitertochter.

Man musste den Unterricht bezahlen, und der Betrag war nicht klein. Die anderen konnten es sich eher leisten, sie kamen aus reichen Familien der sogenannten Intelligenz, die Deutschen würden sie Akademikerfamilien nennen. Ich muss hinzufügen bzw. korrigieren: die anderen kamen fast ausschließlich aus jüdischen Familien. Die Natschalniks waren alle „kluge jüdische Köpfe", so der Volksmund.

1956 kam anstelle von Trifonow (den ich als Lagerleiter erwähnte) als Leiter des Kombinats Maikain-Soloto Ingenieur Siromacha. Der Leiter der Lebensmittel-Waren-Versorgung, Prodsnab genannt, war Streier, des Geologie-Unternehmens Mursalew, zur Kombinatsverwaltung gehörten weitere Angestellte jüdischer Abstammung, Buchhalter, Ingenieure wie Serchil, Korobkin, Sondar, Golubtschik. Sie verstanden es tatsächlich aus Maikain, einem verstaubten kasachischen Ort, ein für jene Zeit wirtschaftlich wie kulturell fortschrittliches und wohlhabendes Zentrum zu schaffen.

In diesen Jahren wurde sehr viel gebaut. So errichtete man gegenüber meinem Elternhaus, entlang der Verkehrsstraße, eine Reihe zweistöckiger

Häuser, darunter Mietshäuser, einen Kindergarten, Supermarkt, später noch einen Kindergarten, Supermarkt und ein großes Postgebäude. Sogar ein „Prophylaktorim" für die Arbeiter, mit Bädern, Schlamm-Kuren, Inhalier-Geräten wurde errichtet. Der Name „Prophylaktorium" verrät schon, dass diese Einrichtung der Prophylaxe bzw. Rehabilitation diente. So wurde für die Gesundheit der Arbeiter gesorgt.

Und die Zahl derer wuchs mit der Errichtung der Fabrik, in der, wie es hieß, Buntmetalle und Gold aus dem Erz „gewaschen" wurden. Auch eine zweite Garagehalle war erforderlich und ein großer Werkstatt-komplex, wo mein Vater als Tischler arbeitete. Da fertigte man Türen, Fensterrahmen für den Wohnungsbau an, auch die Späne wurden ver-braucht. Zum Beispiel befand sich feingemahlenes Sägemehl zwischen Brettern und Tapeten unseres Finski-Hauses.

Für Metallarbeiten gab es auch eine Werkstatt, die abseits von der Sied-lung lag, näher zur ersten (oder „alten", wie alle sie nannten) Fabrik. Man nannte die kleine Halle Mech-Zech, was Mechanikerhalle heißen sollte. Hier wurden Reparaturen von Geräten durchgeführt, aber auch kleinere Utensilien für den Bedarf anderer Unternehmen, wie Nägel oder Haken angefertigt.

Nun habe ich die Aufmerksamkeit des Lesers überstrapaziert. Tatsäch-lich, ich könnte nur die industriellen Einrichtungen: zwei Garagen, zwei Fabriken, Mech-Zech, Pilo-Rama-Sägewerk (Pilo von pilitm - sägen, Rama, deutsch: Rahmen) mit der Tischlerei, in der mein Vater tätig war, aufzählen und die Einrichtungen für Bildung und Kultur hinzufügen, und sie hätten den Überblick.

Mein Gedanke war aber, dem Leser ein Bild zu verschaffen, indem ich den unwahrscheinlichen Boom der Wirtschaft und Kultur der 50er bis 70er Jahre in einem kleinen Ort in der wüsten kasachischen Steppe zeige, die meine und die meiner Generation Bildung und Erziehung prägten. Eigentlich müsste ich unzählige andere Orte Kasachstans jener Jahre beschreiben, damit der Leser den krassen, vorteilhaften Unterschied Maikains zu diesen begrcift, vor allem, um meine Geschichte noch glaub-würdiger zu machen.

Bildungs-Erziehungs-Netz

Also die Industrie, die wirtschaftlichen Fortschritte waren die Grundlage für das in jener Zeit beispiellos aufgebaute Bildungs- und Erziehung-Netz. Das behaupte ich heute noch, als ich schon längst viel, viel schönere Architektur, Denkmäler, Opernhäuser etc. in ganz Europa erlebt habe.

Natürlich sieht die junge Generation heute viel mehr auf Reisen, die wir nicht machen konnten, im Fernsehen, den es noch nicht gab, und Computer bzw. dem Internet. Die Kinder von heute „erleben" das Meiste auf dem Monitor im Zimmer, in den kurzen Ferien, wenn überhaupt. Denn die Eltern müssen auch finanziell in der Lage sein, zu reisen. Ansonsten purzeln die Bilder nur in die Köpfe, die persönliche Erfahrung bleibt leider aus. Wieder einmal eine abschweifende persönliche Meinung einer Pädagogin. Ich möchte den Eltern und Kindern von heute nicht zu Nahe treten. Am besten erzähle ich, wie es zu meiner Zeit war.

Wir lernten, wie man lebt, in der Schule, die am Abend und am Wochenende für uns geöffnet war, im Klub, im Stadion, im Hof des Wohnviertels mit den Spielgefährten.

Das schöne Gebäude des Klubs hatte außer dem Kinosaal und Tanz-Foyer im zweiten Stock viele Räumlichkeiten für Zirkel-Arbeit jeglicher Art: Volkstanz, Ballett, Akrobatik, Turnen, Puppentheater, Theatertruppe, junge Konstrukteure, Bastler, Maler usw. Alle kostenlos. Ich besuchte die Volkstanzgruppe. Ich glaube, eher wegen der schönen bunten russischen Volks- bzw. Nationalkleidung mochte ich Volkstänze.

Im Klub sah ich die ersten schwarzweißen Filme. Wie naiv diese Filme und wir waren, kann man an Hand einer Episode beurteilen, die sich in mein Langzeitgedächtnis eingeprägt hat. Es nähern sich auf einem Schiff ein Matrose und eine schöne Frau mit Dauerwelle. Sie schauen sich nur an, es kommt noch nicht mal zum Kuss, durch den Saal geht ein entsetztes Raunen, fast Stöhnen: „Liebe! Liebe!" Wenn die nackt erschienen wären oder im Bett landeten, wären wir mit großer Wahrscheinlichkeit aus dem Saal gerannt.

Die Farbfilme schaute ich mir im Groß-Format-Kinotheater an. So wurde das Kino genannt, das Ende der 60er in direkter Nähe meines Hauses gebaut wurde und durch seine Größe Eindruck machte. Es gab bestimmt doppelt so viele Sitzplätze als im Klub. Wichtig war, dass ab nun amerikanische Filme liefen. Umso enttäuschender war der Umstand, dass meine Klassenkameraden und ich, die schönsten Filme, die nur für Erwachsene um neunzehn und einundzwanzig Uhr vorgeführt wurden, uns wegen des strikten Verbots nicht ansehen durften.

Es war die Zeit der pubertären Abenteuerlust. Als etwa Dreizehnjährige wollten wir etwas Kribbelndes erleben. So beschlossen wir um jeden Preis den, schon den Werbeplakaten nach, unheimlich spannenden amerikanischen Film „Die Sieben Glorreichen" uns anzusehen. An

138

dem „Eisernen Posten", der Billet-Kontrolleurin, kämen wir unmöglich vorbei. Aber, wie der Zufall es wollte, half uns, wie immer, die Beziehung.

Jemand wusste, dass diese eiserne Lady die kinderlose Tante von Sergej aus der Parallelklasse ist. Und er, als einziger heißgeliebter Neffe, musste ihr Herz erweichen. Was er auch, oh Wunder, tat. Wir wurden von der furchteinflößenden Tante in letzter Minute in den verdunkelten Saal, damit uns die Erwachsenen nicht erkennen, in die erste Reihe geschleust. Beim Durchlauf der letzten Titel mit Namen der Filmmacher wurden wir mucksmäuschenstill von der Tante herausgelassen, um schnellstens zu verschwinden. Wir kamen uns als die kühnsten Verschwörer, wohl fast so mutig wie die Helden des Films vor.

Ich versuche meist meine Stellungnahme zu den Geschehnissen zu äußern, ohne die wäre das Aufzählen von Episoden, Fakten für mich sinnlos und für den Leser bestimmt weniger interessant.

Natürlich wäre es mein Wunsch, dass so mancher nach der Lektüre sagen würde: „Eigentlich wurde da nichts Verkehrtes getan", oder sogar: „Die haben ja in der Sowjetunion viel für die Kinder getan, abgesehen vom Glauben und der Kirche." Einige Jahre nachdem ich diese Zeilen geschrieben habe, fühlte ich mich bestätigt durch die Meinung einer jungen Lehrerin aus Berlin. Auf die Frage, woran sie bei Russland denkt, antwortete sie: „Ein gutes Schulsystem. Meine besten Schüler sind die Russlanddeutschen."

Musikschule

Einzig der Unterricht in der Musikschule, den ich mit acht Jahren begann, kostete vierundzwanzig Rubel monatlich, was viel Geld für einen Alleinverdiener, dazu Tischler, meinem Vater war. Die musikalische Erziehung war aber für meine Mutter außerordentlich wichtig. Als die jüdische Obrigkeit für die Kinder der Siedlung die winzige Musikschule baute und als Lehrerin die alte Oma meiner Klassenkameradin Tatjana, Tochter der Schuldirektorin, einstellte, schickte mich Mutter als einzige Arbeitertochter auf die Schule. Dafür bin ich meiner Mutter ewig dankbar. Sie schaffte es, mich vor dem Aufgeben der Schule zu bewahren. Viele haben die sieben Jahre nicht geschafft.

Im ersten Jahr hatte ich einen Klavierlehrer, der Boris hieß. Dieser wurde pünktlich zum neuen Schuljahr von der Kombinatsverwaltung angefordert, weil die Oma alleine alle Schüler nicht unterrichten konnte.

Er roch öfters am Montag nach Wodka, war trotzdem stets pünktlich, stellte hohe Anforderungen und vermittelte deshalb sehr gute praktische sowie theoretische Kenntnisse.

Ich mochte ihn, obwohl er ziemlich streng war. Öfters bekam ich einen Klaps auf den Rücken wegen der geraden Haltung. Zu Hause sollte ich deswegen ein Buch auf dem Kopf platzieren und darauf achten, dass es nicht herunterfällt. Was ich auch, gewissenhaft wie ich war, tat.

Klapse auf die Hand bzw. Finger bekam ich sehr häufig. Die Hände sollten unter einem geraden Winkel auf der Klaviatur stehen und nicht „durchhängen" bzw. darauf liegen.

Sich auf den Drehstuhl zu plumpsen, war nicht erlaubt. Der Po durfte nur ganz graziös auf der vorderen Hälfte des Stuhls „thronen", auf keinen Fall die ganze Fläche „besetzen", und die Füße durften nicht in der Luft baumeln. Dafür gab es extra ein Höckerchen für die kurzen Beine der jüngeren Schüler. Die Haltung eines Reiters musste man am ersten Schultag lernen und solange üben, bis sie eingeprägt war.

Die „vierte Folter" nach der Körper- und Händehaltung war das anstrengende Takt-Zählen: und eins, und zwei, und drei, und vier ..., so ging das fünfundvierzig Minuten zwei Mal die Woche, ein Jahr lang. Mindestens eine Stunde täglicher Hausübungen kam dazu. Nur wenn das Stück eingeübt, auswendig gelernt war, spielte man es ohne Zählen. Man musste trotzdem lautlos zählen, und man hatte immer zwei bis drei andere Stücke zum Einüben, Notenlesen, das Zählen hörte nie auf. Rhythmus ist die Rechtschreibung der Musik, ohne Rhythmus gäbe es nur Kakophonie.

Der Klavierunterricht machte trotz alledem Spaß bei Boris Nikolaewitsch. Ich beendete das erste Schuljahr mit guten Noten. Das Schicksal meinte es leider nicht gut mit mir. Boris zog weg, und ich kam in die Klasse der Oma meiner Schulkameradin.

Nach ein paar Monaten wollte ich nicht mehr zum Musikunterricht. Direkt abzulehnen traute ich mich nicht, aber ich fand immer öfter einen Grund, den Unterricht auszulassen. Als ich eines Tages am Klavier zu Hause saß, kam Mutter in das Wohnzimmer und sagte in ihrer ruhigen, diesmal traurigen Art: „Lenchen, wenn du nicht mehr willst, dann lassen wir das. Mir wird es zwar sehr leidtun, aber du musst dich entscheiden." Und das reichte schon, dass ich mich für die Musikschule entschied, meiner Mutter zu Liebe. Ich wollte meine Mutter nicht enttäuschen. Ein glücklicher Zufall unterstützte mich darin: es kam am Anfang des neuen Schuljahres eine junge Lehrerin und meine Liebe zur Schule wuchs mit der Liebe zur Lehrerin. Eher die Liebe der Lehrerin verhalf mir zu

besten Noten und schlicßlich zur Beendigung der siebenjährigen Musik-
schule ein Jahr vor dem Abitur. Sogar ein Foto von mir als beste Schülerin und der jungen Lehrerin erschien in einer Kasachischen Tageszeitung,
die ich bis heute aufbewahrt habe.

 Nur ein Satz meiner Mutter aus dem Gespräch mit einer guten Nachbarin (als ich schon die Musikschule beendet hatte), den ich ungewollt
aufschnappte, öffnete mir die Augen für den wahren Grund, weshalb ich
nicht zur Musikschule wollte. „Wir hatten ja keine teuren Geschenke".

Da fielen mir die Parfüm-Schachteln etc. auf dem Klavier vor dem 8. März, dem Internationalem Frauentag, ein. Ich spürte, dass ich bei der alten Lehrerin unbeliebt war. Nun wusste ich warum. Sie war übrigens auch bei anderen Schülern nicht so beliebt und schon gar nicht bei ihrer Enkelin.

Die junge Lehrerin kam aus den gleichen Verhältnissen wie ich und freute sich aufrichtig über mein selbstgebasteltes Geschenk zum achten März, dem Internationalen Frauentag. Eigentlich bastelte es mein Vater. Er fertigte einen schönen Holzrahmen und setzte hinter Glas ein Poster der lächelnden Sixtinischen Madonna.

Nach diesen drei Lehrern gab es noch drei Direktoren. Der eine groß, stattlich, mit Brille, intelligent, kam nach dem Militärdienst, blieb nicht lange, war ein sehr strenger und trotzdem beliebter Lehrer. Von ihm bekam ich die besten Noten. Danach gab es einen etwas molligen, nach Schweiß und Knoblauch riechenden Weißrussen. Über dessen Akzent machten wir uns lustig, kicherten solange, bis er uns hinter die Tür schickte, damit wir aufhörten und danach seriös das Unterrichtszimmer betraten.

Dem Leser möchte ich nur sagen, wie umfangreich und fördernd der Unterricht war. Außer zwei obligatorischen Klavierstunden in der Woche, gab es die nicht weniger obligatorischen Unterrichtseinheiten Musikliteratur und Solfeggio, sprich Musiktheorie. In denen hörten wir uns Meisterwerke der Klassiker, Komponisten der Welt an, paukten Lebensläufe, Daten und die Entstehung der Werke ein oder schrieben z.B. musikalische Diktate, übten also das musikalische Gehör. Das Letzte fand ich am Schwierigsten. Entspannender war der Chor. Anstrengend fand ich das Üben im Vier-Hände-Spiel. Die zwei letzteren fanden nicht jede Woche statt.

Alle Unterrichtseinheiten fanden nach der Allgemeinschule statt. Dazu kamen zwei Prüfungen zum Abschluss des Halbjahres, Konzerte für die Eltern und Auftritte für die Gesellschaft. Die ersten zwei Jahre hatte ich kein Klavier zu Hause, denn es gab keins im Handel, oder es war zu teuer. In dieser Zeit musste ich in der Musikschule üben, am Wochenende bei der Familie des Ingenieurs Bachanow, die uns aus der ZES-Zeit mochten. Dann zog ein hoher Angestellter weg und verkaufte uns für viertausend Rubel (heute etwa vierzigtausend Euro), anstatt siebentausend sein Klavier. Das diente mir und meinen Töchtern bei ihrer Musikausbildung. Als wir es für einen lächerlichen Preis vor der Ausreise nach Deutschland verkaufen mussten, weinten wir drei die bittersten Tränen.

Es war kein Möbelstück, es war ein Teil von uns. Ich spielte auf Bitten meiner Mutter den Schwanentanz von Tschaikowski, „Zur Luise" oder die „Mondsonate" von Beethoven etc., den Eltern, Verwandten und Gästen vor. Meine Kinder empfingen Gäste mit Worten: „Es gibt Tee und ein Konzert". Hausmusik gehörte zum Leben. Heute noch rührt mich Live-Musik stets zu Tränen, was am Fernseher oder beim CD-Anhören seltener passiert. Was dieses Können von Musikmachen für einen Menschen bedeutet, ist nicht zu überschätzen. Wie viel Eigenschaften und Fertigkeiten zugleich werden dabei gefördert: Konzentration, Ausdauer, Präzision, Feinmotorik, Sensibilität etc., Emotionen, Gefühle, Gemütszustände, von innerer Ruhe, Freude bis Traurigkeit.

Unwahrscheinlich glücklich schätze ich mich, diese musikalische Ausbildung genossen haben zu dürfen, und sie meinen Kindern zu ermöglichen.

Es gibt einen Eintrag in meinem Dienst- oder Arbeitsbuch über ein Jahr Musiklehrer-Tätigkeit. Mit sechzehn Jahren begann meine Lehrer-Karriere, da man mich wegen Lehrermangel für den Unterricht der Ein- und Zweitklässler einstellte.

Die Lehrer kamen und gingen, die Schülerzahl wuchs mit dem Wohlergehen der Menschen. Sie verdienten mehr, und konnten es sich leisten, die Kinder auf die Musikschule zu schicken. Hausmusik war populär.

Mich stellte der kleine Weißrusse ein, der in Maikain heiratete und blieb. In diesen zwei Jahren (bis zum Abitur) verdiente ich monatlich fünfzig Rubel. Die ganze Nachbarschaft kam am Tag der Lohnauszahlung, denn Kelms Lenchen kaufte Konfekt und alle waren zum Tee eingeladen. Es erschienen Tante Marie Stricker, Tante Irma, Jaucke Wees. Mein Vater bekam seinen geliebten Holländer Käse und Mutter Schoko-Haselnüsse. Das meiste Geld wurde aber von meiner weisen Mutter für die Zukunft gespart.

Viel wichtiger als Geld war für mich der Umstand, dass man mir das Unterrichten anvertraute. Mein Selbstwertgefühl wuchs noch mehr, als mich meine Literatur-Lehrerin Klaudia Sasontowna um Rat bat und anschließend ihre Tochter Anja zu mir auf die Klasse schickte. Anja war genau wie ich einst, kurz davor, die Schule aufzugeben. Mir gelang es, ihr Interesse zu wecken, meine Literatur-Lehrerin war glücklich. Ich machte es genauso wie meine junge Lehrerin Raissa: übte mit Anja kleine, wohlklingende Stücke, weniger langweilige Etüden ein und verteilte viel Lob. Das motivierte meine kleine Schülerin wie einst mich, die Musikschule gerne zu besuchen und sie auch abzuschließen.

Ausgerechnet in der Zeit, als ich diese Zeilen schrieb, las ich in einer Annonce zum Klavierkonzert der Philharmonie: „Russland und Klaviermusik gehören zusammen wie Paris und Eifelturm oder Italien und die Oper." Dieser Aussage und den hervorragenden, weltbekannten russischen Pianisten müssen sie wohl glauben, sollte ihnen, liebe Leser, meine Geschichte von der Musikausbildung im vergessenen Ort der kasachischen Steppe der 50er bis 60er Jahre unglaubwürdig erscheinen.

Auch heute höre ich die russische Schule heraus, wenn ich z.B. im Körnerpark Musiker spielen höre, egal, welches Instrument. Auch in der U-Bahn höre ich sofort, ob ein Rumäne, Deutscher oder Russe spielt. Die Noten sind die gleichen, aber die Technik kennzeichnet die Schule. Auf diese Art Technik können die Russen stolz sein.

Mit meiner geliebten Musikschule, in der es übrigens mit der Zeit nicht nur eine Klavierklasse gab, sondern auch Akkordeon, Knopfakkordeon, Geige, kasachische Dombra unterrichtet wurden, setze ich die Darstellung der anderen „sieben Wunder" von Maikain fort.

Allgemeinbildende Schule

Der Leser wird mit dem Kopf schütteln und denken, das ist wohl zu weit ausgeholt und maßlos übertrieben von wegen „sieben Wunder"! Selbstverständlich war meine Musikschule, auch meine Allgemeinbildende Schule, kein Wunder, aus der Perspektive des heutigen Lesers gesehen, aber für das Kasachstan jener Zeit.

Die Allgemeinbildende Schule, die ich von der ersten bis zehnten Klasse besuchte, hieß Mittelschule. Das Schulsystem beinhaltete die Grundschule von der ersten bis vierten Klasse, die Mittelschule ab fünfter Klasse mit dem Abitur nach der zehnten Klasse und die Hochschule. Man konnte nach der achten Klasse abgehen, um einen Beruf zu erlernen. Meine Hochschule oder Uni würde ich nicht als Wunder bezeichnen, meine Schule in der kasachischen Steppe der 50er Jahre schon wegen der Größe, aber vor allem der Lehrer wegen.

Selbstverständlich wird niemanden wundern, dass Rechnen, Lesen, Chemie und Physik wie in tausend anderen Schulen auf dem Plan standen. Dass wir Tschechow und Tolstoi lasen, ist wohl klar. Dass wir uns über eine Fünf anstatt einer Eins freuten, ist bestimmt den meisten bekannt. Frontalunterricht und strenge Disziplin herrschten auch in den deutschen Schulen jener Zeit. Ich möchte aber nicht mit deutschen meine Schule vergleichen, sondern mit den sowjetischen, kasachischen.

Es gab weit und breit nicht dieses Bildungsniveau, welches meine Schule bot. Schon in dem achtzehn Kilometer entlegenen ZES stellte man unqualifizierte Lehrer ein. Infolge dessen haben die Kinder meines Bruders, der nach unserem Umzug im Ort blieb, kein gutes Elementarwissen erworben. Sie haben auch keine Ausbildung geschafft.

Nicht in Maikain. Hier hatten alle Grundschullehrer von der ersten a bis zur ersten g Klasse (so viele gab es in jenen Jahren) Fachschulbildung. Dafür sorgten die „Väter" von Maikain, da sie selbst gebildete Juden waren und großen Wert auf die Ausbildung ihrer Kinder legten. Das war den deutschen Bauern nicht so wichtig, muss man an dieser Stelle gerechtigkeitshalber sagen.

Gerade weil ich später Lehrerin wurde, kann ich mir als ehemalige Schülerin ein realistisches Urteil über meine Schule bilden. Natürlich wird es subjektiv ausfallen, trotzdem versuche ich es. Soweit ich mich erinnern kann, gab es damals kaum Unterrichtsausfälle. Täglich (auch am Samstag) fanden vier Unterrichtsstunden in der Grundschule und fünf bis sechs Stunden in der Mittelschule statt. Dafür aber zusätzlich fünfzehn Minuten jeden Montag, in denen die Mitschüler über Ereignisse im Land und in der Welt informierten. Das bedeutete, dass man dafür Zeitungen „studieren" und Radio hören musste.

Alle haben sich pflichtbewusst darauf vorbereitet. An einen witzigen Ausnahmefall erinnere ich mich nach all den Jahren gerne. Kolja Bochan, mein kleingewachsener Mitschüler, etwa in der fünften, sechsten Klasse, war an der Reihe mit seiner Politinformation. Er trat mit der Lokalzeitung in der Hand nach vorne und begann unsicher zu lesen. Alle lauschten zuerst gespannt, dann ging ein Geflüster und Kichern durch die Reihen. Der kleine Kolja las uns den kleinen Beitrag einer Hausfrau über das Zubereiten einer Erdbeermarmelade vor. Er hatte mit Sicherheit vergessen, sich vorzubereiten. Die Klassenleiterin Anna Gawrilowna meinte streng: „Kolja, kehr an deinen Platz zurück. Das Rezept kannst du deiner Mutti anbieten, es klingt recht hilfreich." Natürlich bekam der Ärmste es Jahre lang aufs Brot geschmiert: „Na, kocht deine Mutti noch die politisch wichtige Marmelade?"

Keine besonders angenehme Funktion hatten die Klassensanitäter, die die weißen Manschetten und Kragen der Schuluniformen, sowie die Fingernägel kontrollierten. Ich höre schon den Aufschrei: „Das ist unwürdig! Verletzung der Privatsphäre!" Ich empfand die gegenseitige Kontrolle nicht schlimm. Auch meine Mitschüler haben sie respektiert, daran kann ich mich erinnern.

Vielleicht fühlte sich der eine oder andere Dreckfink nicht wohl dabei, aber das war der Sinn der Sache, oder? Es spornte an, für die Körper- und Kleiderpflege zu sorgen. Meine Kragen und Manschetten wurden von mir jeden Samstag in Kernseifenlauge eingeweicht, anschließend gewaschen und feucht gebügelt. Mutter hat es aus pädagogischen Gründen nie für mich erledigt, obwohl sie als Hausfrau Zeit dafür hatte. Ich, Pädagogin, habe diese Arbeit meinen Kindern öfters abgenommen.

In der Zeit, als ich diese Erinnerungen aufschrieb, las ich ein Buch, in dem es in einer Schule eine Diskussion zu dieser Problematik gab. Der Direktor der Schule meinte, Hygiene sei Aufgabe des Gesundheitsamtes. Die Sozialpädagogin, deren Fachbereich ihrer Meinung nach durchaus therapeutische Qualitäten verlangte, fühlte sich direkt angesprochen. Bei passender Gelegenheit hatte sie erklärt, es sei wichtig den Kindern Gewaltlosigkeit und ein Mindestmaß an Sauberkeit beizubringen, ebenso die Gesetze der Physik und die Grundlagen der Geographie. Eigentlich sei beides untrennbar miteinander verbunden. Man könne nicht die Mathematik oder Sprache lieben, ohne zugleich die Rituale der Reinlichkeit zu schätzen, den Glauben an die Macht des Wortes gegenüber der Gewalt und der Freude, wenn man Ordnung in die Welt bringt, und für jedes Ding und jedes Lebewesen ein kleines Plätzchen festlegt.

Man könnte an dieser Stelle über den Zweck und Sinn der Schuluniformen diskutieren. Meiner Meinung nach hat das Tragen der Schulkleider und Schürzen dazu beigetragen, dass unter uns kein Neid aufkam. Mich prägte es ganz bestimmt.

Stinklangweilig würde der heutige Schüler den Unterricht ohne Taschenrechner, Computer, Rollenspiele usw. finden. Damals fand ich den Frontalunterricht nicht doof. Einen anderen gab es einfach nicht. Es gab langweilige Fächer und mehr oder weniger langweilige Lehrer. Die meisten verstanden es, ihre Schüler für Geschichte, Geographie oder Literatur zu begeistern.

Einige spärliche Hilfsmittel wie Kreide, Tafel, Land- und Weltkarten, Globus, selbstangefertigte Collagen aus bunten Magazinen oder auch schwarzweißen - das war alles. Die besten Lehrmittel hatten die Lehrer in Physik und Chemie, ihnen stand ein großes Labor zur Verfügung. In diesem Raum mit festgeschraubten Tischen gab es für jeden ein Mikroskop, kleine präzise Waagen, Retorten, Spiritusstövchen. Und es wurde experimentiert! Eine schöne große Turnhalle mit Basketballkörben, Kletterseil, Gymnastikstangen, Bock etc. gab es auch. Für die Verhältnisse jener Jahre war das ein Wunder.

Ja, als kleines Wunder könnte man die Werkstatt für Holz und die für Metall sehen, sowie das Praktikum an den großen Rechenmaschinen im Verwaltungsgebäude des Kombinates während der neunten, zehnten

Klasse. Praktikum ist das falsche Wort dafür. Ich habe eine Ausbildung während meiner Schulzeit bekommen. Das kann man aus dem nebenstehnden Dokument ersehen.

Und bevor sie mich fragen, ob es Schläge mit dem Lineal auf die Finger gab oder Erbsensäckchen in der Ecke, worauf man knien sollte, sage ich „nein". Man musste schon in die Ecke, schlimmsten Falls wurde man der Klasse verwiesen. Das gab es selten, solch ein Verweis stellte eher den Lehrer als Versager dar in den Augen der Schüler wie der Kollegen.

Übersetzung aus dem Russischen

Ministerium für Kultur
der Kasachischen SSR
Kinder-Musikschule Majkain

A u s b i l d u n g s n a c h w e i s
Nr. 19

Lena K e l m

hat von 1958 bis 1965 an der siebenklassigen

Musikschule in Majkain

die vollständige Ausbildung in der Klavierklasse

absolviert und in nachstehenden Fächern

folgende Bewertungen erreicht:

1. Fachgebiet   Gut
2. Gehörausbildung   Gut
3. Musikalische Ausbildung   Gut
4. Musikliteratur   Sehr gut
5. Ensemble   Gut

L. S.: O.g. Musikschule   Unterschrift des Direktors
                               und der Lehrer

Majkain, 20. Juni 1965

Die vollinhaltliche Übereinstimmung vorstehender
Übersetzung mit dem russischen/englischen/
französischen Original wird bestätigt.

Berlin, den

Also, in meiner Klasse wurde keiner verwiesen. Natürlich, weil ...,
Sie haben es erraten: weil es andere Zeiten waren. Junge Menschen
würden sofort stöhnen: „Die Alten mit ihren besseren Zeiten!" Tatsache ist, dass es damals keine Schwererziehbaren gab. Erst Ende
der 60er, Anfang der 70er Jahre tauchte dieser Begriff auf, weil es
immer mehr „schwierige" Kinder und Jugendliche in Schulen gab.
 Dass es in meiner Klasse weder schwierige noch leistungsschwache
Schüler gab, hatte andere, subjektive Gründe. Dazu komme ich später
ausführlicher, denn erst als Lehrerin habe ich das Prinzip der Auswahl
von Schülern bei der Klassenbildung begriffen. So etwa nach dem Märchen: „Die Guten ins Körbchen ..." Erst 1970 als Neulehrerin wurde mir
klar, wieso ich zuerst in die erste Klasse b, die zweitbeste Klasse wegen
meiner deutschen Herkunft, und weil ich aus einer einfachen Arbeiterfami-
lie kam, und ab der zweiten Klasse der erstbesten Klasse a zugeteilt
wurde. Vermutlich weil ich gute Leistungen und eine gute Erziehung
vorzuweisen hatte. Ein gravierendes Argument trug dazu ganz bestimmt
bei: meine weise Mutter, die vom ersten Tag an im Elternrat mit Leib
und Seele Vorsitzende war. Sie wurde von Lehrern und Eltern geschätzt.
Deshalb führte sie dieses Ehrenamt zehn Jahre.
Ja, ich hatte das Glück mit „guten" Schülern zu lernen, und dadurch
auch gut und viel zu lernen. An jeden einzelnen Lehrer erinnere ich mich
mit Dank. Auch an die, die mich ab und zu tadelten: „Lena, quatsch nicht
so viel." An dieser Stelle muss ich etwas gestehen. Ich konnte Lehrer-
stimmen und Gestik gut nachahmen. Und weil die anderen es so lustig
fanden, wie ich die Lehrer imitierte, tat ich es öfters. Es war nie bösartig,
aber zum Lachen, dabei erwischte man mich auch.
 Wie jeder Schüler hatte ich natürlich Lieblingslehrer. Meine war Anna
Matwejewna, meine Geschichtslehrerin. Sie war besonders intelligent,
schlagfertig, sprachgewandt, mochte keine fadenscheinigen Ausreden,
dafür witzige, kluge Schüler, sie besaß Humor und schmückte damit
gekonnt den Unterricht. Ausgerechnet diese Eigenschaften „attestier-
ten" mir später meine Abi-Schüler beim Abschlussball. Dahinter steckt
kein Zufall, denn ich wollte immer so eine Lehrerin werden. Und wenn
es einem gelungen ist, kann man sich glücklich schätzen. Dieses Glücks-
gefühl begleitet mich bis heute und ist einer der Gründe meine Schule als
Glücksfall anzuerkennen.
 Aber meine ganz besondere Bewunderung gilt dem schulischen Leben
außerhalb des Unterrichts. Das hat unseren Kollektivsinn, heute soziale
Fähigkeiten genannt, geprägt. Die Schule stand für uns immer offen. Wir
lernten das Zusammenleben, Verantwortung zu tragen, entfalteten unsere

Fähigkeiten und Fertigkeiten nach Begabung, Neigung und Wunsch. Es wurde keiner gezwungen, einen bestimmten Zirkel zu besuchen. Ein Muss waren die Pioniernachmittage und Komsomolversammlungen.

In meiner Schule gab es einmal monatlich Samstagabend ein Referat, meist mit anschließender Diskussion, vorgetragen von einem Fachmann wie Geologen, Bibliothekarin, auch von Schülern der Oberstufe oder Mitgliedern verschiedener Zirkel. Zu Feiertagen wie Internationaler Frauentag, Tag der Kosmonautik usw. fanden diese Abende selbstverständlich statt. Die Leitung und Planung übernahm eine Klassenleiterin und ihre Klasse, Komsomolzen und Pioniere der siebenten Klasse planten und organisierten mit. Es wurden Referenten gesucht, der Verlauf geplant, Stühle organisiert und in der ersten Etage das Podium im großen Foyer aufgebaut, und thematisch passend geschmückt. Auch für die Disco danach (damals nur Tanzen genannt) wurde gesorgt: ein Musiker mit Akkordeon und ein Plattenspieler. Getanzt wurde etwa zweieinhalb Stunden, um dreiundzwanzig Uhr war die Party zu Ende.

In der Woche fand nachmittags bis einundzwanzig Uhr Sport statt in der Turnhalle und auf dem Schulhof, auch diverse Zirkel für Chemie, Physik, Malen, Tanz, Theater etc. Da ich mindestens viermal in der Woche zur Musikschule musste, eine Tanz- und deutsche Theatergruppe besuchte, Pioniernachmittage und Komsomolversammlungen organisierte, war mein Wochenplan lückenlos ausgefüllt. Ich habe nicht gelitten, umgekehrt, bis heute nicht verlernt, meine Zeit gut zu planen, pflichtgemäß mit der Zeit umzugehen und verantwortungsvoll den Menschen gegenüber aufzutreten, ohne mich über Stress zu beschweren.

Begegnung mit der Religion

Irgendwie bin ich zu schnell in der Oberstufe gelandet. Zuerst war man ja Oktoberkind von sieben bis zehn Jahren, dann Pionierin bis vierzehn. Mit den „thematischen Abenden" habe ich die bunte Pionierzeit übersprungen.

Mein erster Tag als Pionierin hat sich in mein Gedächtnis eingebrannt. Es liegt nicht am Fest der Aufnahme, das in den Tagen vor dem Siebenten November stattfand. Zweimal im Jahr wurde die Aufnahme in die Pionierorganisation gefeiert: einmal zum Tag der Revolution und zum Geburtstag Lenins am zweiundzwanzigsten April. Die Veranstaltungen fanden samstags statt. Selbstverständlich waren es die pompösesten Ereignisse des Jahres. Jahre später habe ich sie selbst organisiert.

An die Veranstaltung im November 1958 kann ich mich nach über fünfzig Jahren überhaupt nicht erinnern. Umso deutlicher sehe ich die Szene nach dem Fest vor meinem geistigen Auge: voller Freude und Stolz mit dem roten Pioniertuch um den Hals trete ich in den kleinen Raum, in dem etwa zehn bis zwölf Personen sitzen. Der Raum ist das Zimmer unserer Freunde und Nachbarn im Finski Haus. Die Menschen, überwiegend dunkel gekleidet, die Frauen mit Kopftüchern, sitzen auf einem Bett, einer Holzkiste und ein paar Stühlen und Hockern. Auf dem zweiten Bett sitzt der querschnittgelähmte Gottfried Jauck Senior. Wegen seiner Lähmung versammeln sich diese gläubigen Menschen, Baptisten, einmal im Monat in der Wohnung. Auch sonst müssen sie sich in den Wohnungen treffen, denn eine Kirche gibt es nicht, und das, was sie tun, müssen sie heimlich tun. (Wovon ich aber keine Ahnung hatte.)

Mir waren solche Abende vertraut. Herr Graf predigte, alle beteten, sangen Gotteslieder. Und ich sang gerne mit. Man sah mich hier auch gerne, man nannte mich Engelchen wegen meiner „Engelsstimme".

An diesem Abend kam ich zu meinern Großeltern Jauck. Es war ein Zufall, dass die frommen Menschen da saßen. Als sie mich sahen, erstarrten sie. Durch die Reaktion verunsichert, blieb ich wie angewurzelt stehen und stammelte kaum hörbar: „Ich bin nun Pionierin." Niemand gratulierte mir. Aus der Erstarrung erwacht, setzte Herr Graf, der die Rolle des Pastors ausübte, seine Predigt fort. Alle Anwesenden konzentrierten sich auf ihn. Ich begriff mit meinen zehn Jahren, dass man meine Freude nicht teilte, sogar nicht gut hieß. Ich verließ das Zimmer und ging nie wieder hin, wenn ich die Menschen zufällig sah, die zu den Nachbarn gingen oder wenn ich sie hinter der dünnen Wand singen hörte. Damit war die erste Begegnung mit der Religion abgeschlossen.

Meine weiteren Erfahrungen im Zusammenhang mit der Religion sind alle fragmentarisch, oberflächlich. Eine der wenigen, aber starken Erinnerungen gilt dem weißen Haus hinter dem hohen Bretterzaun im Zentrum Maikains. Es war ein schönes Haus, aber es wirkte auf mich und meine Schulfreunde gespenstisch. Zu der Zeit war ich schon etwas älter und verstand, wieso man nur leise, vorsichtig, eher verstohlen über dieses Haus und seine Bewohner sprach. Natürlich gab es auch solche, die sich laut aufregten: „Der Baptist, der hat seine Kinder nicht in die Schule gelassen, stellen Sie sich das mal vor?! Das geschieht dem zu Recht." Baptist, war damals ein Schimpfwort. Baptisten waren Unmenschen, fast Tiere, die Inzest trieben etc. Deshalb wusste ich bis zu unserer Ausreise nach Deutschland nicht, dass mein Vater auch Baptist war. Erst dann gab mir Mutter das bestätigende Dokument. Da kannte ich aber auch das Wort Propaganda.

Zurück zu dem Geschehnis von damals. Folgendes geschah: Herr Töws erlaubte seinen Kindern nicht, der Pionierorganisation beizutreten, zur Schule sollten sie schon gehen. Er wurde zu fünfzehn Jahren Gefängnis verurteilt. Ich kann nicht für die Details dieser Geschichte garantieren. Seine Kinder kamen in Waisenhäuser, hieß es. Auf jeden Fall umgingen wir dieses Haus, als ob die Pest selber darin herrsche. Ich kann mich nicht an offizielle Gespräche erinnern, alles wurde verdrängt. Es ging um ein Geheimnis. Die Erwachsenen, gerade die Deutschen, schwiegen, die Kinder fragten nicht nach. Ich auch nicht. Auch nicht, als ich schon viel älter war.

Da hörte ich vom guten alten Arzt Hildermann. Er war eigentlich kein Arzt der Ausbildung nach, es hieß, er sei „nur Feldscherr" (vermutlich ein angelernter Sanitäter). Weil er aber in der Steppe weit und breit der einzige Heiler war, bekam er vom Volk den Arzttitel. Er sollte einer Sekte angehören (er war Mennonit), die den Militärdienst verweigerte). Sein Sohn, Fedja (Friedrich), ein Jahr älter als ich, versuchte es auch zu tun. Aus Angst vor dem Kriegstribunal, gab er nach. Fedja wurde mit dem längsten und schwersten Militärdienst bestraft: auf einem U-Boot für drei Jahre, weit weg, ohne Urlaub. Eines Tages ist das U-Boot auf dem Ozeangrund liegen geblieben. Die Rettung kam nicht, und die Mannschaft verzweifelte. Als sie die Hoffnung auf Rettung aufgaben, knieten sie nieder und beteten Gott an. Als erster tat es der „Sampolit", also der Verantwortliche für die ideologische Arbeit. „Stell dir vor, der „Sampolit" betete mit uns", erzählte der Sohn, der schwerkrank zu seinem Vater zurückkehrte. Und dann geschah tatsächlich ein Wunder: das Boot stieg auf! Dass das ganze Kommando dadurch bekehrt war, ist unwahrscheinlich, aber einige Atheisten weniger gab es nach dem Vorfall bestimmt.

Ich war atheistisch erzogen, habe wissenschaftlichen Atheismus studiert. Sie wissen schon: „Religion ist Opium für das Volk ..." Ab und zu las ich meinem stolzen Vater aus der Bibel ein paar Kapitel vor. Er sagte stets, es sei gut, dass ich die gotische, eigentlich altdeutsche, Schrift nicht verlerne. Der Inhalt war und blieb mir unwichtig, für mich waren es irgendwelche Legenden, an die manche glaubten, nicht mehr.

Heute sage ich: meinen Schülern habe ich trotzdem die zehn Gebote beigebracht. Ja, der „Kommunistische Moralkodex" hing in jeder Schule aus. Karl Marx war tatsächlich der „größte Christ" (stammt nicht von mir). Meine Direktorin Irina Iwanowna sagte einmal: „Ich glaube an Gott und an den Sowjetstern." Ich widersprach ihr: „Das geht nicht, man kann nicht zwei Göttern dienen." Heute glaube ich, ich habe es auch getan, die Massenangst prägte dreiundvierzig Jahre meines Lebens.

Mit den Jahren näherte ich mich dem Glauben immer mehr. In Deutschland ließ ich mich in Mutters Kirche taufen, gehe öfter als nur an Ostern und Weihnachten zur Kirche. Wenn ich auch bei weitem nicht so eine bibelfeste Christin bin wie meine Familie in Mecklenburg-Vorpommern, die mit dem Glauben aufwuchsen. Ich habe aber mein Leben lang an die Werte, die ich vermittelt habe, fest geglaubt. Diese Werte vermittelt die Kirche: du sollst nicht töten, du sollst deine Eltern ehren usw., Kindern, denen diese Werte vermittelt werden, wachsen nicht orientierungslos auf. Was ich besonders wichtig finde: junge Menschen wachsen nicht zu Egoisten und Individualisten auf. Ich habe viele Menschen in Berlin kennengelernt, die von der Kirche aus verschiedenen Gründen nicht viel halten, aber an die Werte glauben. Im Prinzip habe ich die zehn Gebote als Pionierin auf den Weg bekommen. An dieser Geschichte kann man nicht rütteln.

Pionierzeit

Die Pionierzeit war aus meiner Sicht die interessanteste. Jeder Abschnitt des Schullebens wurde intensiv gelebt bzw. von der Schule gestaltet. Von der Oktoberkind-Zeit sind meine Eindrücke verblasst, verschwunden. Dafür sind die von der Pionierzeit umso deutlicher. Sie scheinen mir die intensivsten gewesen zu sein. Vielleicht weil es der längste Abschnitt des Schullebens war: vom Ende der dritten etwa bis zur achten Klasse. Vielleicht auch deshalb, dass man nicht mehr so klein war und mehr mitmachen konnte, andererseits noch nicht zu alt, um die Rituale und Aktivitäten blöd zu finden. Wenn an den Abenden auch nicht immer alle teilnahmen, so waren die Fünf- und Sechstklässler für alles zu begeistern.

Für die Begeisterung und Motivation, sorgte an der Seite des Klassenleiters ein Pate aus der Oberstufe, ein Komsomolze. Wir bewunderten ihn, himmelten ihn an und wären ihm auch durchs Feuer gefolgt. Meistens organisierte er an Wochenenden Spiele, Ausflüge ins Kino, ins Freie.

Ausflüge in Werke mit dem Ziel, Menschen kennenzulernen und die Berufe, die sie ausüben, unternahm mit uns die Klassenleiterin. Im Nachhinein staune ich selbst, wie viele Ausflüge wir in unserer Arbeitersiedlung gemacht haben. Wir waren in den Fabriken, in der Poliklinik, in den unterschiedlichsten Abteilungen des Krankenhauses, von der Erstaufnahme bis zu den Garagen, der Schneiderei, dem Friseursalon, der Apotheke, dem Postamt, dem Kindergarten, der Tischlerei und dem

Gemeinschaftsbad, den Kiesgruben und dem abseits gelegenen kleinen Flughafen. Die Ausflüge ins Geologie-Museum und zur Radar-Station sind unvergesslich geblieben. Da staunen Sie nicht wenig, oder? Wir hatten tatsächlich unsere Geologen, die in solch karger Natur, die nichts fürs Auge bot, nach Schätzen im reichsten Boden des Landes suchten. In den Vitrinen des Museums funkelten uns bunte Steine jeglicher Art an. Die einen sahen wie Kohle, Granit, Marmor aus, die anderen wie buntes Glas oder Perlen. Es war eine faszinierende Welt. Danach beschlossen bestimmt nicht nur einer, sondern mehrere, den Beruf des Geologen zu erlernen.

Nicht weniger faszinierend, dafür umso geheimnisvoller war die einige Kilometer entfernt gelegene Radar-Station auf einem Hügel in der Steppe. Beim Schreiben dieser Zeilen wird mir bewusst, dass in meiner Schulzeit dieser Ausflug noch gar nicht möglich war, den durfte ich als junge Lehrerin mit meiner sechsten oder siebenten Klasse organisieren. Das war Anfang der 70er Jahre, in den 50ern und 60ern ahnte man nichts von der Existenz dieser Anlage, einige Kilometer vom Ort entfernt. Den Radar konnte man von weitem sehen, aber man wusste nur, da ist eine kleine Einheit Soldaten stationiert, mehr nicht. Ab und zu sah man sie am Wochenende in strenger Zweierreihe zum Gemeinschaftsbad marschieren, begleitet vom Offizier. Selten sah man sie im Alleingang durch den Ort gehen, mit Einwohnern unterhielten sie sich nicht. Menschen, die die Stalin-Zeit erlebt haben, hatten gelernt: je weniger man weiß, desto ungefährlicher ist es. So blieb es ein Geheimnis, dass ganz in der Nähe eine Abwehr-Truppe stationiert ist. Warum es möglich wurde in den 70ern die Radar-Station zu besuchen, kann ich kaum beantworten. Dafür weiß ich noch, wie beeindruckt meine Zöglinge von dem Ausflug waren. Na ja, ich mit meinen zweiundzwanzig Jahren war es kaum weniger.

Viel hat man uns bestimmt nicht gezeigt, aber immerhin führte man uns durch eine getarnte Tür in einen Raum unter der Erde. Wenn das kein Abenteuer war! Wir landeten im kleinen Raum der keine Wände, sondern nur Knöpfe, Schalter, Hebel, Monitore besaß. So ähnlich wie ein Radio- oder Fernsehstudio. Und wir bekamen vom Soldaten einige Antworten auf Fragen. Ich kann mich erinnern, dass der junge Mann uns erklärte, wie wichtig der Dienst der Soldaten ist. Tag und Nacht dienten sie, um die Sicherheit unserer Heimat zu gewährleisten. Ihre Aufgabe war es, jedes Flugzeug auf dem Radar abzufangen und zu identifizieren. Und ganz stolz teilte er uns mit, wie ihre Einheit das feindliche amerikanische Flugzeug in den 60ern entdeckte, verfolgte und zur Landung zwang. Diese Story machte damals Schlagzeilen. Die Tatsache, dass es „unsere" Soldaten abfingen, erfüllte uns mit Stolz. Ich gebe zu, patriotische Gedanken waren mir nicht fremd, sonst wäre ich auch eine schlechte Lehrerin.

Damals war ich genauso wie meine Zeitgenossen von der Gefahr, die vom „Klassenfeind Amerika" ausging, überzeugt. Ich konnte mir etwas anderes unter den Amerikanern nicht vorstellen. Nur diese eine „Wahrheit" kannte ich von den Lehrern, den Medien, aus den Schulbüchern, die andere wurde mir vorenthalten, genauso wie die über meine GULAG-Herkunft. Der Ort trug nicht den Namen GULAG, sondern „freie Siedlung" (eigentlich Zwangssiedlung), etwa wie „auf Bewährung". Aber von dem Begriff „freie Siedlung" hörte ich im Zusammenhang mit Bajanaul, ZES oder Maikain nie.

Atompilz. Schlimmer als Tschernobyl.

Nun habe ich das Bedürfnis von einem „schlimmen Wunder" zu berichten, weil der Ausflug zur Radar-Station in Maikain als Abenteuer mich an ein anderes Abenteuer meiner Kindheit erinnerte. Jedes Mal, wenn in den Medien oder unter meinen Bekannten mit Schrecken über die Tschernobyl-Katastrophe geredet wird, rege ich mich auf.

Laut möchte ich schreien: „Was wisst Ihr schon? Ich habe Schlimmeres als Tschernobyl in der kasachischen Steppe erlebt." Und danach möchte ich ihnen den Artikel aus einer deutschen Zeitung (die ich mir leider nicht merkte) zeigen, den ich vor Jahren ausschnitt. Ich habe den Eindruck, dass meine Freunde auch nach dem Lesen des Artikels nicht so recht daran glauben. Vielleicht glauben mir die Leser?!

Unter dem Bild eines Atompilzes, genau so aussehend, wie der, den ich mit eigenen Augen als Kind gesehen habe, steht schwarz auf weiß, ich zitiere:

470 dieser Atom-Tests mussten die Dorfbewohner Kasachstans ertragen.

Mutationen durch geheime Atom-Tests

Moskau. Die Atom-Katastrophe von Tschernobyl war im Verhältnis zu den tausenden geheimen Tests mit Atomwaffen noch harmlos. So liegt etwa im Beskaragai-Bezirk Kasachstans ein ehemals streng geheimes Atomtestgelände, in dessen Umgebung sich Dörfer befinden. Zwischen 1949 und 1956 wurden dort 470 nu-

154

**470 dieser Atom-Tests mussten die Dorf-
bewohner Kasachstans ertragen**

Mutationen
durch geheime
Atom-Tests

Moskau – Die Atom-Katastophe von
Tschernobyl war im Verhältnis zu den tausenden geheimen Tests mit Atomwaffen
noch harmlos. So liegt etwa im Beskaragai-
Bezirk Kasachstans ein ehemals streng geheimes Atomtestgelände, in dessen Umgebung sich Dörfer befinden. **Zwischen 1949
und 1956 wurden dort 470 nukleare Testsprengungen durchgeführt.** Erst 1989 wurde die Anlage geschlossen. Seitdem kämpft
die Bevölkerung um Schadenersatz und
medizinische Hilfe. Ein britisch-russisch-
finnisches Forscherteam untersucht jetzt
die belasteten Einwohner. **Die Genetiker
nahmen Blutproben von 40 Familien, um
sie mit einem Verfahren zu untersuchen,
mit dem bereits erfolgreich die Erbschäden
von Tschernobylopfern festgestellt wurden.**
Ergebnis: Bewohner, die alle Atomtests erleben mussten, wiesen eine um 80 Prozent
erhöhte Mutationsrate spezieller DNA-Sequenzen auf. Nach 1950 geborene Betroffene, die zwei oberirdische Tests erlebten,
verfügten noch immer um eine um die
Hälfte höhere Mutationsrate. Was die Erb-
gutveränderungen im menschlichen Körper
tatsächlich bewirken, können die Forscher
allerdings noch nicht sagen.

*kleare Testsprengungen durchgeführt. Erst 1989 wurde die Anlage geschlossen. Seit-
dem kämpft die Bevölkerung um Schadenersatz und medizinische Hilfe. Ein bri-
tisch-russisch-finnisches Forscherteam untersucht jetzt die belasteten Einwohner. Die
Genetiker nahmen Blutproben von 40 Familien, um sie mit einem Verfahren zu
untersuchen, mit dem bereits erfolgreich die Erbschäden von Tschernobyl-Opfern festgestellt wurden. Ergebnis: Bewohner, die alle Atomtests erleben mussten, wiesen eine
um 80 % erhöhte Mutationsrate spezieller DNA-Sequenzen auf. Nach 1950 gebo-*

155

rene Betroffene, die zwei oberirdische Tests erlebten, verfügten noch immer um eine um die Hälfte höhere Mutationsrate. Was die Erbgut-Veränderungen im menschlichen Körper tatsächlich bewirken, können die Forscher noch nicht sagen.

Dem Artikel nach habe ich also mindestens zwei oberirdische Atomtests miterlebt. Der oben genannte Beskaragai-Bezirk grenzte an unseren und lag nicht mal dreihundert Kilometer entfernt. Woran ich und alle meine Schulfreunde uns genau erinnern, ist das überwältigende Bild des aufsteigenden Pilzes am Horizont.

An den gewaltigen Windstoß kann ich mich nicht im Detail erinnern, dafür meine Freundin Tatjana. Vielleicht, weil sie sich mit ihren Eltern an einem anderen Ort zu der Zeit befand. Wir wurden hinter den Hügel gebracht, Tanja, die ein Stück weiter wohnte, wurde von Offizieren im Park überwacht. Sie konnte sich erinnern, dass ein Offizier ihr befahl: „Still liegen, nicht den Kopf heben!" Sie aber habe einen Schmetterling beobachtet, und der tat ihr besonders leid, als der orkanartige Windstoß ihn wegwehte. Tanja war vernarrt in Tiere, Insekten jeder Art, deshalb bestimmt diese Erinnerung. Dafür weiß ich, dass uns von Militärs gesagt wurde, wir könnten ruhig schauen. Auf die Frage, was dieser ungewöhnlich große, wachsende Pilz sei, meinte einer kurz und bündig, es seien Militärübungen. Ich frage mich, ob die selbst wussten, welcher Art diese Übungen waren. Das bezweifele ich.

Erst zurzeit von Glasnost und Perestroika, nach 1989, als man das Atomtestgelände schloss, erfuhren wir in etwa, was los war, und wie gefährlich die Atomversuche sind. Trotzdem verfügten wir damals über spärliche Informationen.

Jahre später las ich in einen langen Zeitungsartikel (den habe ich sogar nach Deutschland gebracht) von einem ehemaligen kasachischen Soldaten, der auf dem Atomversuchsgelände zur Zeit der Vorbereitungen der ersten oberirdischen Versuche und deren Durchführung diente. Auch er wusste damals nicht, was da vor sich ging, nur dass er wie seine Kameraden eine geheime Mission der Armee zu erfüllen hatte. Sie hatten sich an strenge Vorschriften zu halten. So sollte in den Briefen an die Familie, Freunde nur Allgemeines stehen, etwa „mir geht's gut", „habe gute Freunde", „vermisse euch, ansonsten fehlt mir nichts", etc. Selbstverständlich wurden die Briefe zensiert. Aus Konspirationsgründen musste auf den Umschlägen als Adresse Moskau angegeben werden. Die Verwandten blieben im festen Glauben, ihr Sohn wäre zum ehrenhaften und besten Dienst in der Hauptstadt auserwählt. Genauso „selbstverständlich" war es, dass er mit niemandem über seine Tätigkeiten reden durfte. Es war untersagt, mit Soldaten anderer Abteilungen in privaten Kontakt zu kommen, obwohl das sowieso nicht möglich war. Und wenn es erlaubt gewesen wäre, hätte er nichts Konkretes berichten können. Er wusste nicht mal, woran sie bauen, was für ein Objekt entsteht, wozu es dienen soll.

Während der ohrenbetäubenden Explosion befanden die Soldaten sich nur ein paar Kilometer entfernt von dem Pilz, in der weiten Steppe. Der nun ältere kranke Herr wunderte sich selbst, dass er noch lebt. Er unterstütze seine Gesundheit durch Kuren am Schwarzen Meer, die er selbst finanziert. Nun wollte er noch, bevor er stirbt, sein grausames Wissen mit den kommenden Generationen teilen.

Meine oben erwähnte Mitschülerin und Freundin Tanja verließ Maikain mit ihren Eltern nach dem Abschlussball. Sie zogen nach Leningrad, wo sie mit dem Studium an der Veterinär-Hochschule begann. Sie heiratete, bekam zwei Kinder. Alles schön und gut, wenn nicht die Knochenschmerzen, die nach dem Umzug aus Kasachstan, dem Wechsel vom trockenen Klima in das feuchte, immer schlimmer wurden. In den 80ern erfolgten unzählige diverse Operationen. Nach der zigsten OP an der Wirbelsäule, im Nackenbereich, konnte sie kaum sprechen vor Heiserkeit, die bestimmt nicht von einer Erkältung kam.

Als sie mich in Berlin anrief, erkannte ich ihre Stimme nicht, sie war kaum zu verstehen. So viel verstand ich doch, sie ist Invalidin, kann nicht arbeiten und das mit Anfang vierzig. Und an einer Uni-Klinik offenbarte ihr eine Ärztin, dass das die Folgen der Strahlung vor dreißig Jahren sind. Man hat nun Einsicht in die geheimen Dokumente über die Atomversuche in Kasachstan und weiß genau, was die Menschen dort abbekommen haben: Cäsium, Strontium und Polonium. Dreißig bis fünfunddreißig Jahre nach den Versuchen treten die Symptome am stärksten auf. Es war für die Russlanddeutschen wie für Kasachen und Russen, die den Zweiten Weltkrieg überlebt haben, ein Massengrab auf Zeit.

Den Franzosen und Amerikanern erging es wohl auch nicht anders, wie ich in der BRD erfuhr. So las ich ein Buch über eine junge Frau, die in Nevada mit ihrer Klasse einen Ausflug in das Gebiet machte und sich das „überwältigende" Pilz-Bild aus unmittelbarer Nähe ansehen durfte. Sie verlor ihren Verstand, mutierte zu einem Tier. Ich war schockiert.

Also haben die Klassenfeinde genau so an „Wunder" glauben müssen wie wir. Das war eine bittere Feststellung, die ein Gefühl von Machtlosigkeit, vor Willkür eines Menschen, auslöste. Schade, dass ich nicht mehr die körperliche Kraft besitze, in den Reihen der Atomgegner aktiv zu kämpfen.

Meine ehemalige Schulfreundin Tanja zog nach Israel, wo es ihr gesundheitlich von Tag zu Tag besser ging. Sie glaubt, es liege am trockenen Klima, das dem streng kontinentalen der kasachischen Steppe gleiche. Tanja kann wieder besser sprechen. Sie teilte mir entrüstet mit, ein Forscher aus Leningrad, der nur ein paar Monate in Kasachstan forschte und zwar in den testfreien 90ern, bekam eine hohe Abfindung. Die finanzielle Entschädigung der vielen „kleinen Menschen" wäre zu kostspielig.

Tanja versuchte, den Grad der Radioaktivität im Körper messen zu lassen. Dafür gebe es nur eine Institution in Sankt Petersburg, aber auch die ist für einfache (verstrahlte) Bürger „verschlossen". Sie meinte, ich soll es doch in Deutschland versuchen.

Habe tatsächlich im Berliner Institut für Umweltschutz jemanden erreicht. Aber eine völlig emotionslose Antwort eines echten Beamten bekommen: „Wir beschäftigen uns nicht mit der Messung von Radioaktivität." Wer sich damit beschäftigen könnte, wusste er nicht. Ich habe es aufgegeben. Was hilft mir das auch heute, wenn ich als Kind meine Haare mit Regenwasser wusch, mich stundenlang in die Sonne legte, tagelang im Freien verbrachte. Die Milch, die ich trank, gab die alte gute Kuh, die graste, na, wo schon? - in der verseuchten Steppe.

Als die Fukushima-Katastrophe passierte, kam in mir natürlich alles wieder hoch: Wut, Ausweglosigkeit, Ärger über die Scheinheiligkeit der Politik. Beeindruckt hat mich eine Kolumne zu diesem Ereignis in „Schrot & Korn" von Fred Grimm. Hier ein paar Zeilen daraus:

„Die Zeit neuer, schöner Worte wie „Atomausstieg" oder „Energiewende" begann. Doch bald schon setzte ein bizarrer rhetorischer Mechanismus ein ... Es ist wie immer: Ob Ölkatastrophen, Fleisch- oder Dioxinskandale - stets rotiert die große Betroffenheitsmaschine für ein paar Tage ... Nein, ich brauche die perverse Bestätigung und Menschheitstragödien nicht, weil der Kampf für eine bessere Welt eigentlich ein leidenschaftliches, beinahe zärtliches Ringen sein sollte, dessen Sieg durch Überzeugung erreicht wird und nicht durch Tod."

Rückkehr zur Pionierzeit

Es fällt mir nun unheimlich schwer, zurück zu meiner unbekümmerten, durch diese Ereignisse ungetrübten (wie grotesk und makaber das auch zu klingen mag) Pionierzeit zurückzukehren. Aber ich möchte so gerne die Vorstellung meiner „Wunder-Schule" zu Ende führen.

Ausflüge anderer Art, als unsere Klassenleiterin, unternahm mit uns der Pate bzw. Woshaty, der meistens drei, vier Jahre älter war und für uns trotzdem eine Autorität darstellte. An unseren Sergej Stazenko erinnere ich mich noch gut, nicht im Zusammenhang mit einem Ausflug, sondern mit der Organisation bzw. Vorbereitung zum jährlichen Spiel „Sarniza" (Himmelröte bei Sonnenaufgang). Es war eine Art Projekt. Das Spiel schlug alle ohne Ausnahme in Bann und das über mehrere Jahre. Wir fühlten uns als Partisanen, Soldaten, die schlau, pfiffig, erfinderisch sind. Um an das versteckte Objekt zu kommen, das Ziel, überwanden wir einige Hindernisse, „eroberten" Stützpunkte, mussten wir schneller sein als die Anderen. Das war der Sinn der Sache: eine der beteiligten Parallelklassen konnte nur gewinnen, indem sie das Ziel erreichte. Die Klasse, die das Ziel als erste erreichte, hielt das Paket oder die Fahne in Händen. Es gab eine Karte mit Wegbeschreibung und verschlüsselten Zeichen. Dafür lernten wir das Morsen.

Wir rannten mit Hurra-Schreien von einem „eroberten Stützpunkt" zum anderen. Hatten wir das Ziel als Erste erreicht, brach unbeschreiblicher Jubel aus. Die Gewinner-Klasse bekam einen Wimpel, der in der Klasse oder im Foyer der Schule ausgehangen wurde. Die anderen beteiligten drei bis vier Klassen waren sicher enttäuscht, aber es hieß: es gibt keine Gewinner, nur Erste, Zweite usw., wichtig ist die Teilnahme. Mir scheint, dass es auch so war, abgesehen von den Emotionen in den ersten Tagen und ein Paar Streithähnen, die immer wieder versuchten zu diskutieren. Dafür waren die Paten da, die die Hitzköpfe zur Raison brachten. Der Verlauf und das Ergebnis des Spiels wurden noch einmal ausgewertet und jeder Teilnehmer ein wenig gelobt. Das war der pädagogische Effekt dieses Spiels: Erlernen sozialen Verhaltens, Entfaltung der Fähigkeiten und Fertigkeiten.

Um diese Eigenschaften ging es auch in der Situation, dank der ich mich teilweise überhaupt an dieses Spiel erinnere. Bestimmt, weil es persönlichen Charakters war. Es war in den Frühlingferien vor Ostern.

Und meine Mutter beschloss, wie jedes Jahr, die Decke des Wohnzimmers zu tünchen. Diesmal musste ich es zum ersten Mal tun. Die Wände waren tapeziert, aber die Decke mit Kalk zu streichen, war ein ganz schwieriges, unangenehmes Unterfangen. Der Kalk lief mir die Hand hinunter, fraß sich in die Haut ein, besonders unter die Fingernägel, spritzte in die Augen. Wieso wir nicht zumindest Handschuhe und Brillen dabei trugen, ist mir heute unklar. Aber ich musste da zügig durch, denn die Vorbereitung für das Spiel „Sarniza" begann ausgerechnet an diesem Sonntag um elf Uhr, spätestens um zwölf. Meine Mutter war sich sicher, dass ich das schaffe, genauso wie sie die Meinung vertrat, dass Arbeit keinem geschadet hat. Ich war etwa elf Jahre alt und konnte wohl besser vom Stuhl auf den Tisch klettern als meine Mutter. Das Problem bestand darin, dass das Zimmer winzig war, die wenigen Möbeln konnten schlecht gerückt werden. So musste ich nicht nur alle paar Zentimeter vom Tisch springen und wieder hinaufklettern, sondern mich weit über das abgedeckte Klavier recken, das Bett wegschieben und zurückstellen. Rauf-und Runter-Klettern, die Schieberei dauerten länger.

Plötzlich klopfte jemand an der Tür, und schon stand mein Banknachbar Victor Danilow im Zimmer. Es kam wie aus einer Pistole: „Lenka, wir warten schon alle auf dich und machen uns Sorgen. Du bist doch sonst als eine der Ersten immer da." Danach weiteten sich seine Augen, als ihm bewusst wurde, was ich da tat, auf einem Tisch stehend. „Wie, du streichst?" - „Ja, ja", sagte meine Mutter, „Lena kommt schon, in zehn Minuten ist sie bei euch, Victor. Lauf nur und beruhige den Paten." - Was Victor auch tat, dabei konnte er die Sensation des Tages nicht für sich behalten: „Stellt euch vor, Lenka tüncht die Decke, wer macht das schon von euch Mädels?" Er verbarg seine Bewunderung nicht, und als ich ankam, hatte ich ein paar Bewunderer mehr um mich. Die Neuigkeit verbreitete sich wie ein Feuer sogar in anderen Klassen. Dieses stolze Gefühl, auf einmal auf solch eine positive Weise „berühmt" zu werden, währte lange. Ich war plötzlich so etwas wie ein Star.

Aber auch Blamagen hat mein Gedächtnis festgehalten, Eine davon erlitt ich beim Erreichen einer der nächsten Pionierstufen.

An dieses Ereignis erinnere ich mich ab und zu beim Kartoffelschälen mit sechzig Jahren. Komisch, finden Sie? Ich verstehe es. Also es war so. Jeder Pionier erhielt außer dem roten Pionierhalstuch ein rotes Pionierbuch, das er nicht obligatorisch wie ein Kommunist das Parteibuch stets dabei haben musste. Nur beim, in jenen Jahren, obligatorischen „Erreichen der Stufen", da sollte es schon dabei sein. Auf dem ein paar blätterdicken - 10 mal 13 Zentimeter - großem Taschenbüchlein waren auf rotem Grund weiße römische Zahlen von I-IV gedruckt. Das waren die Stufen, die jeder Pionier zu erreichen hatte, jedes Pionierjahr bedeutete eine Stufe in der jeweils vierten, fünften, sechsten und siebenten Klasse. Es war spannend, und man lernte etwas dazu. Laut meiner lieben Mutter hat jedes Wissen einen besonderen Wert. Man hatte es leicht mit sich zu tragen, „denn es erschwerte die Taschen nicht" - so Mutter. Und ich, braves Kind, sah das ein, was ich auch nie bereuen musste.

Also zu den vier Stationen. Die wurden von einer Jury aus Paten-Komsomolzen, Pionierleitern und jungen Lehrern bestehend, festgelegt. Es gab Fragen aus dem intellektuellen Bereich und praktische Aufgaben an etwa zehn Stationen. Die Fragen bezogen sich mehr auf Heimatkunde und die praktischen Aufgaben auf den Haushaltsbereich. Mit jedem Jahr stieg der Schwierigkeitsgrad. Wenn man in der vierten Klasse einen Knopf annähen musste, so war es wohl in der fünften, sechsten das Sokkenstopfen. Alles andere wäre jetzt Raten von mir, denn an Einzelheiten kann ich mich nicht erinnern. Nur an das Kartoffelschälen! Das war die Station der Stufe I, die ich mit Ach und Krach bestand. Die Schalen sollten dünn und lang unter dem Messer hervorkommen. Eine Stopp-Uhr gab es auch. Die war einfach zu schnell, so wie die zwei Pioniere neben mir, deren Schalen dünner und schneller herauskamen. „Lena, du kannst weitergehen, für diese Station bekommst du nur einen Punkt" (oder war es eine fünf? - möglich wäre es). Eins weiß ich, mein Gesicht glühte, und ich schwor mir an Wochenenden und in den Ferien Kartoffeln zu schälen. In der Woche war ja Mutter mit dem Mittagessen stets fertig, wenn ich aus der Schule kam. Die Stufe I habe ich bewältigt, aber die Blamage setzte mir ganz schön zu, sonst würde ich das längst vergessen haben.

Ich war eines der glücklichsten Kinder der Welt, nicht zuletzt dank des schönen durchaus interessanten Pionierlebens.

Mit vielen Ritualen waren die Pioniernachmittage behaftet, an denen man obligatorisch Festkleidung (weißes Hemd und weiße Schürze) trug, Gruppenlieder sang usw., also eine feierliche Atmosphäre geschaffen wurde. Ich persönlich fand es schön aufregend und schmetterte wohl am lautesten alle Lieder mit.

Rituale. Pionierlager

Am schönsten waren aber die Lagerfeuer zum Jahresende. Auf diese Weise wurde der Tag der Pioniere gefeiert. Schon damals ging es weniger um den Anlass, als um das nicht auslöschbare Erlebnis und Ritual. Das Lagerfeuer loderte bis dreiundzwanzig Uhr. Wir tanzten um das Lagerfeuer fast bis Mitternacht, sangen und grillten Kartoffeln.

Unvergessen bleibt der erste September mit einem Meer aus Astern, Gladiolen, Nelken, die fast ein jeder der Klassenleiterin mitbrachte. Ein schönes Ritual der Freude auf das Wiedersehen, des Neuanfangs.

Ach ja, im Sommer musste man den kleinen Schulgarten etwa zwei Wochen lang gießen. Der Rest der Ferien, von Mai oder Juni bis zum dreißigsten August, gehörte der Familie. Aber auch an diese Zeit wurde gedacht. Die Eltern vieler meiner Schulfreunde, sowie auch meine, konnten nicht jedes Jahr in Urlaub fahren. Besser gesagt, sie konnten es sich gar nicht erlauben. Dafür gab es aber in drei Schichten, zu je einundzwanzig Tagen ein Pionierlager. Es lag am klaren blauen Schasybai-See mitten in der Oase der kasachischen Steppe, wo ich einst geboren wurde. Der Aufenthalt war für Arbeiterkinder gedacht und deshalb für jedes Kind zugänglich. Man hätte sogar zwei Schichten lang bleiben können.

Ich war zweimal im Pionierlager „Möwe". Meine Kinder waren nie im Pionierlager, sie erholten sich bei Oma und Opa am besten. Ich hatte ja leider keine Großeltern, die mit Sehnsucht auf die Enkel warteten, um sie zu verwöhnen, andererseits war ich auch kräftiger als meine Töchter. Ein Pionierlagerleben war etwas für Kinder, denen der organisierte Tag nicht viel ausmachte.

Mir machte das frühe Aufstehen nichts aus, sowie die Dienste im Gruppen-oder Speiseraum des Pionierlagers, der Küche, die nicht so angenehm waren. Aber was machte das schon aus, wenn man solche schönen Erlebnisse auf den vielen Ausflügen durch den Wald, in die Berge, beim Baden, Beerensammeln, Abenden am Lagerfeuer, Höhlen-Führungen, Besteigen kleiner Berge etc. hatte. Und wie viel habe ich in diesen fünfzig Jahren vergessen!

Das menschliche Gedächtnis ist eben fähig wie der Computer einiges zu löschen. Bei dem Vergleich fällt mir aber etwas ein: ich stelle triumphierend fest, dass das Gelöschte im Computer unwiderruflich fort ist. Mein Gedächtnis hat aber noch nach Jahrzehnten so viele Details hervorgerufen, die völlig verdrängt waren, sogar ausgelöscht. Also ist der Mensch doch das größere Wunder, hurra!

Muttersprache-Unterricht

Beim Stichwort Wunder erneut gelandet, weiß ich auch wieder, dass ich dieses Kapitel mit dem größten der Wunder meiner Schulzeit abzuschließen vorhatte.

Erwähnt habe ich dieses Wunder schon. Der Leser wird es bestimmt nebenbei „registriert" haben, dass ich ab der zweiten Klasse der Allgemeinschule fünfmal pro Woche in Deutsch als Muttersprache unterrichtet wurde.

Das muss man sich mal vorstellen: elf Jahre nach dem Ende des Weltkrieges, als die Wunden spürbar, der Hass gegen Deutsche enorm war, erlaubt man einer jungen Lehrerin für Kinder der Russlanddeutschen einen Muttersprache-Unterricht einzuführen und ihnen das verhasste

Deutsch beizubringen. Vor dem Krieg war Deutsch die beliebteste Fremdsprache, nun wurde es zunehmend das Englische, obwohl es in der Peripherie an Englisch-Lehrern mangelte. Vielleicht gab es deshalb zu der Zeit immer noch mehr Deutsch-Unterricht, aber als Fremdsprache. Unterricht in der Muttersprache war eine Revolution, ein Wunder eben.

Eine junge Deutschlehrerin, selbst Russlanddeutsche, Ella Derksen war es, die nach Adenauers Staatsbesuch 1955 und der daraus resultierenden Aufhebung der Kommandantur für Zwangsumsiedler (zwar noch ohne Erlaubnis zur Rückkehr in die Heimatorte), das Wunder des Muttersprache-Unterrichts ermöglichte. Sie hatte das Fernstudium in Germanistik in Alma-Ata aufgenommen, nachdem die Schranken dafür fielen. Jung (nicht mal vierzig Jahre alt) und ehrgeizig, wie sie war, reichte ihr das nicht aus. Als ihre Tochter Lilli mit mir im selben Jahr 1956 zur Schule ging, begann sie ihren Kampf für den Muttersprache-Unterricht in einer kleinen Gruppe von siebzehn Schülern der Klasse zwei A. Es waren mehr als die Hälfte der Klasse, denn meine Mitschüler waren meist Deutsche, Juden und ein paar Kasachen.

Dass die Lehrerin einen harten Kampf für die Sache ausstehen musste, bekam sogar ich als Kind mit. Die einzige Tochter der Schuldirektorin, Tatjana, zwar keine Deutsche, sondern Jüdin, war unsere Mitschülerin. Vielleicht deshalb oder auch wegen des Ehrgeizes der jungen Direktorin, ließ sie sich, Gott sei Dank, letztendlich für das Experiment breitschlagen. So konnten, Lilli Derksen, ich und andere fünfzehn Mitschüler unsere Muttersprache lernen.

Dafür, dass sich Ella Derksen durchsetzte, könnte man ihr ein Denkmal setzen. Auf jeden Fall habe ich es in meinem Gedächtnis für immer getan. Natürlich ist mir das Ausmaß ihrer Tat, ihres Mutes erst im Nachhinein bewusst geworden.

Damals konnte ich nicht begreifen, wie schwierig es war, diesen Unterricht im Stundenplan unterzubringen. Na ja, technisch gesehen gar nicht mal so kompliziert: man hat die sechste oder siebte Stunde angehangen. Die anderen, die „Fremdsprachler" gingen nach Hause und wir blieben an drei Tagen der Woche eine Stunde länger. Zwei Unterrichtseinheiten hatten wir außerdem parallel zur Gruppe mit Fremdsprachen-Unterricht in Englisch. Das wollte auf jeden Fall die engagierte Direktorin. Sie unterrichtete selbst in den fünften und sechsten Klassen Englisch, wenn Unterricht ausfiel. Und er fiel sehr oft aus, denn Englischlehrer waren Mangelware, besonders in unserer Steppe. Die meisten, gesandt vom Bezirksschulamt, fuhren nach paar Monaten einfach weg.

AUF NACH MAIKAIN!

Das darf buchstäblich aufgefaßt werden. Aus der Vogelschau gesehen, ist Maikain ein in der fast graslosen Steppe verlorenes Städtchen mit gradlinig auseinanderlaufenden Straßen. Kein Busch, kein Baum. Braunrotes Geröll und fahles Gestein. Salzweiße seichte Wasserbecken.

Unser AN-2 zieht seinen letzten Kreis, fällt dann plötzlich fast senkrecht hinab und hoppelt schließlich wie ein Wagen, wenn die Pferde scheu geworden sind, querfeldein. Wir werden noch einmal gründlich durchgerüttelt. Ich steige aus und gelobe mir, in den nächsten fünfzig Jahren von dieser Fahrgelegenheit keinen Gebrauch mehr zu machen.

Nachdem der Vogel mit meinen Reisegefährten weitergesegelt ist, stehe ich mutterseelenallein vor einem weißen Häuschen mit Treppe davor und Funkmast daneben. Und ich hatte es gewagt, mit einem Taxi zu rechnen!

Bis zur Siedlung ist es weit. Zu Fuß allzu weit. Da kommt ein Lastwagen angewackelt. Eine dicke Staubwolke folgt. Vom Sitz springt ein junger Kasache. Schwarzes Haar, lustige schwarze Augen, geschmeidige Glieder. Im Vorbeigehen löst er meine Zweifel. Ja, er fährt nach Maikain. In fünf Minuten. Mitfahren? Aber bitte!

Nach einer Weile erscheint er mit einem schlafenden Baby. Eine ebenso dunkelhaarige und schwarzäugige Frau folgt ihm. Er hilft ihr die Treppe hinunter und erklärt freudig: „Sie ist am Morgen gekommen. Unerwartet. Ich hab' noch gar nicht gehofft! Tapfer bist du, Nurshamal! Nach solch einer Operation!"

Dabei werden die glückstrahlende junge Frau und das Kind so bequem wie möglich im Fahrerhäuschen untergebracht.

Also, dann mal rauf in den Karten. Vorsichtig geht es vorwärts. Und doch pfeilt der Wind um die Ohren und zaust nach Herzenslust an den Haaren. Aber was läßt man sich nicht alles gefallen, um einmal wieder Examen in der Muttersprache beizuwohnen!

RÜCKBLICK

Noch vor einigen Jahrzehnten war Maikain ein kleines Lehmhüttendorf. Seinerzeit trieben die Engländer hier ihr Unfug. Sie sollen ziemlich viel Gold, unter verschiedenem Gestein in Säcken getarnt, über die Grenzen Zarenrußlands geschmuggelt haben.

Die Häuser, die sich die Mister Yorquart (so hießen die größten Grubenbesitzer) hier bauten, halten meterdicke Wände. Sie sollten die vorsichtigen Briten vor dem grimmigen kasachischen Winter und dem Grimm der betrogenen Kasachen schützen. Sie stehen noch, die alten Häuser, doch keine „homes" und „castles" konnten der russischen Revolution standhalten. Das und noch mehr erfuhr ich von meiner Zimmernachbarin im Gasthaus. Sie hatte am Vortag die erstoffenen Goldgruben der ehemaligen Mister besichtigt. Aus dem Wasser ragen immer noch verrostete Teile alter rostiger Maschinen hervor. Es lohnt nicht, die Gruben trockenzulegen. Anderswo liefern andere Gruben mehr. Doch genug der Vergangenheit.

IN DER SCHULE

Zu beiden Seiten der breiten asphaltierten Hauptstraße stehen zwei- und dreistöckige Wohnhäuser, die ihre Balkons freundlich einander entgegenhalten. Autobusse, Haltestellen, Kaufläden — alles wie in einer Stadt. Und die Hauptsache: junge, zwar kümmerliche, aber dennoch Aug und Herz erfreuende Grünanlagen.

Ein Lastauto mit raumweiter Zisterne bremst, es zischt, und ein Wasserstrahl labt und tränkt die durstgequälten Blumenbeete vor dem funkelnagelneuen Breitwandkino.

Daneben steht die Mittelschule. Eigentlich zwei: eine russische und eine kasachische. Große dreistöckige Gebäude.

Glück muß der Mensch haben! Kaum betrete ich die Schule, da kommt mir Ella Gustawowna entgegen.

„Da sind Sie endlich. Ich habe Sie schon nicht mehr erwartet. Willkommen!"

Ich kann nicht behaupten, daß sie sich sehr gefreut hat. Sie sagte es mir ja auch, als ich sie aus Pawlodar anrief: „Wenn Sie wollen, kommen Sie. Denken Sie aber bloß nicht, daß es so sein wird wie seinerzeit.

Bis zur Siedlung...

Die Kinder sprechen ja flott, aber Fehler machen sie noch genug..."

Der aufmerksame Leser wird sich vielleicht noch an Ella Derksens Brief (NL Nr. 21) erinnern, in der sie über die Vorbereitungen ihrer siebzehn Schüler der 10. Klasse zum Examen in der Muttersprache berichtete. Von der 2. Klasse an führte sie diese Mädchen und Jungen.

Die Lehrerin sieht müde aus. Kein Wunder: 40 Wochenstunden! Dazu Klassenleiterin. Zwei Töchter beenden in diesem Jahr die Schule. Netta die echte, Lilli die zehnte Klasse. Lilli ist eine der Siebzehn, aber auch für die restlichen Sechzehn ist Ella Derksen in diesen Jahren zur zweiten Mutter geworden.

„Haben Sie auch einen Ausweis? fragt sie mich. „Unsere Sofia Loginowna..."

Die Direktorin studiert aufmerksam mein Korrespondentenbüchlein.

„Und wo waren Sie und das NL während des Schuljahrs? Ella Gustawowna arbeitet nun schon neunzehn Jahre hier, und noch nie hat sie ein Fachmann in den Stunden besucht. Sie sagen ‚gute Lehrerin'. Ich bin nicht davon überzeugt. Etwas stimmt nicht. Nicht nur nach jedem Viertel, sondern auch wenn das Schuljahr zu Ende geht, gibt's zuviel Zweien. Sogar bei der Reifeprüfung in der Fremdsprache ist einige durchgefallen. Liegt es an den Unterrichtsmethoden? Ich bin da nicht zuständig. Dabei steckt sie immer in der Schule, arbeitet ohne Unterlaß..."

„Studieren Absolventen Ihrer Schule Deutsch an Hochschulen?" frage ich hinterlistig.

„Aber natürlich! Viele."

„Und kommen sie mit?"

„Sogar gut. Kenntnisse haben sie..."

„?!"

„Hm."

„Also Kenntnisse haben sie? Ein alter gescheiter Lehrer sagte mal, die besten Unterrichtsmethoden seien diejenigen, die Kenntnisse verleihen."

„Ja, aber die vielen Zweien!"

Für manche ist das Rechenbrett eben immer noch das einzige Mittel, die Arbeit eines Lehrers zu beurteilen.

„Oft kommen die Schüler mit schlechten Vorkenntnissen zu uns", meint Ella Derksen. „Sie sprechen Hochdeutsch und im Schule. Auch ein Sprachkabinett fehlt."

Die Direktorin verspricht, im nächsten Jahr unbedingt ein solches Kabinett einzurichten, und schiebt mir die Prüfungskarten zu: „Vielleicht sind die Anforderungen überrieben!"

Ob's List gegen List ist?

Ich lese. Na ja, wer diese Fragen beantworten will, muß schon was wissen. Und erst die Karten im Fach Muttersprache:

„Einen unbekannten Text lesen und wiedererzählen. G. E. Lessing: Biographie."

„Emilia Galotti: Inhalt und Charakteristik der handelnden Personen."

„Goethe: Biographie. ‚Mailied' auswendig."

„Schillers Balladen. Die Freundschaft mit Goethe."

„Goethes Werke der Sturm- und Drangperiode. ‚Prometheus' auswendig."

„Heine: Die Harzreise. Den Prolog auswendig. Inhalt und Ideengehalt des Werkes."

Dasselbe von „Kabale und Liebe", vom „Buch der Lieder", von „Deutschland, ein Wintermärchen", von „Faust". Und so weiter und so fort.

NELLY WACKER

Tag der Ernte

Die dritte Frage bezieht sich auf die Grammatik. Außerdem ist da noch ein Satz zu analysieren.

Alles in allem — eine gute Portion für einen gesunden Magen.

Vieles davon finden wir ja im Programm, aber den Deutschlehrer, der es tatsächlich so gewissenhaft erfüllt, möchte ich sehen.

AM ABEND

„Sie haben uns Regen gebracht, den ersten Regen in diesem Sommer", sagt Ella Gustawowna.

Deshalb schläft es sich so gut. Dazu noch die Müdigkeit von der gestrigen Reise. Dazu das gemütliche Heim der Familie Derksen, in das ich aus dem Gasthaus gezogen bin. (Wieviel wir am Abend noch besprechen werden!" Gegen dieses Argument war ich machtlos. Wir haben uns auch redlich ausgesprochen.)

Hier wurde ich mit Lilli und ihrem Halbbruder Wladimir Bohrmann, ebenfalls einem Abiturienten, bekannt. Junge, lebensfrohe Menschen mit erwartungsvoll leuchtenden Augen.

Lilli will Ingenieur werden („In Mathematik hatte ich noch immer eine Fünf!"), möchte wissen, welche Fakultäten es an der Pawlodarer Industriehochschule gibt und ob während der Aufnahme großes Gedränge herrschen wird.

Lene Keim, mit der sie an diesem Abend noch ein letztes Mal Deutsch wiederholt, ist in ernstes und zurückhaltendes Mädchen. („Meine beste Schülerin!" flüstert Ella Gustawowna.) Lene will Germanistik studieren. Vielleicht in Omsk. Oder in Nowosibirsk.

Ich empfehle ihr natürlich Omsk, das ich kenne und liebe, erzähle von Jakob Wall, Waltraut Mamedbejli und den übrigen Lehrern der dortigen Pädagogischen Hochschule. Die großen schwarzen Augen des Mädels leuchten. Vielleicht hat sie sich schon entschieden? Eines aber, das ist, daß in Nowosibirsk Victor Klein tätig ist, und nun schwankt sie wieder. Ein liebes, kluges Mädchen, diese Lene Keim, sie wird ihren Weg schon finden.

Noch eine angenehme Bekanntschaft mache ich: Oma Bohrmann, die Mutter von Ella Derksen. Adolina Iwanowna ist es, die mich mit dem Lebenslauf ihrer Tochter vertraut macht. Die alte Frau stammt aus einer Lehrerfamilie, deshalb spricht man in diesem Hause nur hochdeutsch. Ihr Mann, ein Schmied, starb 1933, und sie blieb mit einem Häuflein Kinder allein zurück.

Drei ihrer Töchter wohnen in Maikain, die eine ist Lagerverwalterin, die zweite Krankenschwester, die dritte, Lehrerin. Aller drei hatten es schwer („Der Krieg, Sie verstehen doch") Ella beendete erst in der Nachkriegszeit extern eine Mittelschule, bezog als Fernstudentin eine Hochschule in Alma-Ata und absolvierte sie als Vierzigjährige. (Ihr ganzes Sinnen

Unsere Ella Gustafovna fehlte nie. Und sie war streng. Wieso hätten sich sonst die unzähligen Rein- und Raus-Szenen meinem Gedächtnis so einprägen können, wenn nicht durch die Konsequenz und Strenge meiner Deutschlehrerin. Verspätete sich einer, vom WC zurückkommend (da ist gerne mal der eine oder andere verschwunden aus verschiedenen Gründen, wie z.B. aus Angst aufgerufen zu werden), musste er um Erlaubnis bitten, sich wieder setzen zu dürfen. Und das in Deutsch natürlich. Da sagten die meisten: „Kann ich mich setzen?" Worauf die Lehrerin seelenruhig meinte: „Geh raus, klopf an und komm noch einmal herein." Sie fügte nie hinzu: „Du musst anstatt können ein anderes Modalverb nehmen". Auf das „dürfen" musste er selbst kommen. Ella G. blieb eisern. Manchmal kam es vor, dass einige dreimal hintereinander anklopfen mussten.

Vorsagen war strengstens verboten. Natürlich auch beim Gedichtaufsagen, Dik-tateschreiben, Konjugieren, Deklinieren. Unsere Lehrerin hatte im ersten Jahr noch nicht mal ein Lehrbuch, irgendwann abonnierte sie die Zeitung der Russlanddeutschen „Neues Leben", herausgegeben in Moskau und besorgte Lehrbücher aus Alma-Ata, der kasachischen Hauptstadt, wo sie studierte. Später gab es eine Grammatik und ein Literaturlehrbuch, das ich besonders gern hatte.

Die Sprache von Goethe und Schiller klang für mich wie die schönste Musik. Ich saugte die Gedichte regelrecht auf. „Gefunden", „Lorelei", Auszüge aus dem „Faust", Schillers Balladen - und ich sagte alle mit größtem Vergnügen auf.

Ella Gustafovna wagte es sogar, einen deutschen Theater-Zirkel mit uns zu gründen. Da waren wir aber schon in der achten oder neunten Klasse. Trotz des Zeitmangels wegen der Musikschule, der vielen Hausaufgaben war ich mit voller Hingabe dabei. An die Aufführung von „Emilia Galotti" kann ich mich noch erinnern. Bestimmt, weil meine liebe Mutter mir aus Mull ein unwahrscheinlich schickes Kleid nähte. Es war rosarot, hatte mehrere gestärkte Röcke, unzählige geraffte Rüschen mit Samtschleifchen und Perlen an den gerafften Stellen, auch an den Ärmeln, eine Schleppe sogar, also eine schicke Kluft aus Ritterzeiten. Eine Stola gab es auch noch, glaube ich. Andererseits kann ich mich heute noch an das Lob über mein schauspielerisches Talent erinnern. Ich wäre so überzeugend und authentisch gewesen, dass die Zuschauer völlig begeistert mir am meisten applaudierten. Und das aus dem Mund meiner strengen Lehrerin! Kein Wunder, dass ich stolz war, denn sie ging mit Lob sehr sparsam um.

Sie war aber auch ein Talent: sie hatte die Gabe, ihre Liebe zur deutschen Sprache nicht nur auf uns zu übertragen, sondern diese der Öffentlichkeit zu vermitteln zu jener Zeit. Unsere Auftritte, Konzerte fanden im Klub statt, nicht nur in der Schule, sie schrieb an die Zeitung „Neues Leben", hielt Kontakt zu russlanddeutschen Schriftstellern und Dichtern.

So kam zu unserer Abitur-Prüfung die Dichterin Nelly Wacker, als Korrespondentin der deutschen Zeitung. Sie veröffentlichte danach einen Zeitungsartikel über die ersten Muttersprache-Abiturienten der Deutschlehrerin Derksen. In diesem Beitrag schrieb sie über ein Mädchen mit schwarzen Kulleraugen, die vom Germanistik-Studium träumte. Sie sei überzeugt, dass der Traum dieses Mädchens in Erfüllung gehen werde.

Viele kleine Wunder

Einen Monat später fuhr ich zu Aufnahme-Prüfungen nach Omsk. Diesen Lehrstuhl mit der Abteilung für zukünftige Muttersprache-Lehrer empfahl mir die Dichterin.

Und nun urteilen Sie selbst, liebe Leser: war meine Schule, der Muttersprache-Unterricht ein Wunder in der kasachischen Steppe der 50er Jahre oder nicht?

Die Erkenntnis, dass es ganz bestimmt ein Wunder war, kam mir viel später, 1993, als ich nach Deutschland kam.

Nachdem wir am 19. Januar 1993 in Deutschland ankamen und in Berlin landeten, hatten wir in der Woche jede Menge Ämtergänge zu erledigen. Am Wochenende zog es uns zu unseren lieben Verwandten nach Mecklenburg-Vorpommern. Mein allerliebster Cousin Helmut und seine Frau Luzi nahmen mich am Sonntag in das dreißig Kilometer vom Dorf entfernte Städtchen zum Gottesdienst der Baptisten-Gemeinde mit. Den Gottesdiensten habe ich schon während der DDR-Besuche beigewohnt. Den Predigten von Pastor Specht hörte ich besonders gerne zu. Der Pastor verstand es, seine Predigt so zu gestalten, dass er in einfachen Worten von der Darlegung des Bibel-Themas zum aktuellen Leben, dem Alltag, geschickt eine Brücke legte.

Genau das geschah in der Predigt, die ich nie vergesse. Der Pastor sprach von Wundern. Nun wird so mancher, so ähnlich wie ich davor reagieren: „Ha, ha, Wunder, wer's glaubt …" Trotzdem konzentrierte ich mich auf die Rede vom Pastor Specht. Und er sagte sinngemäß Folgendes.

Wir erwarten alle große Wunder. Manchmal glauben wir, umsonst gewartet zu haben und sind überzeugt, es gibt keine Wunder, alles Märchen. Wir haben sie uns so sehnsüchtig, krampfhaft herbeigewünscht. Dabei haben wir aber die kleinen Wunder übersehen, die in unserem Alltag so oft vorkommen, die uns unbewusst zu größeren führen. Es gibt sie, die großen Wunder in unserem Leben, man muss sie nur erkennen können.

Diese Erkenntnis fiel mir plötzlich wie Schuppen von den Augen. Meine Eltern sprachen mit mir nur deutsch zu Hause, lehrten mich meine Muttersprache zu lieben. Ich hatte das Glück, deutsch im Muttersprache-Unterricht in der asiatischen Steppe zu lernen. Die guten Sprachkenntnisse und die Liebe zur Sprache führten zum Germanistikstudium. Irgendwann meldeten sich meine Verwandten ersten Grades in Deutschland, und ich durfte sie besuchen. Es fiel die Mauer, die Sowjetunion zerfiel und nun lebte ich im Land meiner Vorfahren. Die vielen „kleinen" Wunder haben zum „großen" geführt: ich sollte irgendwann nach Deutschland kommen. Die ganzen vierzig Jahre meines Lebens führte mich das Schicksal (Pastor Specht würde sagen: Gott) unbeirrt zu diesem großen Wunder.

Das geschah 1993, aber zwischen dem Abitur und meiner „Wunder-Schule", womit ich das Kapitel Maikain beende, lag bis zur Ankunft in Deutschland noch ein langer Weg.

Teil 3. Omsk. Pawlodar. Maikain. Jermak

Kapitel 1. Omsk. Jahre des Studiums und der Jugend. 1966 - 1969

Reise in die Studienstadt. Untermiete und Heimweh.

Am 26. Juni 1966 feierten ich mit meinen Mitschülern, unseren Eltern und Lehrern, zum letzten Mal zusammen in der Schule, den Abschlussball. Und an diesem Schicksalstag nahm ich Abschied von meiner unbeschwerten Kindheit, was ich damals zum Glück nicht ahnen konnte.

Zwei Wochen später begleitete mich meine liebe Mutter zum vierzig Kilometer weit entfernten Bahnhof. Der Zug, der mich nach Omsk bringen sollte, fuhr mitten in der Nacht. Mutter und ich kamen mit dem Bus am Tag an und verbrachten die Zeit bei Bekannten. Familie Nuss besuchte uns auch ab und zu. Mein Vater und David Nuss hatten sieben Jahre in der Trudarmee im tiefsten Norden verbracht. Ich erinnere mich an den Abschied von Mutter, den ersten in meinen siebzehn Jahren. Der war in dieser Finsternis der Nacht für mich herzzerreißend. Mein Vater war nicht dabei, weil er am Morgen arbeiten musste. Er hätte den Abschied nicht über's Herz gebracht, er hätte bestimmt gesagt: „Komm nach Hause, musst nicht in die Fremde." Meine Mutter ließ sich überhaupt nichts anmerken, sie strahlte solche Ruhe und Zuversicht aus, dass mir das Weinen verging. Sie redete nicht von der Grausamkeit der Welt, von Schwierigkeiten, die auf mich warteten. Es fiel auch kein Wort darüber, dass ich mich vor „bösen Jungs" vorsehen sollte. Jahre danach dachte ich, hätte Mutter mich vorgewarnt, wäre ich nicht später an einen Alkoholiker geraten. Heute weiß ich es besser. Ich kann meiner Mutter wegen meiner gescheiterten Ehe überhaupt keine Vorwürfe machen. In der Nacht dachte ich nur an die Trennung von meinen lieben Eltern.

Und das war gut so, dass ich im Glauben an das Gute, den meine liebe Mutter trotz vieler Schicksalsschläge nie verlor, mit dem Zug in die große Welt hinausfuhr. Ich musste während der Zugfahrt von anderthalb Tagen einmal umsteigen. Zum Glück in Kulunda, dem großen Verkehrsknoten zwischen dem Altai-Gebiet und Kasachstan. Da wohnte meine Tante Linda, die erste Frau von Mutters Bruder Otto, der zu ihr nach dem Krieg nicht zurückgekehrte. Meine Eltern hatte sie sehr gern und sie blieben weiterhin im Kontakt. Nebenbei gesagt halte ich diesen Kontakt bis heute. Tante Linda ist einundneunzig Jahre alt und wohnt in Karlsruhe. Als ich sie besuchte, erinnerten wir uns beide, wie ich bei ihr schlafen musste, denn den Anschluss nach Omsk hatte ich erst am nächsten Tag. Eigentlich freute ich mich, dass ich bei ihr schlafen konnte, sonst hätte ich auf der Bahnhofsbank übernachten müssen. Also besuchte ich meine Tante zweimal im Jahr in den vier Jahren des Studiums, ab und zu auch dreimal, wenn ich es zwischen den Ferien schaffte. Selbstverständlich freute ich mich auch jedes Mal, Tante Linda zu sehen. Ich hatte und habe sie sehr gern, weil sie ein wunderbarer Mensch ist und ein Teil der Familie Freigang. Über deren Schicksal können wir uns Stunden lang unterhalten. Ihr habe ich viele schöne Erinnerungen an meine Vorfahren zu verdanken. Diese interessieren ihren Sohn und Enkelkinder nicht. Bei meinem letzten Besuch in Karlsruhe 2008 sagte Tante Linda: „Wir sind uns näher als so manche Blutsverwandte, mein Lenchen." Dieses Gefühl hatte ich auch.

Nun wird es aber Zeit, dass ich nach Omsk komme. In eine der bekanntesten und größten Städte Westsibiriens, die damals schon eine Metropole war, auch ein bedeutender wirtschaftlicher und kultureller Standort für das ganze Land. Nicht zuletzt, weil sie am mächtigen Irtysch lag und zusätzliche Schienen- und Wasserwege hinführen. Mir machte das feuchte Klima durch die Lage am Fluss im ersten Winter zu schaffen. Ich fror ständig, bekam durch den Druck auf der Brust schlecht Luft, besonders morgens und abends auf dem Weg zur Uni. Meine Wohnung lag direkt am Fluss, und der Nebel war da am dichtesten in diesen Stunden. Allmählich passte sich aber mein junger Körper an das Klima an.

Viel mehr litt ich an Heimweh. In diesem Zusammenhang erinnere ich mich an eine aus heutiger Sicht witzige Situation. Damals kam sie mir aber nicht witzig vor, sonst hätte mein Gedächtnis sie nicht über vierzig Jahre festgehalten. Also es war so, dass mir kein Platz im Studentenwohnheim zugeteilt wurde. Bevorzugt versorgt wurden damit die einheimischen Studenten aus dem Omsker Bezirk. Ich kam aus Kasachstan, einer anderen Republik. Dementsprechend musste ich mir etwas zur Untermiete suchen. Dafür kamen höchstpersönlich extra meine Eltern angereist. Schon am zweiten Tag ihres Besuchs stand fest, ich wohne zur Untermiete im selben Haus, wo ich mich in der Zeit meiner Aufnahme-Prüfungen aufhielt. Und zwar in der Familie des Bruders von David Nuss. Sie erinnern sich noch an Vaters Leidensgefährten aus dem Iwdel-

Lager (der Name des GULAGS, der nach dem Namen der Ortschaft benannt wurde.)

Hier saß ich mit meinen Eltern am Frühstückstisch, einige Stunden vor ihrer Rückkehr nach Hause, und weinte die bittersten Tränen. Heute noch spüre ich den salzigen Geschmack der Tränen im Mund, so kommt es mir vor. Ich war untröstlich. Für mich war es wie eine Henkersmahlzeit. Meine Mutter versuchte mit ihrem letzten Argument die Bleibe in Omsk, dem so fremden Ort zu versüßen, in dem sie sagte: „Schau, welch schöne Brötchen es hier gibt, bei uns sind die nicht so luftig leicht." Worauf ich schluchzend antwortete: „Ich will lieber jeden Tag schwarzes Brot essen …" Das sollte aber auch etwas heißen zu jener Zeit: der Verzicht auf weißes Brot. Für jeden siebzehnjährigen von heute ein Witz, oder? Man muss sich das aber vorstellen: mehrere Tausend Kilometer entfernt, nicht mal am Wochenende erreichbar, kein Telefon zur Hand.

Es blieben die Briefe. Und die schrieben wir, Mutter und ich bis zur Ausreise nach Deutschland jeden zweiten Tag. So hielt ich die engste und innigste Bindung zu meinen Eltern auch noch mit vierzig aufrecht. Ich finde es schade, dass ich nur einige Briefe meiner lieben Mutter aufbewahrt habe. Erst mit fast fünfzig Jahren begriff ich ihren tatsächlichen Wert für die nachfolgenden Generationen. Ich bin der festen Überzeugung, ein persönlicher Brief ist mit einer E-Mail, die man an zwanzig Menschen verschicken kann, nicht zu vergleichen. Briefe und Karten zu schreiben, mag ich auch heute noch, nur teilt mit mir leider niemand mehr diese „Leidenschaft". Ich verstehe: das Leben hat sich geändert und ich bin alt geworden.

Damals war ich ein vernünftiges siebzehnjähriges „Kind" meiner Eltern und sah ein, dass das Studium lebenswichtiger ist, vielleicht als weißes Brot sogar. Ich war auch unheimlich stolz darauf, dass ich die Aufnahmeprüfungen geschafft habe, sowie gespannt auf das Studium.

Bevor ich aber mit meinen Erinnerungen über die schöne Studienzeit beginne, möchte ich noch paar Zeilen zu meinem neuen Zuhause erwähnen. Die Wohnung lag im zweiten Stock des sechsstöckigen Hochhauses, unter der Wohnung, der mit meinen Eltern befreundeten Familie Nuss. Die Wirtin, Lydia Dimitrijewna, Grundschullehrerin in Rente, brauchte das Geld. So willigte sie auf Anfragen von Nachbarn und meinen Eltern in die Untermiete ein. Danach kam noch eine Studentin dazu, Walentina. So waren wir zu dritt in einer Einzimmerwohnung. Da Lydia D. über die Wintermonate zu ihrer Tochter nach Weißrussland fuhr, um auf die Enkelkinder aufzupassen und im Haushalt zu helfen, waren wir die meiste Zeit zu zweit. Und wenn sie in den Monaten Mai, teils Juni oder Ende August zu Hause war, störte es uns nicht. Wir drei kamen gut aus. Auf jeden Fall kann ich mich nicht an Unmut über das Aufstellen und Wegräumen meines Gästebettes erinnern (Walentina schlief auf der Couch und die Wirtin im Bett). Auch um die Besetzung des Bades stritten wir nie, ebenso wenig um die Lebensmittel, denn wir aßen abends und am Wochenende immer zusammen. Wenn Lydia D. da war, kochte sie leckere Sachen, und wir waren dankbar. Es war ein schönes und friedliches Zusammenleben. Als ich im zweiten Studienjahr einen Platz im Studentenwohnheim bekam, lehnte ich ihn ab. Da hatte ich schon während einer Fete meine Erfahrung gemacht, welch ein turbulentes Nachtleben im Heim geführt wurde. Das hat mir überhaupt nicht zugesagt. Dafür war die Miete wirklich gering, weil diese Frau nicht wie viele Vermieter von den armen Studenten sagenhafte Summen forderte, und ich schätzte die echte Bereicherung durch meine Wirtin.

Geschichte meiner Vermieterin

Gerne erinnere ich mich an diese intelligente Frau mit reicher Lebenserfahrung, nicht zuletzt durch viele Schicksalsschläge. Eine ihrer Geschichten, die mein Gedächtnis über vierzig Jahre festgehalten hat, möchte ich mit Ihnen teilen.

Lydia D. hatte ab und zu Besuch von einem alten Herrn, einem Musiker mit Manieren eines Aristokraten. Sie kannten sich aus der Kriegszeit, er half ihr mit der kleinen Tochter zu überleben. Damals wollte er sie gerne heiraten. Als wir nachfragten, wieso sie das nicht tat bzw. nicht tut, erfuhren wir die folgende Geschichte.

Lydia heiratete sehr jung einen Förster, dessen Vater auch Förster war. So lebten die Jungen mit den Schwiegereltern im Forsthaus mitten in der sibirischen Taiga. Die Schwiegereltern waren gut zu ihr. Mit dem Mann war sie nicht glücklich. Als die zweite Tochter, nur ein paar Monate alt, starb, war Lydia so krank und schwach, dass sie längere Zeit auf dem breiten warmen, russischen Ofen liegend, verbrachte. Ihr Mann verschwand immer öfter für längere Zeit. Eines Tages, als Lydia sich etwas erholte, gingen sie ins Kino. Sie mussten durch die Taiga in das Dorf, wo es an bestimmten Tagen Kino auf Rädern gab. Als sie den Rückweg antreten wollte, war ihr Mann verschwunden, wie vom Boden verschluckt. So machte sie sich alleine auf den Weg durch die Taiga in der Dunkelheit.

Irgendwann hörte sie Stimmen hinter dem Gebüsch. Die des Mannes erkannte sie sofort, die andere war eine Frauenstimme. Sie stand da wie gelähmt. Aus dem Dialog verstand sie, dass die beiden eine längere Beziehung hatten. Noch schlimmer: er schwor der Frau, sobald wie möglich Lydia loszuwerden. Lydia rannte um ihr Leben nach Hause. Am nächsten Tag suchte sie ein Gespräch mit dem Lump außerhalb des Hauses, damit die Eltern es nicht mitbekommen sollten. Als sie ihn mit ihrem Wissen konfrontierte, wollte er sie erschießen. Er richtete seine Flinte, die er ja stets dabei hatte, auf sie. Wer ihn daran hinderte, sie zu töten, ihr Schwiegervater oder die kleine Tochter, die etwas ahnend, angerannt kamen, das weiß ich nicht mehr genau, aber er wurde gestört. Danach redete sie mit ihm nicht mehr, und eine kurze Zeit darauf stellte man fest, er hatte eine schwere Form der Tuberkulose. Es ging mit ihm im Krankenhaus rapide bergab. Auf dem Sterbebett bat er Lydia ihn zu besuchen. Sie tat es den Schwiegereltern zu liebe. Um Verzeihung bat er sie. Er möchte doch befreit von Sünden sterben. Lydia brachte aber kein Wort der Vergebung über die Lippen. „Danach habe ich keinen Mann an mich rangelassen. Und nun muss es auch nicht sein" - beendete sie die tragische Story ihres Lebens.

Mich erschütterte diese grausame Geschichte unheimlich. Ich sah diese Bilder der dunklen angsteinflößenden Taiga, die Angst ums Leben vor der auf deinen Körper gerichteten Flinte und bekam Gänsehaut. Aber wie das so ist: damals mit meinen siebzehn, achtzehn Jahren ahnte ich nicht, dass mich ein ähnliches Schicksal mit Betrug, Verrat, auf mich gerichtetem Gewehr, dem Bangen ums Überleben, erwartet.

Ich hätte diese fremde Geschichte nicht aufgeschrieben, wenn sie sich nicht so tief in mein Gedächtnis eingeprägt hätte.

Ausgerechnet vor ein paar Tagen las ich in einer Zeitschrift ein Interview mit einem Psychologie-Wissenschaftler auf dem Gebiet des menschlichen Gedächtnisses. Er behauptete, dass Gefühle bei der Entstehung von Erinnerungen an Ereignisse und Erfahrungen ganz entscheidend sind. Was uns kalt lässt, hat keine Chance, sich in unser autobiografisches Gedächtnis einzuprägen. Es bleibt Schönes und Angenehmes im Gedächtnis haften, aber nicht so unauslöschlich wie das Traurige. Und er meinte weiter, unser Gedächtnis sei keine Festplatte, eher ein Regenwald, wo vieles wuchert und einiges vergeht, und es gebe keinen Gärtner. Unser Gedächtnis ist nicht mechanisch, es ist organisch. Mir wurde klar, wieso ich so viele Erinnerungen mein Leben lang in mir „herumtrage". Der Wissenschaftler behauptet, dass nur denkende Menschen die Vergangenheit lebhaft vor sich haben. Und dazu noch viel und gerne darüber reden. Das ist es! Meine Eltern redeten immer wieder mit Liebe über ihre Heimat, die Vorfahren, und ich mache das genauso. Erzählen hilft beim Erinnern eindeutig.

Die Geschichte von Lydia D. habe ich bestimmt nicht so oft erzählt. Die blieb in meiner Erinnerung nicht, weil ich sie erzählte, sondern, weil ich sie lebte.

Aufnahmeprüfung an der Hochschule

Aus der Zeit an der Pädagogischen Hochschule von Omsk, die den stolzen Namen des Schriftstellers Maxim Gorki trug, blieben in meinem Gedächtnis einige kurze Episoden aus meinem Leben haften.

Zu den stärksten Episoden zählt die Aufnahmeprüfung in Deutsch. Die Abteilung für Deutsche Muttersprache und Literatur nahm nur zehn Studenten jährlich auf. Bewerber gab es mindestens acht bis zehn Mal mehr. Es lag bestimmt daran, dass die Bevölkerung der umliegenden Dörfer der meisten Kreise, der Oblast (Bezirk) von Omsk aus angesiedelten und zwangsumgesiedelten Deutschen bestand.

Vor der wichtigsten Prüfung in Deutsch von insgesamt drei, gab es einige vorbereitende Veranstaltungen, in denen man die Abiturienten mit den Bedingungen und dem Verlauf der Prüfungen vertraut machte. Alle wurden in zwei Gruppen eingeteilt, bzw. Schichten, die einen kamen um neun, die anderen um vierzehn oder fünfzehn Uhr. Je fünf Personen wurden zu Beginn in den Prüfungsraum hereingelassen. Nachdem einer herauskam, durfte der Nächste eintreten. Ich gehörte zu den ersten Fünf. Nie wieder in meinem Leben war ich so mutig. In dem Fall war ich es bestimmt, weil ich in der Vorbereitungszeit herausgefunden habe: kein anderer Bewerber beherrscht die Sprache wie ich.

Jeder hatte drei Fragen aus dem gezogenen Billet zu beantworten. Ich musste einen Zeitungsartikel vorlesen und den Inhalt mit eigenen Worten wiedergeben. Die Aufgabe kam mir lächerlich leicht vor. Es handelte von einer Melkerin, deren Kuh so und so viel Liter Milch im Monat an den Staat gibt. Also war es ein Lob auf die sozialistischen Melkerin und Kuh. Die zweite Frage stammte aus dem Bereich Grammatik, irgendwas aus dem Satzbau, Deklination oder Konjugieren. Die dritte war die schönste für mich, denn da erst konnte ich all mein Wissen entfalten. Es war die Literaturfrage, ich sollte über die Biografie von Schiller sprechen. Nach der kurzen Zusammenfassung seines Lebenswerkes rezitierte ich meine Lieblingsballade „Der Handschuh". Ich glaube, von einem Ritter aus der

Ballade geträumt zu haben. Und das im 20. Jahrhundert! Ich hätte nicht träumen dürfen, auf keinen Fall. Zu groß war die Enttäuschung danach, denn es gab in meinem Leben keinen Ritter. Aber die Prüfer, die schauten mich beim Aufsagen der Ballade etwa so an, als ob sie träumten und dem Traum nicht glauben würden. In dem Moment war ich natürlich zu aufgeregt, um den Augenausdruck als Bewunderung zu interpretieren. Danach musste ich auf Bitte des Vorsitzenden des Prüfungsteams, Dekan Professor Jakob Wall, Fragen beantworten. Wo ich deutsch lernte, wollte er wissen, und wie ich in anderen Fächern bin. Gemeint waren Geschichte und Russisch, in denen ich die zwei nächsten Aufnahmeprüfungen hatte. Welche Hobbys ich hätte, interessierte ihn auch. Da musste ich nicht lange überlegen: Musik und Lesen. Herr Wall meinte dazu: „Sehr schön!" -

Nach mir kam Irina Lindemann aus dem Prüfungsraum, ein schönes Mädchen mit dunklen naturgewelltem Haar und Kulleraugen, die ich vom Sehen kannte. Sie stürzte sich auf mich mit Worten: „Du bist angenommen!" Plötzlich waren wir von den anderen Bewerbern umringt. Irina bekam jedes Wort der Examinatoren mit, nachdem ich den Raum verließ. Die wären völlig begeistert, der Dekan sagte: „Die müssen wir nehmen. Solche Studenten brauchen wir." Da fielen mir auch die Fragen ein, die er z.B. über meine Schulnoten in Geschichte und Russisch stellte. Die ergaben nun einen Sinn. Alle ringsum schauten mich neidisch an: „Die Glückliche!" - las ich da drin. Ich war aber noch nicht optimistisch und überzeugt davon, dass für mich schon ein Studienplatz reserviert war. Mir standen noch zwei Prüfungen bevor.

Ich bestand sie mit „Gut" und „Sehr gut" , und Ende August stand fest, ich bin unter den zehn Studenten der Abteilung für Muttersprache und Literatur des Jahres 1966. Sofort lief ich zur Post und sendete meinen Eltern ein Telegramm mit folgendem Inhalt: „Komme am 15. August mit der Rakete. Studentin." Was glauben Sie, womit ich zu kommen vorhatte? Dass ich immatrikuliert wurde, kam aus der Unterschrift als Studentin hervor, aber das Transportmittel wirkte ohne „Gänsefüßchen" auf nicht Eingeweihte wirklich verwirrend. Nicht weniger, als Sie es jetzt garantiert sind. Die Satzeichen kosteten extra Geld, also sparte ich daran. Andererseits wusste ich, für meine Eltern ist das Verkehrsmittel ein Begriff. Ich fuhr also mit dem Schiff „Rakete". Diesen Namen trugen alle Schiffe, die zwischen Omsk und Pawlodar auf dem Irtysch Passagiere beförderten. Dieses Telegramm wurde trotzdem zur kleinen Familienanekdote.

Vor dem Semesterbeginn, am ersten September, wie an allen Bildungs-
einrichtungen der Sowjetunion, musste ich noch einmal nach Hause. Die
Fahrt per Schiff war meine erste im Leben und sehr angenehm. Vor
allem war sie bequemer als mit dem Zug, die länger dauerte, ganz besonders durch das Umsteigen und stundenlange Warten auf den Anschluss.
Mit dem Schiff fuhren wir zwölf Stunden, von sieben bis neunzehn
Uhr, und waren in Pawlodar, der Bezirksstadt, fast zu Hause. Danach
fuhren wir noch hundertdreißig Kilometer mit dem Bus bis Maikain.
Diese Fahrt dauerte dreieinhalb Stunden. Das waren Entfernungen!

Kolchosearbeit

Und diese Wege mussten auch meine Eltern mit mir ein paar Tage später
machen. Sie begleiteten mich nach Omsk mit schwerem Gepäck, denn
nun blieb ich ja für längere Zeit da. Und sie wollten mich persönlich
unterbringen, was sie auch gemacht haben. Mit der Geschichte von der
Unterbringung in der Wohnung der Lehrerin Lydia und der Abschieds-
anekdote (Sie erinnern sich: die Brötchen und das schwarze Brot) bin ich
vorausgeeilt. Die fand natürlich nach der Immatrikulation statt.
Am ersten September begann also das erste Semester, aber nicht das
Studium. Das begann einen Monat später, denn im September mussten
alle Studenten auf die Felder der Kolchosen. Ausnahmen galten für
Kranke, also jene, die ein ärztliches Attest vorlegen konnten. Befreit
wurden auch Sportler der Uni-Mannschaften. Ich war jung und gesund,
trieb auch nicht aktiv Sport, also musste ich in die Kolchose. Dafür
war es eine Erfahrung, die sich auf jeden Fall lohnte. Bis dahin sah ich
nur wie Kartoffeln wachsen, kein anderes Gemüse. Nun ernteten wir
Weißkohl, Wassermelonen, rote Bete etc. Wir sammelten und häuften
das Gemüse zu großen Bergen an, luden es auf Lastwagen mit Anhän-
gern. Ich werde nie vergessen, dass in der letzten Septemberwoche erster
Schnee fiel. Wir froren, und die Arbeit nahm kein Ende. Durchgefroren
und frustriert stampften wir ab und zu eine rote Beete in die Erde.
Ansonsten war es eine lustige Zeit. Es wurden ja alle Kurse zusammen-
gelegt, also lernten wir auch Studenten aus älteren Semestern kennen.
In der ersten Woche wurde ich mit einem Mädchen auf einer kilome-
terlangen Parzelle des Gemüsefeldes eingeteilt. Sie stellte sich als meine
Namensvetterin vor: Lena Gerz. Herz auf Deutsch. Lena hieß das zierliche Mädchen mit pechschwarzem, dichten naturgewelltem Haar, etwas
vorquellenden wunderschönen braunen Augen, einem Teint wie Milch.

Nur die Hakennase „trübte" das Bild. Lena war freundlich, gesprächig und neugierig. Sie wollte natürlich wissen, woher ich komme. Als sie erfuhr, dass ich Deutsch als Muttersprache-Unterricht hatte von der zweiten bis zur zehnten Klasse, musste ich ihr meine Kenntnisse vorführen. Also bat sie mich ein paar Sätze in Deutsch zu sprechen. Lena war beindruckt, denn auch nach zwei Studienjahren beherrschte sie die Sprache bei weitem nicht so fließend. Lena bat mich, mit ihr deutsch zu sprechen. Auch auf dem Feld wollte sie von nun an nur mit mir arbeiten.

Lena erzählte mir, dass ihre Eltern Ingenieure seien, viel Geld verdienen und sehr viel reisen. Zurzeit wären sie in Moskau, sie bringen ihr Kolgotki und einen Jersey-Mantel mit. Die sollte ich mir unbedingt ansehen. Ich ließ mir meine Unwissenheit nicht anmerken und verriet Lena gegenüber mit keinem Gesichtsmuskel mein Staunen. Bestimmt einen Monat lang zerbrach ich mir den Kopf wegen dieser unheimlichen Sachen. Nur weil sie die mir vorführen wollte und vom Mantel sprach, bildete ich mir ein, dass es keine exotischen Früchte waren, sondern außergewöhnliche modische Teile. Der große Tag kam und ich wusste mehr. Jersey hieß der Stoff und Kolgotki waren Strumpfhosen. Ja, ja, Sie hören schon richtig, auch mit siebzehn trug ich Strumpfhalter. Wann ich die ablegte? Keine Ahnung, Strumpfhosen blieben noch eine Zeit für mich Mangelware. Im dritten Studienjahr kaufte ich mir sogar einen Jersey-Mantel. Nur die Anekdote mit den geheimnisvollen Klamotten blieb seitdem haften.

Kurz nach der Vorführung bei Lena las ich ein Buch. Die Handlung spielte sich in Amerika der 20er bis 30er Jahre ab. Ich las: „Da trat in den Raum eine Frau im blauen Jersey-Kostüm." Also kannte man da den Stoff schon so lange. Ich erfuhr davon (durch das Fernsehen) erst 1966. Ja, den Begriff „Kolgotki" kennen Sie, liebe Leser, auch heute wahrscheinlich nicht. Mich interessierte der Ursprung dieses Wortes, denn russisch war der Begriff auf keinen Fall. Englisch auch nicht, aber er könnte französischen Ursprungs sein. Collant heißen Strumpfhosen in Französisch, fand ich im Wörterbuch. Es könnte ja sein, Russen haben eine Menge Begriffe aus dem Französischen, dank Napoleon. Sie glaubten es nur nicht, so wie ich es manchmal aufgeben musste, sie zu überzeugen, Wunderkind oder Butterbrot seien deutsche Wörter.

Mit Lena blieb ich etwa zwei Jahre, bis zu ihrem Uni-Abschluss, befreundet. Sie lud mich zu Feten mit ihren Kommilitonen in Abwesenheit der Eltern ein. Danach verloren wir uns aus den Augen. Wie heißt es: aus den Augen, aus dem Sinn.

Ich habe aber im September 1966 in der Kolchose noch jemanden näher kennengelernt. Wir waren in Bauernfamilien von drei bis vier Personen untergebracht und trafen uns außer auf dem Feld und in der Kantine, im Kino oder zum Tanzen.

An Tanzabenden nahmen auch Arbeiter der Industriewerke von Omsk teil, die wie wir den Bauern zur Hilfe gesandt wurden. An einem der Abende erschien ein junger Arbeiter, den ich in der Kantine auf eine seltsame Weise kennenlernte. Als ich mit ein paar Mädels beim Mittagessen gegenüber der Eingangstür saß, betrat er mit einigen männlichen Kollegen den Raum, und meinte grinsend, in meine Richtung schauend: „Nicht so viel essen!" Worauf ich spontan antwortete: „Nicht so viel hinschauen!" Erst als ich das sagte, war ich selbst über meine Spontanität und Schlagfertigkeit, die ich sonst nie besaß, erstaunt. Beeindruckt war der junge Mann wohl auch, denn, nachdem auch noch seine Kumpel über meine Worte lachten, schaute er nicht mehr in meine Richtung. Dafür kam er am Tanzabend auf mich zu, stellte sich vor und lud mich zum Tanz „der Versöhnung" ein. Er tanzte nur mit mir den ganzen Abend und jeden Tanzabend danach. So hatte ich einen neuen Freund gewonnen, der mich später in Omsk ins Kino einlud. Dann sahen wir uns nicht mehr. Er meldete sich nicht. Vielleicht stellte er fest, dass ich doch nicht so schlagfertig war. Somit war der Reiz vorbei. Traurig war ich nicht, mich faszinierten gerade andere Dinge.

Studienfreunde

Ich stürzte mich ins Studium. Meine Kommilitonen kamen alle aus naheliegenden Dörfern, wie Marjanowka usw. Nur eine stammte aus meinem Ort, aber wir wurden nie Freundinnen. Den anderen sechs Mädchen kam ich nicht so nahe, obwohl ich es versuchte. Sie eilten an den Wochenenden nach Hause in ihre Dörfer. Umso besser verstand ich mich mit den beiden Jungs: Waldemar Kiel und Richard Ziesmann.

Die zwei waren unzertrennlich, wenn auch völlig unterschiedlich, auch im Charakter, als vom Gemüt her. Waldemar Kiel sah aus wie ein Fünfzehnjähriger: blonde Locken, Milchteint, weiche mädchenhafte Gesichtszüge und stets ein Lächeln über's ganze Gesicht. Eine sorgenlose Frohnatur. Öfters kam er mit dem Spruch: „Ach, Lena, mach nicht so ein ernstes Gesicht, hier hast einen Bonbon, dir wird es gleich besser gehen." Und das mit solch ulkigem Grinsen, dass man unwillkürlich zu lachen begann.

Richard fiel sofort durch sein Äußeres auf. Er war ein kräftiger schöner Junge mit ausgeprägten männlichen Gesichtszügen, stets adrett gekleidet, Hemd mit Krawatte, Anzug, Tweed-Mantel und dazu der Hut, sein Markenzeichen, es passte alles. Nur der rechte Ärmel des Sakkos hing leer am Körper herab.

Richard verlor in der neunten Klasse während der obligatorischen Arbeiten auf der Kolchose in den Sommerferien im Mähdrescher den rechten Arm bis zum Ellbogen. Aber nicht den Mut. Ich bewunderte ihn, wie er damit umging. Man merkte nicht, dass er behindert ist.

Er blieb ein Optimist, ein lustiger Mensch, der das Leben, die Menschen, gutes Essen, kluge Witze mochte. Und er liebte am meisten alles Deutsche: Sprache, Sitten, Mädchen. Er war vernarrt in alles Deutsche. Darin waren wir uns ähnlich. Richards Ahnen kamen auch aus der Ukraine, und er sprach auch besser Deutsch als die anderen Kommilitonen. Wir waren einander auf Anhieb sympathisch. Kamen uns aber nie näher bis zum dritten Semester, als wir im Sommer darauf gemeinsam zum Praktikum in ein Pionierlager fuhren. Bis dahin trafen wir uns nie außerhalb des Studiums. Nach dem Unterricht fuhren wir in entgegengesetzte Richtungen. Und am Wochenende fuhr er zu den Eltern in sein Dorf.

Im Sommer 1968 waren wir einen Monat als Pionierleiter-Praktikanten im Pionierlager außerhalb der Stadt eingestellt. Am Abend, nachdem die Kinder schliefen, begann unser persönliches Leben. Essen, Trinken (nicht nur Limonade) und Tanzen - jeden Abend bis spät in die Nacht hinein. Doch komisch: wie wenig Schlaf man brauchte, um am nächsten Tag wieder zu funktionieren.

Richard und ich saßen noch stundenlang auf den Schaukelpferdchen des Karussells und unterhielten uns über das Schicksal der Russlanddeutschen, über die Zukunft unseres Volkes. Das Thema beschäftigte Richard in höchstem Maße, ich hörte gerne zu, erzählte ihm von meinen Eltern und der Pflege des Deutschtums in meinem Elternhaus. Das imponierte ihm am meisten. Wir kamen uns näher, nein, nein, nicht körperlich, seelisch eben. Natürlich gab es auch eine gewisse Anziehungskraft. Es gab aber auch kaum Gelegenheit dazu. Wir gingen einmal, am freien Wochenende, ins Kino und ich übernachtete wegen des langen Heimweges durch die große Stadt bei seiner Schwester, bei der Richard die vier Studienjahre über wohnte. Wir blieben alleine, als die Schwester zur Arbeit ging. Also gab es doch die Gelegenheit. Nur dachte ich damals überhaupt nicht daran. Richard dachte wohl daran, mir körperlich näher zu kommen, aber er hatte seine Prinzipien, wie er später erklärte: „Nie einem deutschen Mädel weh tun.“

Ja, später begleitet er mich mit Waldemar Kiel zum Zug, der mich nach Kasachstan brachte. Irgendwie fiel ihm der Abschied schwer, ich glaubte, seine feuchten Augen gesehen zu haben. Er schrieb mir in den zwei Monaten einen Brief, den ich Jahre später fand und als Reliquie aufbewahrte. Heute behauptet er, keine Antwort darauf bekommen zu haben, und darüber enttäuscht gewesen zu sein. Das kann ich mir kaum vorstellen, dass ich einen Brief unbeantwortet liegen ließ. Es muss wohl stimmen, damals sagte Richard es mir nicht. Ich kann mich an Mutters Worte erinnern, als ich ihr von ihm und seinem Brief erzählte: „Na ja, es scheint ein guter Junge zu sein, aber der Arm ..., solche Menschen neigen dazu, sehr eifersüchtig zu sein."

Vielleicht waren es diese Worte, entweder Richards Zurückhaltung und Schüchternheit, seine Prinzipien oder meine Oberflächlichkeit. Ich hatte keine Prinzipien in dieser Hinsicht. Ich habe überhaupt nicht ernsthaft drüber nachgedacht, ob es mehr als Freundschaft war. Heute weiß ich, dass ich in meinem jugendlichen Leichtsinn vieles falsch gemacht habe. Zu spät. Tatsache ist, im September, bevor das Studium begann, lernte ich beim Spaziergang mit Natalia an der Uferpromenade entlang einen Jungen aus der Hochschule für Eisenbahnwesen lernen. Richard wartete auf mich, wie er mir später verriet, an dem Tag ließ er sich nichts anmerken. Dazu war er viel zu stolz. Ich erschien aber in Begleitung eines schüchternen blonden Jungen (so Richard), der mich auch nach dem Unterricht abholte. Diesen jungen schüchternen Mann heiratete ich nach zehn Monaten und er entpuppte sich als „blonde Bestie". Richard fand seine Liebe in Marjanowka (Dorf bei Omsk) und lebt bis heute glücklich mit seiner Frau, einer Russlanddeutschen. Er blieb seinen Prinzipien treu. Mir blieben der Brief (beim Umzug zwar verlorengegangen) und die schönen Erinnerungen.

Sein treuer Freund Waldemar suchte mich vor etwa zehn Jahren in Deutschland auf. Richard rief sofort an. Seitdem telefonieren wir weiterhin und reden wie früher über Gott und die Welt, vor allem die Liebe zu allem Deutschen. Immer wieder freue ich mich über Richards Lebensfreude und Mut trotz der Schicksalsschläge. Wir unterhalten uns nun mehr über die Vergangenheit als Zukunft. Wir können die Uhr nicht zurückstellen, das Geschehene nicht rückgängig machen. Aber was uns bleibt, ist die schöne Erinnerung an die sorglose Jugend.

Eine Erinnerung bleibt auch an die Zeit mit der Studienfreundin Natalia, die ich schon erwähnte. Sie studierte Englisch und kam aus der anderen Abteilung, trotzdem wurden wir Freundinnen. Vielleicht deshalb, weil wir einen gemeinsamen Heimweg hatten. Wenn ich heute so überlege, waren wir absolut unterschiedlich. Sie war überhaupt nicht mein Typ Mensch: zurückhaltend, egoistisch, geizig. Aber ich hatte eigentlich auch danach immer Freunde, die mein Antipode waren. Zwei wie ich - das wäre nie gut gelaufen. Plus und Minus ziehen sich eben an. Natalia und ich lernten uns in gemeinsamen Vorlesungen und Seminaren kennen. Jeden Tag gab es Vorlesungen in Geschichte, Psychologie usw. für die Studenten des Studienjahrgangs aller Abteilungen der Fakultät für Fremdsprachen. Diese Seminare wurden in Russisch gehalten.

So sahen wir uns täglich. Und nach dem Unterricht fuhren wir mit dem gleichen Trolleybus nach Hause oder liefen die kilometerlange Strecke zu Fuß. In Erinnerung sind die langen Spaziergänge geblieben, an denen der Schnee leise rieselte und unter den Füßen knirschte, die vielen Laternen Licht spendeten. Da ich im Sommer heimfuhr, waren es fast nur Winterspaziergänge. Dabei zeigte das Thermometer öfter -20 bis -25 Grad. Das störte uns überhaupt nicht. Nur bei -30 Grad und darunter zwangen wir uns in den Abendstunden in den überfüllten Trolleybus. Ansonsten sagte Natalia: „Na, Kyrla - Myrla entlang?" Das Karl-Marx-Prospekt entlang bis zum Hauptbahnhof, anderthalb bis zwei Stunden bummelten wir, kauften unterwegs ab und zu einen Piroggen oder ein Eis. Danach ging es etwa um einundzwanzig Uhr nach Hause.

Natalia ging zu den Eltern und der jüngeren Schwester. Ihr Vater war Schuldirektor, die Mutter Lehrerin. Er war freundlich, die Mutter eher reserviert. Natalia kam nach ihrer Mutter. Ich war selten bei ihr zu Hause. Wenn ich über die Feiertage in Omsk blieb, feierte ich mit Walentina, der Mitbewohnerin, einem einfachen Bauernmädchen.

Natalia und ich schrieben uns noch ein paar Jahre lang Briefe. Ich zeigte sogar meinen Kindern 1984 meine Studentenstadt Omsk, wir übernachteten bei Natalia. Omsk war nicht mehr so bezaubernd schön und groß wie vor vierzehn Jahren. Auch Natalia hatte sich selbstverständlich verändert. Sie war ja schon immer distanziert und steif, sie lief, als ob sie einen Stock geschluckt hätte. Einen Mann gab es in ihrem Leben immer noch nicht, sie lebte alleine in einer Einzimmerwohnung, die überließ sie uns für zwei Nächte. Sie ging zu den Eltern, die im selben Haus wohnten. Es gab keine innige Umarmung, keine längeren Gespräche über die Studentenzeit. Danach schlief auch der Briefwechsel ein. Vielleicht war Natalia doch nicht so glücklich und zufrieden, wie sie beteuerte. Ich war es auch nicht mehr zu jener Zeit, denn mein Mann war dem Alkohol verfallen, aber ich hatte zwei wunderbare Töchter.

Eine innige warme Begegnung und Unterhaltung hatte ich in Omsk doch und zwar mit meiner ehemaligen Vermieterin, der Grundschullehrerin im Ruhestand, Lydia D. Auch heute sehe ich noch deutlich die aufgeweckte Frau vor mir, ihre leicht trüben Augen hinter einer Hornbrille, die etwas zu große Nase, ihr faltiges Gesicht umrahmt von grauer Dauerwelle. Wir tranken Tee mit Pralinen, die ich mitbrachte und tauschten Erinnerungen aus. Davon hatten wir ja jede Menge. So mussten wir beide über die Story aus der Zeit der Staatsexamen lachen. Ich war am Ende mit den Nerven und fegte eines Tages die Lenin- und Marx-Werke vom Tisch. Der Heulkrampf wollte nicht nachlassen. Es war die Folge einer anstrengenden Vorbereitung im Laufe von sieben Tagen auf die Staatsexamen in Geschichte. Lydia D. kam mit Tropfen in der Hand zu mir und meinte in strengstem Ton: „So, die nimmst du jetzt, keine Widerrede, von nun an regelmäßig dreimal am Tag." Sie setzte ihre Drohung auch durch, und ich bekam die Mischung aus Baldrian und noch irgendetwas Pflanzlichem von ihr dreimal täglich verabreicht. Vor der nächsten Prüfung war ich absolut angstfrei. Ich wollte weinen und konnte nicht. Das hielt ich für ein schlechtes Omen, aber ich bestand die Prüfung glänzend.

Lydia D. bewunderte meine „großen" Mädels, die ja schon zwölf Jahre alt waren. Ich hatte mich gerade endlich von ihrem Vater scheiden lassen. Als die gute Frau von meiner Ehetragödie hörte, meinte sie: „Wie schade, hattest solch gute Jungs als Verehrer und bist an den Alkoholiker geraten, der Olympiasieger werden wollte. Wer hätte das gedacht? Weißt du, dass der eine, Wassili, nach ein paar Monaten und auch nach eineinhalb Jahren da war? Er flehte mich an, ihm deine Adresse zu geben. Ich gab sie ihm nicht. Wozu auch, du hattest Mann, Kinder ... Vielleicht hätte ich es doch tun sollen?! Ich wusste nicht, wie unglücklich du bist. Wassili hat dich wirklich sehr geliebt." - Ja, zu spät! So ging ich bestimmt nicht nur einmal in meinem Leben davor und danach an meinem Glück vorbei. Man kann es Dummheit oder Schicksal nennen, an der Sache ändert es nichts, leider.

Spaß am Studium

Bevor ich zu dieser traurigen Erkenntnis kam, hatte ich noch, chronologisch gesehen ein paar wunderschöne Jahre als Studentin gehabt. Und ich war eine begeisterte Studentin. Das Studium fiel mir leicht und machte Spaß. Ganz besonders im Hauptfach. Eigentlich war ich darin unterfordert. Das behauptete unser Deutsch-Dozent und Kurator (wie auch Klassenleiter) Heinrich Kasparowitsch. Ich sehe ihn heute vor mir, einen großen schönen Mann, stets perfekt gekleidet. Er hatte mehrere Anzüge, dazu die passenden Hemden und Krawatten. Alles wie eben von der Stange, passte auf's Tüpfelchen. Außer vielleicht den Hosen, die waren etwas zu kurz, denn er hatte lange Beine. Trotzdem sah er in meinen Augen umwerfend aus.

Als ich an der Uni den ersten Aufsatz in Deutsch schrieb, konnte ich es vor Aufregung kaum abwarten, bis die Arbeiten korrigiert wurden. Mir schien, ich habe so viele Fehler gemacht, dass Heinrich K. sagt: „Sie haben hier nichts zu suchen." Ich hatte Alpträume und wachte schweißgebadet auf. Am Tag der Rückgabe hatte ich, wie mir schien, Fieber. Tatsächlich machte ich ein paar Fehler, die mir so lächerlich vorkamen, dass ich mich schämte. Ich trat an Heinrich K. nach dem Seminar heran, mit der Absicht meine lächerlichen Fehler zu erklären. Ich kam mit der Erklärung nicht weit, Heinrich K. unterbrach mich: „Sie brauchen sich überhaupt keine Sorgen zu machen. Eher ist Ihr Studienplatz hier der falsche." Mein Herz machte einen Sprung: „Sie sind hier unterfordert, leider. Nowosibirsk, Moskau wären schon besser." Mein Herz bewegte sich wieder sprunghafter, aber vor Freude, die ich kaum fassen konnte. Ich stammelte: „Danke." Heinrich K. war bereits im Gespräch mit einem anderen Studenten.

Das Unterschätzen meiner Fähigkeiten, Kräfte, die Unsicherheit, Minderwertigkeitskomplexe waren schon immer meinem Wesen eigen. Besonders durch eine Dozentin, während der Vorbereitungstreffen, wurde das gefördert. Wir, Abiturienten, umringten sie nach der Veranstaltung und „löcherten" sie mit Fragen. Heute weiß ich nicht mehr, was ich fragte, aber ich gebrauchte dabei das Wort „Haupte". Also etwa so: „Das Haupte ist…" Da unterbrach mich die Dozentin im barschen Ton: „Wenn Sie das Wort in der Aufnahmeprüfung gebrauchen, werden Sie hier nie Studentin." Natürlich wusste ich, dass es den Begriff „das Wichtigste" gibt, aber die Wolgadeutschen in meinem Ort sprachen so. Nicht nur die, meine Eltern kürzten öfters „die Hauptsache" auf diese Art ab.

Ich wurde zwar Studentin, aber die Unsicherheit nagte an mir weiter. Und der Vorfall mit „das Haupte" vergaß ich nie. Als ich Waltraut Mamedbejli (so hieß die Dozentin) daran nach einiger Zeit erinnerte, wunderte sie sich maßlos: „Und das soll ich zu Ihnen gesagt haben? Kann doch gar nicht sein." Da waren wir uns aber schon so nah, dass ich zu ihr nach Hause eingeladen wurde. Ihre Wohnung befand sich nicht weit von meiner. Sie wohnte zusammen mit ihrer Tochter Maja, die etwas älter als ich war. Damals schienen mir auch die Dreißigjährigen alt. Maja arbeitete schon und hatte einen technischen Beruf, soweit ich mich erinnern kann. Eine eigene Wohnung war wohl für sie ein Traum in dieser großen Stadt. Aber sie waren gute Freunde wie mir schien. Maja war genau so gastfreundlich wie ihre Mutter. Waltraut zählte bestimmt fünfzig Jahre oder etwas darüber. Eine kleine zierliche, energische Person. Mit funkelnden Augen im faltigen Gesicht, schütterem Haar und tiefer Stimme. Sie stammte aus dem Kaukasus und war mit einem Kaukasier verheiratet, daher der Nachnahme Mamedbejli.

Auch die Küche von Waltraut war für mich eine neue Erfahrung. Nie werde ich vergessen, dass ich in dieser kleinen Küche in Omsk zum ersten Mal im Leben eine Brühe mit viel frischen Kräutern in einem Glas serviert bekam. Das Trinken der Suppe, anstatt zu löffeln, war ungewöhnlich, aber sie schmeckte. Die Bratkartoffeln mit Marmelade kamen mir so wildfremd vor, dass ich mich an mein Entsetzen noch heute erinnern kann.

Gerne kam ich in diese kleine Wohnung, deren Möbel fast nur aus Bücherregalen bestanden. Ich besuchte Waltraut öfters an Wochenenden. Hier konnte ich lesen, schreiben, Bücher nutzen. Waltraut wurde irgendwann Kuratorin unserer Gruppe, deren Sprecherin ich war. Dadurch hatten wir auch so manches zu besprechen. Die Abschlussfeier fand zuletzt in Waltrauts kleinem Zimmer statt. So großzügig war sie, die kleine Dozentin, die mir zuerst solch einen Schreck eingejagt hatte.

Eigentlich mochte ich Waltraut, Heinrich K. Werner, Viktor Heinz, der deutsche Literatur unterrichtete und Willi Bartel, den Dozenten in Stilistik am meisten. Sie repräsentierten fast die ganze deutsche Abteilung des Fremdsprachen-Lehrstuhls. Sie waren für mich die Träger meiner geliebten deutschen Sprache, sie liebten sie wie ich, und diese Liebe und die Kenntnisse „verbrüderten" mich mit ihnen, machte sie in meinen Augen zu Vorbildern. Im Literaturunterricht konnte ich stundenlang Viktor K. zuhören. Man kann gelesene, gesprochene Worte auch wie Musik hören. Für mich war diese Sprache die beste Melodie. Viktor Heinz (so hieß er mit Nachnahmen) schrieb selbst in deutscher Sprache und animierte mich, Gedichte, Beiträge für die Moskauer Zeitung „Neues Leben" zu schreiben. Auch zu seinen Forschungen auf dem Gebiet der Dialekte habe ich etwas beigetragen.

Die Seminare von Willi Bartel waren die spannendsten. Da wurden meine Sprachkenntnisse durch den Gebrauch unbekannter Redewendungen, der stilistischen Analyse klassischer Werke deutscher Schriftsteller, das Schreiben eigener Erzählungen etc., besonders gefördert. Das machte mir unheimlichen Spaß. Mir schien kein Text schwierig zu sein. Die meisten meiner Kommilitonen bekamen Schweißausbrüche vor Willis Seminaren, öfters baten sie: „Lena, melde dich als erste, und zieh es möglichst lange hin." Ab und zu tat ich es. Willi war aber nicht auf den Kopf gefallen und rief gnadenlos auf, ob einer wollte oder nicht.

Einen Gnadenakt erlebte ich persönlich trotzdem seitens meiner geliebten Dozenten. Es war ausgerechnet während der Abschlussprüfung. Wir hatten je eine Woche Vorbereitungszeit auf eine Prüfung für etwa einhundertfünf Fragen. Jeder zog seine drei Fragen, die in einem Billet standen, aber einstudieren musste man sinngemäß alle einhundertfünf. Jeden zweiten Tag, glaube ich, gab es freiwillige Treffen mit den Dozenten, die entstehende Fragen beantworteten. Stets diskutierten dabei die Studenten darüber, welche Fragen, Billets die leichtesten, welche die schwierigsten seien. Alle waren sich einig: den Roman „Der Streit um den Sergeanten Grischa" von Arnold Zweig wollte keiner zur Analyse. Zu kompliziert waren die Sprache des Romans und die Schilderung des Krieges. Nur einer machte das überhaupt nichts aus: meiner Wenigkeit.

Und wie der Zufall es so wollte: ich habe die Karte mit der Frage gezogen. Plötzlich war aber alles weg. Ich strengte mich an, mein Gehirn streikte leider. Es half kein Anstrengen, kein Bitten: „Komm, du hast es doch gewusst, kann doch nicht sein, dass es weg ist?!" Es war aber so traurig wie wahr. Die ersten zwei Fragen beantwortete ich ohne Schwierigkeiten, bei der Zweig-Frage kullerten nur die Tränen. „Ich weiß es, aber es ist weg", flüsterte ich. Draußen konnte ich nur an das Sprichwort denken: „Hochmut kommt vor dem Fall."

Ich glaubte schon, ich wäre „durchgefallen". Oh, Schreck und Schande! Da kam Willi Bartel zur Raucherpause aus dem Prüfungsraum, nahm mich zur Seite und beruhigte mich. Er meinte, die Prüfer kennen mich, so wie er. Ich hätte doch das Werk in seinem Seminar analysiert. Tatsächlich waren meine geliebten Dozenten meiner gnädig, ich bekam meine Fünf.

Das war mir auch eine Lehre. So behandelte ich später meine Schüler. Ich wusste am besten über ihre Fähigkeiten und Fertigkeiten, sowie Kenntnisse Bescheid. Die Wirkung des Lampenfiebers habe ich nie vergessen.

Vor dieser letzten Prüfung hatte ich natürlich unzählige andere Prüfungen bei mehreren Dozenten, in diversen Fächern und an einigen Lehrstühlen. Der Lehrstuhl für Fremdsprachen lag etwas entfernter vom Hauptgebäude der Pädagogischen Hochschule. Er befand sich im kleineren Gebäude, mit dunklen Fluren, kleinen Seminarräumen. „Fremdsprachler" waren in kleinere Gruppen unterteilt, denn Sprachen kann man besten auf solche Weise erlernen. Im großen Saal fanden die Vorlesungen statt. Dafür kamen die Dozenten von den Lehrstühlen für Geschichte der KPdSU und Wissenschaftlichen Kommunismus, für Erziehungswissenschaften, Psychologie und Philosophie.

Nur zum militäreigenen Lehrstuhl mussten wir in das große und schöne Hauptgebäude oder in ein Krankenhaus. Wir, Studentinnen, wurden zu Krankenschwestern der Zivilverteidigung ausgebildet. Darf ich vorstellen: Sergeant Lena Kelm, Krankenschwester der Zivilverteidigung. Ja, ja, den niedrigsten Militärgrad bekamen wir automatisch dazu. Diese zweijährige Ausbildung mit Praktika in der Klinik war solide und seriös gestaltet. Wir wohnten Operationen bei (so mancher fiel in Ohnmacht), nahmen an Visiten teil, verabreichten Medikamente, legten Binden an usw. Am Schlimmsten fand ich die Injektionen. Lisa Krämer stach, ohne zu zögern in meinen rundlichen Arm, danach spornte sie mich an: „Mach, stech zu, ich habe keine Angst!" Aber ich konnte die verdammte Nadel nicht in Lisas weiches zartes Fleisch stechen. Irgendwann gab ich es auf. Lisa verpetzte mich, Gott sei Dank, nicht. Ich wusste, warum ich trotz Mutters Wunsch keine Ärztin geworden bin. Damals grassierte unter den Studenten der Spruch: „Die Unverschämten im Med, die Zurückgebliebenen im Päd." Es hieß, die zukünftigen Mediziner (deren Hochschule neben der pädagogischen lag) seien eingebildet, arrogant und frivol. Pädagoge konnte fast jeder Dümmling werden. Ich blieb lieber eine dumme Gans und wurde Lehrerin. Ich konnte einfach nicht so viel Blut sehen.

Besonders interessant fand ich die Seminare in Psychologie, wenn auch nicht alle meine Kommilitonen der gleichen Meinung waren. Ich fand es faszinierend etwas über die genetische Veranlagung, das Ego in der Entwicklung vom Baby bis zum Erwachsenen zu erfahren. Wir haben uns Schritt für Schritt die Psychologie des kleinen Kindes, des Pubertierenden, der Jugendlichen und Erwachsenen vorgenommen. Die Charakter-Typen, wie Choleriker, Melancholiker, Sanguiniker usw. an Beispielen zu analysieren und seinem eigenen zu erkunden, machte mir enormen Spaß.

Eines meiner besonderen Lieblingsfächer war ganz bestimmt Latein. Von der ersten Minute an, fand ich diese „tote" Sprache lebendiger als jede andere, denn diese Sprache zeigte mir, dass die deutsche von ihr abgeleitet wurde. Es war für mich ein leichtes Spiel, die Begriffe zu behalten, sie kamen mir alle bekannt vor. Die Vokabeln prägten sich wie von selbst ein. Ich hatte keine Schwierigkeiten eher umgekehrt Wohlgefallen an den Latein-Seminaren. So kam es öfters dazu, dass ich als Einzige in der Gruppe die Hand bei Fragen hob. Eines Tages meinte der alte

Dozent: „Sie sind hier die Königin." Mir war es natürlich etwas peinlich, weil es so gehoben, so kitschig klang, stolz war ich trotzdem. Der Dozent stammte auch aus Königszeiten, denn er hatte einen zittrigen Gang und war bestimmt über siebzig. Lateinlehrer waren wohl Mangelware.

In Geschichte und Wissenschaftlichem Kommunismus gab es Vorlesungen für Studenten des Jahrgangs der Fremdsprachen-Fakultät. Man konnte Bücher für alle Fächer in der Bibliothek ausleihen. Das Mitschreiben war trotzdem ein Muss. Neues, etwas anderes, was in den Büchern stand, sagten die Dozenten ganz besonders in Geschichte nie, aber man musste jedes Wort aufschreiben. Die Wichtigtuer waren ganz schön eingebildet, und ich hatte „dank" dieser Zeiten eine schlimme Kalligraphie. Auf die Prüfungen bereitete man sich vor anhand dieser Manuskripte, ein, zwei Fachbücher und Zusatzliteratur. In Geschichte waren das selbstverständlich Marx, Engels und Lenin. Die mussten studiert werden, denn dazu gab es immer eine extra Frage in den Prüfungen.

So war es in der Sowjetunion: man bekam bestimmte Bücher und studierte sie von A bis Z.

Über die Studiumstrukturen

Als ich Jahre später, von 1994-96, mit fünfundvierzig Jahren, an der TU Berlin einige Semester wegen der „Orientierung an Berliner Schulen" studierte, habe ich ein ganz anderes Studium kennengelernt. Man wählte im Fach Erziehungswissenschaft zwei Seminare zu einer bestimmten Thematik, die angeboten wird, z.B. zum Thema Gewalt oder Naturschutz. Irgendwann schrieb man die Prüfung, zu zwei bekannten Themen. Die Seminare waren interessant, die Dozenten auch, sie waren sehr kompetent und professionell. Trotzdem erschien mir das Aneignen der Kenntnisse eines werdenden Lehrers irgendwie einseitig, nicht so gut strukturiert. Ein objektives Urteil kann ich mir natürlich nicht erlauben.

Über die Struktur des Lernens in der Sowjetunion und im Westen las ich in der TU-Bibliothek bei der Vorbereitung auf mein Erstes Staatsexamen 1996. Ich fand die Analyse, den Vergleich interessant und plausibel. Der Autor behauptete, in der sowjetischen Schule würden die Kenntnisse wie Steine aufeinandergelegt. Alles nach Plan, ohne Abweichungen. Also strukturiert und doch mangelhaft. Ich nahm ein primitives praktisches Beispiel, um beide Methoden sinngemäß zu vergleichen. Ein Grundschullehrer in Deutschland kommt in die Klasse, zeigt einen Esslöffel und fragt: „Kennt ihr den Gegenstand?" - „Ja." - „Was macht

man damit?" - „Man isst flüssige Speisen." - „Woraus ist er hergestellt?"
- „Aus Metall." „Was meint ihr, wieso?" - „Weil er stabil sein soll." -
„Wieso hat er einen langen Stiel?" - „Damit man einen besseren Griff
hat bzw. ihn besser halten kann." - „Und warum hat er eine Wölbung?"
- „Damit man die Flüssigkeit z.b. die Suppe zum Mund führen kann."
- „Könnte man mit einem Löffel andere Tätigkeiten vollbringen?" - „Ja,
z.b. ihn als Schlaginstrument benutzen." - „Gibt es Löffel aus anderen
Stoffen?" - „Ja, aus Holz, Plastik." - Man könnte natürlich weitere Fragen
stellen, um die Phantasie anzuregen. In einer der nächsten Unterrichts-
stunden schreiben die Kinder eine kleine Geschichte zum Thema. Der
Phantasie sind keine Grenzen gesetzt.

In der sowjetischen Grundschule zeigt der Lehrer den Metall-Esslöffel,
fragt, ob alle den Gegenstand kennen. Danach vielleicht noch eine Frage
zum Herstellungsmaterial Holz und Plastik z.B. anhand eines Bildes. Die
Lehrerin schreibt den Begriff an die Tafel. Alle sprechen das Wort im
Chor deutlich aus und schreiben es auf. Das war' s. Das Beispiel, von mir
erfunden, etwas plump, ist spontan in meinem Kopf entstanden nach
der Lektüre über den Vergleich der Methoden. Aber im Allgemeinen
stimmt es. Man hat nicht lange über Dinge diskutiert, man musste so
viele „Steine" wie möglich für das „Fundament" legen.

Heute noch bewundere ich Kollegen und Freunde, die stundenlang über
eine Sache diskutieren, die man in der Sowjetunion in zwei Sätzen abge-
hakt hätte. Manchmal staune ich, welche tiefgründigen Fragen während
der Diskussionen entstehen, die mir nie eingefallen wären. Ich habe das
in meiner guten Schule nicht gelernt, leider auch nicht gelehrt. Jedes Mal
vergleiche ich und versuche Schlussfolgerungen zu ziehen, um daraus zu
lernen. Ist ja nie zu spät, sagen kluge Menschen. Hier legt man so viel
Wert auf die Psychologie der Persönlichkeit, erkundet die Gründe von
Taten, führt sie meistens auf die Genetik und Einflüsse der Umstände
zurück. In der Sowjetunion war der Mensch an seiner Misere, jeder Untat
selbst schuld. Er wurde ja von der Gesellschaft zum Guten erzogen: im
Kindergarten, in der Schule. Wenn ein Zögling trotzdem Auffälligkeiten
im Benehmen zeigte, wurde die Familie zur Rechenschaft gezogen und
letztendlich die Polizei eingeschaltet, die mit der Schule eng zusammen-
arbeitete. Es wurden dafür extra gegen Ende der 60er Jahre kiezbezo-
gene Polizei-Kinderstuben organisiert. Dort arbeiteten von der Polizei
extra eingestellte Pädagogen. Deren Tätigkeit war ausschließlich auf die
„schwierigen" Schüler und deren Familien zugeschnitten und wurde in
erster Linie in enger Zusammenarbeit mit der Schule und der Öffentlichkeit z.B. Patenbetrieben, durchgeführt.

In einer solchen „Polizeikinderstube" im Rayon Neftjanniki (Neft heißt Erdöl) der Stadt Omsk absolvierten ich und meine Freundin Natalia unser pädagogisches Praktikum. So mussten wir nicht zur Ernteaushilfe im September. Aber ich mochte diese Tätigkeit gerne, so wie die Leiterin der Stube, Kira Glebowna. Eine rassische Schönheit mit großen schwarzen Kulleraugen, buschigen Brauen, sinnlichen Lippen und dicken naturgewellten Haaren, vielleicht etwas über vierzig. Sie war eine extravagante Erscheinung in langen Zigeunerröcken, seltsamen Blusen komischen Schnitts und Mustern, legerer großer Strickjacke, der obligatorischen Zigarette im Mund, deshalb die gelben Zähne und Finger. Sie störte das entschieden nicht, obwohl in den Jahren eine Raucherin in der Öffentlichkeit für Aufsehen sorgte. Das machte ihr nichts aus. Irgendwann machte es auch uns nichts aus. Wir mochten ihre Raucherstimme, ihre Art des Umgangs mit uns, das war wichtiger. Kira G. unterstützte uns, indem sie uns Ratschläge im Umgang mit schwererziehbaren Teenagern gab.

Wir trafen uns mit ihr offiziell einmal in der Woche, aber ihre Tür stand immer offen. Zweimal wöchentlich oder nach Bedarf auch öfters besuchten wir unsere zugeteilten Zöglinge, halfen bei Hausaufgaben, unternahmen etwas ihren Interessen entsprechend, egal ob Tennisspielen oder Angeln. Die schwierigste Aufgabe war Vertrauen aufzubauen. Die dankbarsten waren meist die Eltern, die am Anfang ihr Misstrauen gegenüber den jungen Studenten schlecht verbergen konnten. Meistens ging das Misstrauen in Anerkennung und Dankbarkeit über. Ich weiß nicht, was aus meinem „Patenkind" aus der sechsten Klasse geworden ist, aber ich hoffe stark, dass meine zweijährige Betreuung gute Spuren hinterlassen hat. Damals schien es ein Erfolg zu sein: Pawel blieb nicht sitzen, lief auch nicht mehr von zu Hause weg, hing nicht mit der Clique herum. Schade, dass ich im vierten Studienjahr aufhören musste.

Studium-Ende. Rotes Diplom. Geschichte mit „Vieren"

Das Studium, das mir solchen Spaß machte, musste einmal auch beendet werden und zwar auf dem Niveau, das ich vier Jahre hielt. Das bedeutete volle Konzentration auf die Vorbereitungen zu den Staatsexamen. Mit welchen kuriosen Vorfällen meine Prüfungen verlaufen sind, habe ich schon erwähnt. Zum Beispiel wie der Erwartungsdruck stets Höchstleistungen zu vollbringen (vor allem mir selbst gegenüber) zum Nervenzusammenbruch führte, und ich unter krampfhaften Heulen die

Werke von Lenin, Marx etc. vom Tisch auf den Fußboden schleuderte, meine Vermieterin mir eine Woche lang konsequent Beruhigungstropfen verabreichte, und ich anschließend seelenruhig die Prüfung mit der Höchstnote bestand. Ich bekam das Rote Diplom als einzige in der Gruppe und unter wenigen im Kurs.

Das Rote Diplom bekam man bei einem bestimmten Prozentsatz von Vieren (ein Prozent der Zensuren, glaube ich), die man im Laufe der gesamten acht Semester erhalten hatte, die übrige Zensuren konnten Fünfen sein. Die Geschichte mit den Vieren in meinem Studentenbuch war eine spezielle. Schon im ersten Semester hatten wir eine Prüfung in Geschichte. Das war ja eines meiner Lieblingsfächer in der Schule. Der Prüfung sah ich relativ unbekümmert entgegen. So sicher und überzeugend beantwortete ich meine drei Fragen aus der gezogenen Prüfungskarte, sprich Billet. Als ich fertig war, meinte der betagte grauhaarige Dozent: „Sehr gut, ausgezeichnet", nahm das blaue Büchlein, um die Note einzutragen. Dabei hielt er die Handfläche davor, wie einer, der sich vor dem Abschreiben schützt. Es sah komisch aus, aber ich dachte mir weiter nichts dabei. Auf dem Flur scharten sich (wie üblich, wenn einer herauskam) meine Kommilitonen um mich. „Na, du brauchst doch gar nicht hineinzusehen, hast sowieso eine Fünf." Ich schlug es trotzdem auf und war wie vom Blitz getroffen. Das konnte nicht wahr sein: da stand schwarz auf weiß: eine fette Vier plus! Die anderen trauten ihren Augen nicht. Da kam schon der nächste Student aus dem Prüfungsraum. Als er über meine Schulter sah, stutzte er verblüfft: „Wie? Der hat doch „ausgezeichnet" gesagt, nun eine Vier?" Das Pluszeichen daneben war natürlich absolut fehl und überflüssig am Platz. Das konnte er sich wirklich sparen. In dem Moment klärte uns ein Student auf: „Ist doch klar, dieses A... ist doch ein alter Rotgardist, II.-Weltkrieg-Held, der gibt doch keiner Deutschen eine Fünf." Manche schienen ihm zu glauben, einige dachten wie ich, es sei eher eine Unterstellung.

Meine Meinung kippte danach, als ich die zweite Vier von dem Dozenten bekam. Die „Unterstellung" des Studenten machte für mich aber der nächste Vorfall erst recht glaubwürdig. Im vierten Semester nahm ich am Wettbewerb der „Jungen Wissenschaftler" in Geschichte teil, betreut hatte mich ein anderer Dozent. Plötzlich stand nach den Sommerferien in der ersten Vorlesung des fünften Semesters mein „alter Freund" am Lehrerpult. Er verkündete das Ergebnis des Wettbewerbs, der in den Ferien bewertet wurde. „Studentin Belkina Elena hat eine ausgezeichnete Arbeit geschrieben und bekommt den ersten Preis. Erheben Sie sich." Als ich aufstand, blickte er mich ungläubig dreimal von oben bis unten durch die Hornbrille an: „Sie sind es? Aber Sie haben einen anderen Namen?" Ich schwieg. Da meinte er: „Sie haben bestimmt einen Russen geheiratet?" In dem Moment war mir klar, die Unterstellung des Studenten war gar keine. Dieser Mann hatte etwas gegen die Deutschen, er muss sie hassen. Ich empfand keinen Groll gegenüber dem alten Mann.

Nun waren zwei Vieren in Geschichte einfach zu viel, um ein Rotes Diplom zu bekommen. Man überredete mich, zum Dozenten zu gehen und die Prüfung zu wiederholen, was man ja einmal machen dürfte. Ich zwang mich dazu, ohne ein positives Ergebnis zu erhoffen. Als der Dozent hörte, ich möchte die Prüfung erneut ablegen, um die höchste Note zu bekommen, meinte er: „Sie haben ein perfektes Gedächtnis und exzellente Kenntnisse (was ich ganz schön übertrieben fand). Sie brauchen keine Prüfung abzulegen. Die Fünf kriegen sie bei mir sofort." So einfach ging das plötzlich! Und nur weil ich einen russischen Mann geheiratet hatte und seinen Namen trug.

Diesen Namen habe ich erst nach fünfundzwanzig Jahren abgelegt und wieder meinen Mädchen-Namen angenommen. Wenn ich nur die Tragödie meines Lebens, die mit diesem Namen verbunden ist, so ablegen hätte können.

Kapitel 2. Heirat. Persönliche Tragödie. Zwillingstöchter. Lehrerin aus Leidenschaft. 1969 - 1993.

Zufall. Böse Vorahnung

Geheiratet habe ich den Mann mit dem Namen Anatoli Belkin am dritten Juli 1969, also mit zwanzig Jahren. Ich hatte vier Studiensemester hinter mir und er hatte das Studium an der Hochschule für Eisenbahnwesen als Ingenieur abgeschlossen. Nun musste er für ein Jahr Militärdienst leisten, währenddessen ich meine beiden letzten Semester abschließen sollte. Es war Vorschrift, drei Jahre lang das Stipendium quasi da abzuarbeiten, wo man es bezogen hat. War man aber zu diesem Zeitpunkt verheiratet, konnte man dem Mann folgen. Ich habe mitbekommen, dass einige sogar deswegen geheiratet haben, um nicht auf's Land ziehen zu müssen. Aus diesem Grund hätte ich nie geheiratet. Dem Zufall sei es zu verdanken, dass ich Belkin traf.

Es geschah bei einem der Spaziergänge mit Natalia, meiner Studienfreundin, an einem lauen Septemberabend an der Irtysch-Promenade. Wir waren ja dank der ehrenamtlichen Tätigkeit in der Miliz-Kinderstube nicht auf den Kolchosfeldern im Ernteeinsatz. An diesem schicksalhaften Abend, dem Wochenende des zwanzigsten Septembers 1968 folgten uns, ein paar Meter entfernt, junge Männer. Wie es sich später herausstellte, feierten sie an diesem Tag den Geburtstag von Anatoli. Natalia und ich unterhielten uns, lachten gut gelaunt. Da hörten wir: „Können wir nicht zusammen lachen?" Wir natürlich sofort: „Nein." Wären wir nicht so gut gelaunt gewesen, wären wir bestimmt einfach weitergegangen, ohne zu antworten. Nun aber war die Kommunikation entstanden und nicht mehr zu stoppen. Ein Wort ergab das andere. Jeder wollte witziger als der andere sein. Natürlich näherten sie sich uns, und wir gingen weiter in Begleitung von leicht angeheiterten jungen Männern. Dass sie etwas getrunken hatten, merkten wir nicht, ihre Geselligkeit und Scherze waren in Ordnung. Es waren Studenten des Eisenbahn-Instituts, wie man ihre Hochschule nannte. Bald hatten wir ihre Namen herausgefunden und sie unsere ohne eine zeremonielle Vorstellung. Der blonde blauäugige und schüchterne junge Mann hieß Anatoli.

Dieser blondgelockte Junge wartete am Montagabend nach dem Unterricht auf mich im Foyer. Ich besuchte ihn im Studentenwohnheim. Die Zimmernachbarn waren die Jungs, die ich am ersten Abend kennenlernte. Tolja, so nannten ihn alle, kam irgendwann auch in meine Wohnung, in der ich mit Walja, meiner Zimmernachbarin, wohnte. Wir trafen uns fast jeden Abend und jedes Wochenende. Ich schaute gerne zu, wenn er Sport trieb. Er war ein leidenschaftlicher Sportler, was ich besonders anziehend fand. Ich war es nie. Sein Hobby war auch Fotografieren. Er hatte einen sehr guten Fotoapparat und alle Utensilien, um schwarz-weiß Fotos im verdunkelten Zimmer zu entwickeln. Wir haben uns auch sonst gut verstanden. In den Wintersemesterferien erzählte ich den Eltern von ihm.

Im Frühling, an irgendeinem Feiertag, stellte ich ihn den Eltern persönlich vor. Sie waren nicht glücklich, denn er war ein Russe. Sie lebten mit Russen als Nachbarn gut zusammen, die Lebensweise unterschied sich trotzdem wesentlich. Meine Eltern waren keine Rassisten, aber ihre Lebenserfahrung machte sie vorsichtig. Misstrauisch waren bei gemischten Ehen alle: Russen, Kasachen, Deutsche. Tschetschenen ließen sie erst gar nicht zu, Juden auch kaum. Diese gemischten Ehen scheiterten zu oft, vor allem am Alkoholmissbrauch der Russen, aber auch unterschiedlichen Kinderstuben oder wegen des Glaubens wie bei kasachischen Muslimen. Meine Eltern „mussten" sich fügen, um meinem Glück nicht im Wege zu stehen. Sie waren weise Menschen und wollten nicht, dass es irgendwann hieß: „Ihr wart dagegen und nun bin ich unglücklich." Na ja, womöglich war es nicht nur dieses Vermeiden der späteren Vorwürfe, sondern auch meine Verliebtheit, die ich heute gar nicht mehr wahrhaben will. Mein Vater sagte nur pragmatisch, wie immer (ich sah aber, wie schwer ihm die Worte fielen): „Na ja, wenn er dir gefällt." Tolja gefiel ihnen auch, wie er allen auf Anhieb gefiel, durch seine bescheidene zurückhaltende Art, seine blauen unschuldigen Augen, den blonden Locken. Also ein echter „Schwiegersohn-Typ."

Meine Mutter ließ sich bestimmt nur durch seinen Uni-Abschluss und die Zukunftspläne beeindrucken. Er hatte vor, an den Olympischen Spielen teilzunehmen, was ich ihm durchaus zutraute. Auch seine Trainer an der Hochschule, denn er hatte alle Voraussetzungen dazu, körperliche und gesundheitliche, ein unheimliches Durchhaltevermögen und einen starken Willen. Mutter erzählte ich zu seinen Gunsten wie mathematisch begabt er sei, was mir sein Dozent verriet. Ihre Gedanken von damals verriet sie mir erst Jahre später. Es hätte sich als erste Jaucke-Wes (in wolgadeutscher Mundart - Tante), nämlich meine „Oma" aus der Nachbarschaft, die ich schon erwähnte, folgend geäußert: „Oh, der kommt aus dem Gebiet Tjumen?! Da war ich doch in den Kriegsjahren, die Menschen sind da sehr hart, saufen, schlagen, streiten. Na ja, er ist ja ein Waise und deshalb vielleicht bescheiden. Er wird bestimmt auf eine gute Familie Wert legen, weil er keine hat." Worauf meine weise Mutter meinte: „Das weiß man eben nicht. Eine Waise möchte für sich und die Familie ein besseres Leben, die andere Stimme in ihm aber sagt sich, habe lange genug entbehrt, leiden müssen, nun möchte ich das Leben endlich genießen." Leider sollte sich das als Prophezeiung bewahrheiten.

Meine Mutter besorgte die Ringe, sogar den Anzug mussten wir kaufen, nur das weiße Hemd schickte ihm seine einzige ältere Schwester, die in Tjumen wohnte. Sie und ein älterer Bruder waren als einzige von dreizehn Geschwistern am Leben geblieben. Alle anderen Geschwister verstarben in jüngeren Jahren. Belkin hatte übrigens auch eine furchtbare Angst vor dem Tod mit dreißig. Das wiederholte er zu oft. Aber das Schicksal meinte es anders mit ihm. Meine liebe Mutter nutzte ihre Beziehung zum Arbeiter-Versorgungslager und besorgte ihm sogar einen „Olympischen Trainingsanzug" in wunderschönem Blau mit weißen Streifen an den Außenseiten der Hosenbeine, sowie am Kragen und an den Manschetten - der Traum eines jeden Sportlers. Zu kaufen gab es die nicht ohne „Vitamin B", sprich Beziehung. Er war glücklich und wir glaubten naiv, er stehe darin schon mit einem Bein unter den Olympiasiegern. Mein bescheidenes Kleid und den Schleier kaufte ich mir selbst, die weißen Absatzschuhe hatte ich. Große Ansprüche hatte ich nie. Eine große Hochzeit wollte ich damals auf keinen Fall. Aber meine Eltern kamen nicht, wohin denn auch? An ein Hotel dachte ein Arbeiter zu jener Zeit aus Kostengründen nie. Seine Schwester hatte gar kein Geld. So waren von meiner Seite Natalia und Walentina, sowie drei seiner Kommilitonen bei der Trauung und dem bescheidenem Festessen in unserer Wohnung, d.h. von Lydia D., dabei.

Dieser dritte Juli 1969 war nicht so freundlich, wie meist die Sommertage sind. Es war windig, sogar teilweise stürmisch, wolkig, und immer wieder fielen ein paar Regentropfen vom Himmel. Irgendwie versuchte ich den Aberglauben, der besagte: sonniges Wetter, sorgenlose Ehe - zu verdrängen. Es gelang mir kaum, zu oft hörte ich diese Sprüche in meinen siebzehn Jahren davor von Erwachsenen. Das prägte sich ein. Ich fühlte mich an dem Tag nicht wirklich glücklich. Ausgerechnet an diesem Tag fiel mir das Bild ein, als ich meinen Bräutigam im Studentenwohnheim aufsuchte, und er im Bett lag, angeblich krank. Er meldete sich am Wochenende und Montag nicht, was ungewöhnlich war. Natürlich machte ich mir Sorgen. Heute hätte ich wahrscheinlich jedem geraten: abwarten, nicht nachlaufen. Ich ging aber zu ihm. Er lag im Bett, man sah, es ging ihm schlecht. Der Freund Kolja schmunzelte: „Der Junge hatte so viel Energie, wir mussten ihn anbinden." Und ob es mir einer glaubt oder nicht, ich nahm es als Scherz auf, dass die Freunde ihn mit Gewalt, im übertragenen Sinne, ins Bett hievten. Auf die Idee, dass das keine Erkältung, sondern das Ergebnis einer Wochenend-Sauforgie und anschließendem Kater war, kam ich nicht. Und dass er tatsächlich wegen eines Wutausbruchs festgebunden werden musste, konnte ich mir damals auch nicht vorstellen. Die Erfahrung fehlte mir, die kam Jahre später. Trotzdem hatte ich dieses Bild am Hochzeitstag vor mir. Vielleicht stimmt es doch mit der bösen Vorahnung.

Am späten Nachmittag regnete es nicht mehr. Die kleine gemütliche Runde nach der unspektakulären Trauung auf dem Standesamt, das Beisammensein, die schönen Glückwünsche und Sprüche der Freunde trugen dazu bei, dass das Bild nicht mehr auftauchte. Seine Freunde schenkten uns eine Uhr, der Spruch dazu lautete: „Diese Uhr soll nur glückliche Stunden schlagen." So romantisch, wie ich veranlagt war, glaubte ich plötzlich an die „glücklichen Stunden".

Anatoli trat seinen einjährigen Militärdienst in Leningrad an, schrieb mir liebevolle, von Sehnsucht triefende Briefe. Als ich ihm ein Foto von mir auf seine Bitte schickte, schrieb er zurück: „Die Männer glaubten mir nicht, dass das meine Frau ist. Es sei eine Schauspielerin. Da war ich aber stolz." Mir ging es nicht anders. Ich ging nicht zu Feten, um die Treue zu halten. Die durfte auch nicht in Gedanken angetastet werden. Meine Kommilitonen lachten mich aus. Ich blieb meinen Prinzipien aus Liebe treu. Nun ist es ausgesprochen: wir haben uns wohl geliebt. Nur habe ich diese Tatsache viele Jahre bewusst und unbewusst verdrängt. Mehr noch, ich glaubte schon fest daran, dass ich diesen Menschen nie geliebt habe. Der Realität wegen müsste ich eher sagen: die Liebe ist nach ein paar Jahren gestorben. Es stirbt sich eben nicht so schnell, pflegt meine Freundin Barbara zu sagen. Sie meint damit die Menschen, ich übertrage es auf die Liebe. Diese ist schnell gestorben.

Noch war ich in Omsk. Schrieb jeden zweiten Tag Briefe an meine lieben Eltern und meinen Mann. Es nahte die Zeit des Hochschulabschlusses. Dank meiner Heirat unterlag ich nicht der Zuweisung, drei Jahre auf dem Land als Lehrerin abzuarbeiten. Mir wurde vom Fremdsprachen-Lehrstuhl meiner Hochschule alternativ angeboten entweder am Lehrstuhl zu unterrichten, oder an die Aspirantur in Leningrad zu gehen, um den Doktor zu machen. Beides war so verlockend und entsprach meinen Zukunftsplänen. Beides verwarf ich nach langem hin und her. Ich konnte mir einfach nicht vorstellen, Jahre (und das wären vielleicht zehn bis zwanzig) in einem Studentenheim zu wohnen. An eine Wohnung in wenigen Jahren war in Omsk wie in Leningrad nicht zu denken. Traurig waren über meine Entscheidung Waltraut Mamedbejli, und ich. Ich entschied mich für eine Familie. Das zu bereuen, zu wissen oder zu spekulieren mein Leben wäre total anders verlaufen, bringt nun überhaupt nichts.

Heirat. Rückkehr nach Maikain. Geburt der Kinder.

Also entschied ich mich für meine Heimat. Da hatte ich eine Hoffnung auf eine Wohnung, wenn auch nicht sofort. Dabei habe ich mehr auf ihn gesetzt, da er ja einen „technischen Beruf" hatte. Lehrer wurden überall mit Wohnungen schlecht versorgt. Mein Mann war bereit in Leningrad eine Arbeit aufzunehmen, muss man schon wahrheitshalber festhalten. Meine Mutter wäre darüber glücklich gewesen. Nur mein lieber Vater freute sich über meine Entscheidung „nach Hause" zurückzukehren.

Zuerst versuchte ich es in der größeren Bezirksstadt Pawlodar. Da wurde ich vom Schulrat in einem kasachischen Internat als Lehrerin für Deutsch als Fremdsprache eingestellt. In demselben Stadtteil, wo sich das Internat befand, am Rande der Stadt, fand ich ein Zimmer zur Untermiete in einem Fünf-Etagen-Blockhaus. Die Wirtin, eine quirlige junge Kasachin, war Witwe mit drei Kindern, mit denen sie in zwei anderen Zimmern hauste. Es gab täglich ganz einfache Malzeiten, von denen ich nie gehört habe. Ein Gericht vergesse ich nie, denn das gab es fast jeden Tag: grobe Leberwurst wurde in der Pfanne mit angebratenen Zwiebeln zerdrückt. Es roch ja nicht schlecht, aber wenn es zum täglichen Begleiter wird, ist einem irgendwann nach Erbrechen. Dazu gab es Brot. Manchmal wurde ich auch dazu eingeladen, ich lehnte höflich ab und beschenkte die Kinder mit Sußigkeiten. Im späten Herbst kam mein Vater zu mir und baute einen Lüftungskasten aus dünnem Holz in das Fenster ein. Somit hatte ich einen provisorischen „Gefrierschrank", der in Kasachstan sehr verbreitet war, sogar zusätzlich zu echten Kühlschränken. Das Fleisch, die Pelmenis (gefüllte Teigtaschen) froren darin im strengen Winter zu Stein.

Als mein Vater nach Hause fuhr, begann es zu schneien und zu stürmen. Am nächsten Tag „stürmte" überraschend mein Mann ins Haus.

Nach der Beendigung seines Militärjahres wollte er sich sofort nach einer Arbeitsstelle umschauen. Er fand eine an einem Plan-Wirtschaftsinstitut als technischer Zeichner. Ein Bürojob, schlecht bezahlt und ohne Aussicht auf eine Wohnung in absehbarer Zeit also in den nächsten Jahren. Sein Gehalt war noch kleiner als meines, der anfangenden Lehrerin. So blieb es für immer, ich war die Besserverdienerin in der Familie. Aber noch waren wir ja auch mit wenig Geld glücklich und hatten keine Kinder zu ernähren. Das sollte sich bald ändern, was im Frühling feststand. Mit einem Kind konnten wir unmöglich zur Untermiete wohnen, so beschlossen wir nach Maikain zu ziehen, an meinen Heimatort. Hier wohnten meine Eltern, die die „Umzüge" in Russland satthatten und zu alt dafür waren.

Sehr glücklich war ich über die Rückkehr nach Maikain nicht, meinem Mann war es, glaube ich, egal. Er hatte keine Eltern und mochte meine, nannte sie Mama und Papa. Das war gut und für das Kind sowieso. Das ausschlaggebende Argument für den Umzug war die Wohnungsfrage. In meinem vertrauten Maikain kannte mich jeder, da müssten wir eine Wohnung erhalten. Natürlich mussten wir für eine Weile zu den Eltern in ihr winziges Zimmerchen. Mein Mann schlief auf dem Gästebett, dass jeden Tag auf- und abgebaut wurde in der Küche, denn im sogenannten Wohnzimmer ging es einfach nicht.

Ich wurde sofort als Lehrerin für Deutsch als Muttersprache und Fremdsprache in meiner Schule eingestellt. Eine freie Ingenieurstelle wartete auf Tolja auch hier leider nicht. So machte die Gelegenheit aus seinem Hobby den Beruf: er wurde Sportlehrer, den meine Schule dringend brauchte. Er war zufrieden, ich eigentlich auch. Nur im Winter des nächsten Jahres, am 3. Februar 1972, als unsere Zwillingstöchterchen Maria und Annette geboren wurden, wohnten wir immer noch bei den Eltern.

Heute kann ich mir das gar nicht vorstellen, wie das auf ein paar Quadratmetern ging. An dieser Stelle fällt mir ein typisch russischer Witz ein. Man könnte ihn nach Belieben als Alkoholiker- oder auch Polizisten-Witz einstufen. Also, die Verkehrspolizei stoppt einen LKW, in dessen Fahrerraum anstatt der erlaubten drei Personen acht zusammengepfercht hocken, einer spielt Knopfakkordeon und die anderen grölen einen Gassenhauer. Alle, die Fahrer eingeschlossen, kommen nach der Atemkontrolle, die unheimliche Alkoholwerte anzeigt, über Nacht in eine Ausnüchterungszelle. Morgens las ein Polizist ihnen den Schuldspruch über das gesetzwidrige Fahren von acht Personen im alkoholisierten Zustand im Fahrerraum vor. Der Fahrer widersprach: „Das kann doch nur Ihre Erfindung sein, Sie wollen uns unterstellen, was absolut unmöglich ist. Beweisen Sie, dass acht Personen in dieser kleinen Kabine Platz haben können!" Der Polizist meinte darauf: „Okay, ihr müsst es selbst beweisen, rein mit euch in die Kabine!" Es gelang den acht Kumpels nicht, sie waren zu viele. Da sagte resigniert der, der am lautesten und überzeugendsten davor gewesen war: „Komisch, gestern klappte es doch. Na ja, wären wir besoffen, ginge es garantiert, auch mit meinem Knopfakkordeon." -

Wir haben nicht getrunken, sogar mein Mann nicht, der später zum Alkoholiker wurde, wir waren genügsam. Es lebten ja so viele in gleichen oder ähnlichen Verhältnissen. Es gab nie einen Grund zum Streit. Der junge Vater schlief in der Küche auf dem Gästebett, ich in meinem Einzelbett, daneben der Kinderwagen, die Eltern kamen gerade so vorbei.

Im Frühling stand fest, dass junge Lehrer, die ihre drei Pflichtjahre in Maikain abgearbeitet hatten und die Schule verließen, aus der Wohnung auszogen, die sie als WG nutzten. Diese große Zweizimmerwohnung mit Zentralheizung, Bad und WC konnten wir beziehen. Endlich ging mein Traum von einer eigenen Wohnung in Erfüllung, dazu noch einer so schönen mit Heizung, Innentoilette, fließendem zwar nur kaltem Wasser, schönem großen Flur und gar nicht so kleiner Küche. Mein Vater und der Schwiegersohn zimmerten Tische, Bücherregale, Kindermöbel. Tolja lernte dabei einiges von meinem Vater. Das waren noch die letzten schönen Momente in unserem Eheleben. Und die wunderschönen Augenblicke der kleinen Töchter, die jeden Tag etwas Neues brachten, mein und ihrer Großeltern Herzen eroberten.

Die beiden schafften es, Tag und Nacht wach zu sein. Schloss eine die Augen, öffnete die andere sie wie auf Absprache. Sie waren quengelig, schrien um die Wette. Dreieinhalb Jahre ging das so, ich machte kaum ein Auge zu. Meine Mutter sagte seitdem: „Willst du einem Feinde etwas wünschen, wünsche ihm solche Zwillinge." Oder: „Ein Kind, auch ein Schreihals, ist dagegen ein Spielzeug." Mutter kam zu Babysitten am Tage, solange ich drei, vier Stunden im Unterricht war, denn ich nahm die Arbeit, als sie sieben Monate alt waren, wieder auf. Die Oma bereitete auch die 200 Gramm Fläschchen Babynahrung (aus der Apotheke) für den Tag und die Nacht zu. Zu kaufen gab es keine. Die Milch kauften wir bei Bekannten, die eine Kuh besaßen. Die wurde abgekocht und Gries, Reis, Honig, Ei usw. wurden in jedes Fläschchen gesondert hinzugefügt. Mariechen, die bei der Geburt schon 3450 Gramm wog, entwickelte sich schnell, ganz normal. Annettchen, die acht Minuten später mit nur 2250 Gramm das Licht der Welt erblickte, blieb deutlich zurück. Maria lief mit elf Monaten, Annette erst mit siebzehn. Noch einige Jahre nach ihrer

Geburt nannten sie sogar die Nachbarkinder, die sie sehr mochten, die Kleine und die Große. Vielleicht auch deshalb, weil der Name Annette fremd war. Sie sagte, als sie sprechen konnte, stolz: „Ich heiße nicht Anja und nicht Annettka, ich heiße Annettchen." Und Mariechen unterstrich, dass sie um acht Minuten älter war. Annette war von Geburt an Kämpferin, gab in keiner Hinsicht nach, obwohl manch ältere Nachbarinnen prophezeiten: „Das Kind ist zu schwach, das überlebt nicht." Als eine Frau das laut in unserer Gegenwart aussprach, verwies mein Mann sie der Wohnung. Mir war die Situation sehr peinlich, aber eine der wenigen, die ich ihm trotzdem nicht übel nahm. Unser kleines Nettchen kränkelte zwar öfters, schaffte aber genauso gut wie Mariechen, die Musikschule und das Abitur der Allgemeinschule.

Umzug nach Jermak. Die Ehe wird zur Hölle.

Aber zurück zu der Zeit, als sie noch klein waren, und wir beide in der Maikainer Schule arbeiteten. Anatoli war ein guter Sportlehrer, die Schüler mochten ihn. Trotzdem sehnte er sich nach seinem Beruf. Auf eine Ingenieurstelle bestand keine Aussicht. So begab er sich im Sommer 1973 auf Suche nach Pawlodar. Er blieb länger als geplant weg. Als er kam, leuchteten seine Augen: „Soll ich zuerst die schlechte oder die gute Nachricht bringen?" - „Die schlechte!" - Tolja erzählte, dass er keine Ingenieurstelle gefunden hatte, aber auf Rat seines ehemaligen Kommilitonen, der in Pawlodar lebte, und bei dem er die Tage über wohnte, sich beim KGB beworben hatte. Er musste die Antwort etwa eine Woche abwarten. Man erklärte ihm, er würde allen Anforderungen entsprechen. Ein Umstand könne nicht akzeptiert werden: Die Ehefrau ist eine Deutsche. Ich kam gar nicht dazu, zu sagen, wie leid es mir tue, dass ich seiner Karriere im Wege stehe. Tolja platzte beinahe buchstäblich vor Stolz, als er mit seiner guten Nachricht herausplatzte: „Man hat mich der Polizei empfohlen. Ich habe den Job! Die Stelle eines Leutnants und den Militärgrad habe ich ja bei der Wirtschaftspolizei in der Stadt Ermak. Da gibt es von der Stadtverwaltung ganz schnell Wohnungen für Beamte." Das war ein Schlag! Damit, dass er Polizist wird, hatte ich nun wirklich nicht gerechnet. Von der Stadt habe ich schon mal gehört, die lag am gegenüberliegenden Ufer des Irtysch. Auf der einen Seite Pawlodar, auf der anderen Jermak. Eine Wohnung in absehbarer Zeit, das klang ja gut, aber ohne die Hilfe der Eltern, auf die ich mit den Kleinen angewiesen war …

Meine Eltern hielten sich wie bei der Heirat aus der Sache heraus. Nur mein lebenserfahrener Vater meinte: „Na, wenn der Polizist wird, dann fühlt er sich mächtig, schaltet und waltet, schlägt um sich, wenn es ihm passt. Der schlägt auch dich." Was dachte ich mir dabei?! Mein lieber Vater übertreibt wieder Mal aus übertriebener Fürsorge, so wie damals mit dem Fahrradfahren oder dem Besteigen eines Flugzeugs. Überall lauerte auf mich Gefahr. Ich achtete wieder nicht auf die Signale des Schicksals.

Es gab ein erstes Zeichen dafür, dass mein Mann gewalttätig sein konnte. Wir freuten uns auf den ersten gemeinsamen Lehrertag Anfang Oktober. Meine Mutter erklärte sich bereit, bei den Kindern zu bleiben, sie bestand sogar darauf. Mein Vater beschloss, nicht alleine in der Wohnung zu bleiben und fuhr in den achtzehn Kilometer entlegenen Ort, um seinen alten Kameraden Kessler zu besuchen. Er übernachtete bei dessen Sohn. Meine Mutter kam zeitig zu uns, bekam aber starke Oberbauchschmerzen und musste sich mehrmals übergeben. In dem Zustand konnte sie unmöglich auf die Kinder aufpassen. Also blieb ich zu Hause, er sollte sich amüsieren. Als er aber in der Nacht wegblieb, fand ich das nicht amüsant. Mutter krümmte sich vor Schmerzen an der Bauchspeicheldrüse und Leber, die Kinder schliefen nicht, und ich musste alleine mit allem fertig werden. Morgens kam mein Vater und fand den Schwiegersohn bei ihnen in der Wohnung, schlafend. Mein Vater kam sofort zu uns, weil er nichts Gutes ahnte, denn Mutter schlief nicht zu Hause. Mutter musste danach ins Krankenhaus, es trat keine Besserung ein.

Bei uns trat der Frieden nicht mehr richtig ein. Tolja hatte über das Maß getrunken, seitdem umgarnte ihn eine junge Lehrerin, das kam dazu. Er wirkte leicht gereizt, trank ab und zu mit einem jüngeren ledigen Kollegen, in dem Zustand schubste er mich einmal so, dass ich stürzte. Für mich brach die Welt zusammen, aber wohl nicht stark genug. Nun hatte ich ja den prosaischen Grund für die Erhaltung der Ehe, den die meisten Ehefrauen haben: um der Kinder Willen. Ich wusste schon an diesem Tag, nie mehr werde ich diesen Menschen achten und ehren können wie bis dahin. Ich fuhr ihm trotzdem nach Jermak nach.

Das heißt er fuhr vor, denn noch hatten wir ja keine Wohnung. Bei seiner Abmeldung meldete er meine Eltern in unserer größeren Wohnung an. Sie sollten darin später wohnen bleiben und es leichter haben, weder Kohle noch Wasser tragen müssen. In ihrem Alter hätten sie nie eine andere Wohnung bekommen. So wohnten meine Eltern fast ein Jahr bei mir. Es war schön und gut, aber die Wohnung gehörte der Schule und sollte an Lehrer zurückgegeben werden. Ich hätte mich nie getraut, ohne Einwilligung der Leitung das zu machen, und musste es nun wohl oder übel ausbaden. Die Schuldirektorin war außer sich. „Als Mensch verstehe ich Sie, aber als Schulleiterin ..." Sie redete anschließend überhaupt nicht mehr mit mir, was ich im Endeffekt gar nicht so schlecht fand. So hatte ich meine Ruhe bis zum Schuljahresende. Als Klassenleiterin erzielte ich die besten Ergebnisse, so war sie gezwungen, mich zu loben. Dabei war wohl auch der restliche Frust verflogen. Wir verabschiedeten uns im Guten.

Es waren zwei schöne Jahre in Maikain. Mit vielen schönen Erfahrungen, angefangen mit der Geburt der Kinder, ihren kleinen „Erfolgen" auf dieser Welt, die mir und den Großeltern so viel Freude bereiteten. Auch als Lehrerin machte ich unter der Obhut meiner ehemaligen Lehrer die ersten professionellen Schritte. Ich war beliebt und liebte besonders meine Klasse. An den Wochenenden unternahm ich viel mit meinen Zöglingen. Die Mädchen Tanja, Maria, Natascha, Fenja waren gerne Babysitterinnen. Es war nicht so anonym wie in der Stadt. Ihre Eltern kannten mich und unterstellten mir nicht, dass ich ihre Kinder ausbeute. Wir unternahmen etwas gemeinsam, spielten, und es gab immer Tee und Süßigkeiten. Dabei war ich immer die Autoritätsperson Elena Rudolfowna, wie ich an der Schule genannt wurde. Der Abschied fiel ihnen und mir schwer. Ich hoffe, dass sie heute, auch nach fast vierzig Jahren, auf das schwarzweiße Klassenfoto schauen und sagen: „Die war gut."

In Jermak stand für uns die Wohnung ab dem Frühling frei, im Juli zogen wir um. Bis dahin kam Belkin fast jedes Wochenende, aber nur am Anfang, später wurden die Besuche in Maikain rarer, was er mit der Arbeit begründete. Ich nahm ihm das ab, denn er schien verliebt zu sein wie am ersten Tag. Manchmal schienen mir seine Liebkosungen sogar etwas zu stürmisch, etwas anders als früher. Ich nahm es als bare Münze, na, was wohl - die Liebe. Er schien hungrig vor Liebe zu kommen, da er ja immer seltener anreiste. Ich wollte es einfach glauben, dass ich ihm wichtig war. Ich glaubte es, weil ich es glauben wollte, jung und naiv wie ich war. Zu lange glaubte ich an die Liebe. Es ist doch nur ein symbolischer Begriff, leere Hülle. Es sind nicht Blumen, nicht Versprechungen, nicht Liebkosungen, sondern Vertrauen, Respekt, gleiches soziales kulturelles Niveau. Das Wort Liebe hasse ich, seitdem ich zu dieser Erkenntnis gelangte. Zu enttäuscht, zu gekränkt war ich in meiner naiven Art der Sicht der Dinge. Im Juli 1974 zog ich mit meinen Kindern dem Mann nach, noch im Glauben, es beginne ein neuer und schöner Abschnitt in meinem Leben.

200

Die Wohnung, in der wir bis zur Abreise nach Deutschland im Januar 1993 wohnten, war eine kleine Dreizimmerwohnung mit Zentralheizung, heißem und kaltem Wasser, Badezimmer, getrennter Toilette, Balkon, ausreichend sonnig, aber auch schattig durch die Bäume. Sie befand sich im ersten Stock, lag im Zentrum der kleinen, relativ grünen Stadt, also auch von der Lage her optimal. Die junge Metallurgen-Stadt, wie man sie nannte, wurde Ende der 60er, Anfang der 70er Jahre gebaut. Zur Errichtung des mächtigen Wasserkraftwerkes und des Metallurgischen Werks kamen aus allen Ecken der Sowjetunion junge Menschen. Die Stadtbaupläne waren darauf ausgerichtet. Es entstanden quadratische Wohnviertel aus zehn bis zwölf Blockhäusern mit fünf bis zehn Etagen. In der Mitte dieser Quadrate befanden sich soziale Einrichtungen: Kindergärten, Schulen. In den Erdgeschossen der Wohnhäuser richtete man Geschäfte ein, meistens Supermärkte, Magazine genannt. Größere Warengeschäfte gab es extra.

Die Infrastruktur war großartig. Zwei große Kliniken mit allen denkbaren Abteilungen, Polikliniken, Klubs, Kinotheatern, dem großem Kulturhaus der Metallurgen, sowie dem Pionierpalast nahe der Schiffsanlegestelle, drei Fachschulen: eine für Bibliothekwesen, für Technik und einer Technischen Abendhochschule, an der ich einige Jahre Studenten in Deutsch unterrichtete.

In der Stadt gab es mehr als zwanzig Kindergärten, acht Schulen und ein Internat für geistig Behinderte im Vorort. Mit einem Platz in der Kita war jedes Kind versorgt. Alle Schulen waren groß, dreistöckig, trotzdem überfüllt. Die Schüler lernten in zwei Schichten. Auch in der Nummer Vier, in der ich als Lehrerin eingestellt wurde. Sie lag vor unseren Fenstern. Mein Vater zählte sogar die Schritte von unserer Wohnungstür bis zum Schuleingang - achtzig Schritte seien es gewesen. Der Schuldirektor stellte mich dem Lehrerkollektiv auf eine originelle Weise vor: „Nun haben wir eine, deren Mann uns mit Mangelware aus dem Warenlager versorgt. Und niemand wird für die Illegalität oder Bestechung festgenommen, ha-ha." Mir war das peinlich, obwohl ich den eigentlichen Sinn gar nicht verstand. Alle Lehrer lächelten zögerlich und unsicher. Sie wussten wohl nicht, dass ich keine Ahnung hatte, wie bekannt der Name meines Mannes in der Stadt inzwischen war. Als Offizier der Wirtschaftspolizei war er schon so etwas wie der Allmächtige, vor dem alle Verkäufer, Busfahrer, Schwarzhändler auf den Märkten zitterten. Woher sollte ich das wissen? Ich habe das und das Resultierende daraus als meine persönliche Tragödie früh genug erlebt.

Aber zuerst machte ich negative Erfahrungen in meiner neuen Schule. Die fünfte Klasse, deren Klassenleiterin ich von nun war, wurde in zwei Gruppen für den Fremdsprachenunterricht geteilt. Die eine sollte ich unterrichten, die andere Gruppe die Kollegin Irina Iwanowna. Beim Aufrufen einiger Namen durch die stellvertretende Direktorin, schrie Irina I.: „Das ist meiner bzw. meine." - So sollten Trussow, Sikratow, Lackmann für mich sein, wie sich später herausstellte (die anderen wussten ja Bescheid), sie waren die Kinder bekannter Eltern von Lehrern, Parteibonzen, Leitern des Warenlagers. Wie die Russen zu sagen pflegten: „Alles nützliche Leute." Irgendwann sagte die stellvertretende Direktorin doch: „Irina Iwanowna, so geht das nicht, wir müssen gerecht verteilen, sonst haben wir in der Gruppe ausschließlich leistungsschwache Schüler." Und sie mischte noch einmal durch. So hatte ich Marina Lackmann in meiner Gruppe und Igor Sikratow, sowie andere Kinder prominenter Eltern, wie man heute und hier sagen würde. Ich glaube, das tat die stellvertretende Direktorin nicht nur gerechtigkeitshalber, sondern aus „Achtung" vor meinem Mann. Bestätigt wurde mein Verdacht durch die „Aufklärung" einer Lehrerin am nächsten Tag. Sie sagte, das große Lehrerteam sei in zwei Lager gespalten, zum einen gehörte Irina I. Mir wurde bei dieser Offenbarung schlecht. Die Lehrerin beruhigte mich: „Ach, keine Angst, vor deinem Mann haben sie Respekt bzw. Angst. Also hast du nichts zu befürchten." - Toller Anfang, dachte ich mir.

Es wurde wirklich nicht so schlimm, weil ich mich mit meinen Zöglingen gut verstand, und die Eltern mich für die fachliche Kompetenz und die Art und Weise des Umgangs mit den Kindern respektierten. Und wiederum musste ich diese Klasse nach zwei Jahren verlassen. Meine Töchter, die den Kindergarten fast vor unserer Tür besuchten, waren zu oft krank. Für mich war es eine Tortur. Die Schule forderte vollen Einsatz, bis zu vierzehn Stunden am Tag und auch am Wochenende. Der Vater war keine Hilfe, er wurde zu einer Belastung durch sein Erscheinen im alkoholisierten Zustand in meiner Abwesenheit.

In dieser ausweglosen Situation half mir mit gutem Ratschlag meine Freundin aus der Schulzeit, Alexandra. Wir begegneten uns in dieser Stadt zufällig nach einigen Jahren. Sie wohnte mit Mann und Kind ein paar Häuser entfernt und arbeitete als Musikerzieherin im Kindergarten, den meine Kinder besuchten. Alexandra hatte um sechzehn Uhr Feierabend, das Wochenende frei und schrieb ihre Pläne, solange die Kinder schliefen, nicht wie ich in der Nacht.

Musikerzieherin im Kindergarten

Mir blieb wirklich nichts anderes übrig. Ich entschied mich für den Kindergarten und fand sofort eine Stelle als Musikerzieherin. Und ich war richtig erleichtert. Es stimmte alles: ab sechzehn Uhr war ich frei wie ein Vogel, keine Hausarbeiten zu korrigieren, keine Pläne zu schreiben, am Wochenende war ich für die Kinder da. Das Krankschreiben fiel auch nicht so schwer, denn hier litt der Lernprozess durch Fehlen nicht wie in der Schule. Die Kleinsten, die bei meinem Erscheinen im Raum mit dem Akkordeon „Tante Musika" schrien, wurden von der zweiten Lehrkraft übernommen. Ein Ausfall war auch nicht weiter schlimm, die Kinder hatten zwei Erzieherinnen und eine Pflegerin. Enger wurde es vor den „Utrenniki", das waren Vorstellungen an Festen wie Muttertag, Erster Mai, Neujahr und andere für die Eltern und die Öffentlichkeit. Dafür probten wir in Unterrichtseinheiten von 15 bis 25 Minuten (abhängig vom Alter) zweimal wöchentlich singen und tanzen, ebenfalls Sportunterricht mit musikalischer Begleitung, sowie Morgengymnastik. Die thematischen Tänze, Lieder, Solo und der Chor wurden zu jedem Feiertag geübt. Gerade vor den Feiertagen geriet man ab und zu etwas unter Druck, trotzdem war es ein leichtes Arbeiten und es machte wirklich Spaß. Die kleinen „Artisten" waren enorm motiviert und begeistert, nicht wie die pubertierenden Schüler oder Erwachsenen. Ich hatte Zeit für mich und nahm an einer Chorgruppe erfolgreich teil, d.h. ich merkte selbst, dass ich immer besser sang. Öfters habe ich die Rolle als Solistin übernommen. Wir traten häufig in Klubs auf, nahmen an Wettbewerben teil. Singen wurde seitdem zu meinem Hobby.

Als ich zur Gewerkschaftsvorsitzenden gewählt wurde, begannen meine Probleme mit der Leiterin des Kindergartens. Sie war nicht mit meiner (besser gesagt Gewerkschaftsvorstand) Verteilung der Mangelwaren nach Listen einverstanden. Es kam zu Konflikten.

Trotzdem war es nicht der wirkliche Grund dafür, dass ich nach sechseinhalb Jahren diese Stelle aufgab. Mich zog es in die Schule zurück. Ohne den Kindergärtnerinnen zu nahe zu treten, es war nicht mein Niveau. Ich ertrug den ewigen Klatsch und Tratsch der Frauen nicht. Die meisten lasen nicht mal Zeitungen, ihre Interessen beschränkten sich auf Klamotten und das Familienleben der Kollegen. Dafür gab es in der Schule keine Zeit und auch kein Interesse.

Beruflicher Erfolg

Meine Kinder waren inzwischen in der vierten Klasse, ziemlich selbständig, also kehrte ich 1983 in die Schule zurück. Nach einem Jahr wurde ich zur „stellvertretenden Direktorin für schulische und außerschulische Erziehungsarbeit" ernannt in meiner ersten Schule Nummer Vier.

Von 1984 bis 1990 war ich in dieser Funktion tätig. Von 1990 bis 1993, also dem Jahr der Ausreise nach Deutschland, war ich für den Lernprozess verantwortlich. Ich musste zwar notgedrungen wechseln, denn eine erfahrene Kollegin schied aus, und die Direktorin wollte diese Stelle mit mir „absichern". Natürlich war der Lernprozess das wichtigste Aufgabengebiet der Schule. Aber diese Tätigkeit lag mir bei weitem nicht so am Herzen.

Als Koordinatorin der Erziehungsarbeit in der Schule und außerhalb, konnte ich meine humanitären Fähigkeiten voll entfalten. Am Lernprozess konnte man wenig ändern. Die Pläne und Lehrbücher waren in allen Fächern auf Jahre festgelegt. Natürlich konnte beispielsweise jeder Mathelehrer seinen Unterricht mit ein wenig Phantasie kreativ gestalten. Das war auf keinen Fall mit den facettenreichen Formen der erzieherischen Arbeit zu vergleichen. Eigentlich könnte ich alleine über die von mir in jenen Jahren verrichtete Arbeit schreiben. Es soll aber nur ein kurzer Überblick werden, weil diese berufliche Tätigkeit die schönste in meinem Leben war. Wer über die Sowjetschule der 70er Jahre etwas erfahren möchte, würde daran auch interessiert sein.

Planung der erzieherischen Arbeit

Einen umfassenden Plan für das Schuljahr einschließlich der Ferienzeit (also für das Kalenderjahr) schrieb ich natürlich auch. Er wurde Ende August, bevor das Schuljahr begann, im Pädagogischen Rat von Lehrern ausdiskutiert, nach Vorschlägen und Korrekturen bestätigt. Danach wurde er von mir im Großformat graphisch dargestellt, in meinem Büro ausgehangen. Er war in Monatssegmente unterteilt. Jeder Monat hatte eine bestimmte erzieherische Richtung. So war September der internationalen Erziehung gewidmet, Oktober der Umwelt, November galt der Atheistischen, der Dezember dem Sport und der Gesundheit, oder auch Januar. Dafür vergesse ich nie den Februar, der für die antifaschistische Erziehung stand, in allen Klassen wurde in diesen Wochen von den

Geschwistern Scholl, Thälmann usw. (von Graf Staufenberg weniger) gesprochen. Danach kam der März, in dem ganz besonders viel gesungen und getanzt wurde, oder auch Theater gespielt, da das der „Ästhetische Monat" war. Dem folgte der Monat der Arbeit und der, der sogenannten Militär-Patriotischen Erziehung, im Mai. Vielleicht hat es schon jemand erraten, wieso ausgerechnet auf den Mai diese Richtung der Erziehungsarbeit fiel. Richtig, am Neunten Mai feierte die Sowjetunion den Siegestag des Zweiten Weltkrieges.

Es sieht so aus, als ob von oben festgelegt und von unten durchgeführt wurde. Meiner Meinung nach war es gut organisiert. Die vorgegebene Richtlinie, Inhalte und Form der Aktivitäten bestimmte der Klassenleiter. Man hatte sich im Pädagogischen Rat der jeweiligen Schule darüber geeinigt, wie man die vier Einheiten (den vier Wochen entsprechend) für Erziehung im Unterrichtsplan nutzt. In meiner Schule gab es eine Klassenversammlung, eine Pionier- bzw. Komsomolversammlung, zwei thematische Einheiten. Wie diese im Monat eingeteilt, geplant und gestaltet wurden, das war die Sache des Klassenleiters. In den ersten zwei Wochen wurden logischerweise Angelegenheiten der Klasse besprochen. Das Übliche: irgendwelche Vorfälle, Verlauf der Patenschaft, Vorbereitung für einen Ausflug oder ein Fest etc. Die anderen beiden Wochen waren der Kreativität des Klassenleiters überlassen. Die Palette der Aktivität-Angebote ging ins Unendliche: Kinobesuch, Fahrt in die Bezirksstadt, Schiffsfahrt, Fahrradtour, Ski- und Schlittschuhlaufen, Ausflug in die Natur mit Picknick, Besuch des Heimatmuseums, Treffen mit Prominenten der Stadt, Schachturnier mit der Parallelklasse. Besonders beliebt waren die KWN, eine Abkürzung für Klub der Lustigen und Findigen. Ein lustiges Quiz-Spiel zweier Mannschaften. So etwa wie Johannes Kerner heute im Fernsehen das mit Deutschen und Türken oder Holländern moderiert.

Die Unterhaltungsgenres der Medien wurden allmählich in die Schule übertragen. Wie das KWN Spiel, so auch das Glücksrad. Diese musste man auch nicht nach dem Monatsplan thematisieren, wie z.B. im November nur atheistische Themen planen, im März Musik und Kunst auswählen. Im Mai, der der militär-patriotischen Erziehung gewidmet war, stand der Tag des Sieges natürlich im Mittelpunkt. Im großen Stadion sang der Chor, der sich aus allen acht Schulen zusammensetzte. Die Veranstaltungen fanden auch bei Schnee (den es auch im Mai ab und zu gab) und Regen statt. In die Klassen, Schulmuseen wurden Veteranen eingeladen, die von ihren Erlebnissen erzählten. Damals lebten noch einige.

Jahrmarkt der Nationen

Ganz besonders beliebt, auch von mir übrigens, war der „Jahrmarkt der Nationen" im September, auf dem alle Republiken vertreten waren. Ende September wurden auf dem asphaltierten Platz des Schulhofs große Zelte aufgebaut und mit Flaggen, Wappen und anderen Attributen der Republiken geschmückt, die Kinder besorgten sich Nationalkostüme. Natürlich wurden die von den Eltern genäht. In den Zelten wurden selbstgebastelte Souveniere für ein paar Kopejken angeboten, der Erlös ging in die Klassenkasse, sowie auch für die meisten angebotenen Nationalgerichte. Es duftete nach ukrainischem Borschtsch, usbekischem Pilaw, weißrussischem „Draniki" - Kartoffelpuffer, russischen Blinis. Und jede Menge Obst und Gemüse - alles, was die Datschas hergaben. In den 80ern hatte fast jeder eine, wovon in den 50ern, 60er Jahren keiner in dieser trostlosen Gegend zu träumen gewagt hätte. Dieser Jahrmarkt fand im September statt, da es der Monat der Ernte war. Bananen gab es nicht, aber Honigmelonen, Wassermelonen, Weintrauben, Möhren, Kohl, rote Beete, Äpfel, Brombeeren, Stachelbeeren, die hier später reiften, als in Europa. Der Jahrmarkt war eine Art Erntedankfest, ein buntes lustiges Schulfest. Die Kinder vertraten ja ihre Republik (jedes Jahr nach einem Losverfahren eine andere) mit Liedern, Tänzen und Theaterstücken bezogen auf die Republiken, ebenso die Köstlichkeiten der nationalen Küchen. Eine Jury aus Schülern und Paten bewertete die Kunst. Die Beteiligten bekamen Preise. Gewinner waren alle. Mal waren es Kasachen, Ukrainer, Russlanddeutsche, Tataren, Usbeken, Weißrussen und im nächsten Jahr umgekehrt. Der Prozess der Vorbereitung wie das Fest selbst hatten einen sozialpädagogischen Effekt, der nicht zu unterschätzen war.

Dieses Fest plante ich jedes Jahr aufs Neue. Das erforderte Kreativität und war meine Berufung. Ich hätte diese Aufgabe bis ans Ende meines Lebens erfüllen können: Feste planen, organisieren, moderieren. Mir machte es nie etwas aus, ob ich vor dreißig oder zweitausend Schülern stand, vor siebzig Lehrern (so viele waren es in meiner Schule) auftrat, oder tausend Eltern vor mir hatte. Auftreten musste ich schließlich nicht nur in der Schule, sondern vor der Stadtobrigkeit, der Prominenz in Konferenzen und in anderen diversen Gremien. Ich vertrat ja „meine" Schüler oder Lehrer. Alles machte mir Spaß. Lampenfieber hatte ich natürlich auch ab und zu, aber es kam nicht vor, dass ich in Verlegenheit geraten bin. Bestimmt habe ich diese Gabe meiner Mutti zu verdanken, die mich schon mit sieben Jahren auf die Bühne vor einigen hundert Menschen schickte. Ich sang das Lied, das meine liebe Mutter für mich mit über achtzig Jahren, in Deutschland aufschrieb:

Hübsch ordentlich will ich als Kind schon sein
Dann werden sich auch über mich
Meine liebe Eltern freuen (wiederholen)

Ja, ine Nessel die brennt bald,
Ja, die Erfahrung spricht:
wer jung nichts tauget
der wird alt gewiss ein Taugenichts

Wer alles um sich wirft und schmeißt
Nichts selber von sich hält
Zeigt früh schon einen schlechten Geist
Der niemanden gefällt

Es waren viele Lieder mehr, die mir meine weise Mutter hinterließ, so z.B. „Es wollt ein Mann nach seiner Heimat reisen" oder „Wie die Blümlein draußen zittern". Dieses Lied sangen meine Mutti wie auch mein Vater: „Morgen will mein Schatz verreisen", wenn sie von den vielen herzzerreißenden Abschiedsmomenten ohne Hoffnung auf ein Wiedersehen erzählten. Mein Vater spielte mit einer Hand Klavier (Noten hatte er nie gelernt), und sie sang mit ihrer schönen hohen Stimme:

Wie die Blümlein draußen zittern
In der Abendlüfte weh'n
Und du willst mir's Herz verbittern
Und du willst nun von mir gehen.
O, bleib bei mir, o, geh nicht fort
Mein Herz ist ja dein Heimatsort.

Danach sang Papa noch „Schön ist die Jugend", immer öfter sollte aber ich es singen, und Vater, diesem sonst so starken Mann, standen Tränen in den Augen. Das Sensible und die Liebe zum Gesang habe ich an meine Kinder vererbt. Meine Kinder nahm ich auch schon früh zu Auftritten mit.

Feste feiern in der Schule

Feste gab es in der Schule gar nicht so selten. Um einige zu nennen: Muttertag, Jolka-Fest (Tannenbaum-Fest) zu Silvester, Internationaler Frauentag am 8. März, Tag der Roten Armee am 23. Februar etc. Zum obligatorischen Teil des Jahresplans gehörten die thematischen Abende für Oberklässler. Die Schüler der achten und zehnten Klassen waren auch die Organisatoren unter Leitung der Klassenleiterin und meiner Wenigkeit. An diesen Abenden gab es im Rahmen der Themenmonate z.B. einen Lichtbildervortrag, ein Theaterstück, eine überraschende Attraktion und anschließend Tanz bzw. Disko. Die Abende liefen bis zweiundzwanzig spätestens zweiundzwanzig Uhr dreißig. Die Verantwortlichen wechselten, ich war immer dabei und musste das Licht ausmachen und die Schule abschließen. Die Verantwortung war groß, die Arbeit enorm anstrengend, aber sie bereitete mir persönlich so viel Freude wie keine andere danach.

Es war für mich wie beim Kochen und Backen. Beim Kochen probiere ich immer wieder neue Zutaten und Gewürze von diversen Nationalgerichten aus den Küchen der Welt. Dabei entstehen meine neuen Rezepte. Beim Backen bin ich an Rezepte gebunden, muss, wie in Mathe zählen, präzise sein. Natürlich kombiniere ich dabei ab und zu. Dieses Kombinieren hatte für mich nie so einen Reiz, wie die Planung der Aktivitäten für einen Erziehungsplan. Ich entwickelte dabei mein lyrisch-musisches Vermögen, konnte es immer wieder beim Improvisieren ohne Ende ausleben. Im Nachhinein ist mir bewusst, ich lernte selbst stets etwas dazu, sammelte umfangreiche Erfahrungen im Umgang mit interessanten Menschen, der Öffentlichkeit und blieb jung an Leib und Seele. Ich hatte jeden Tag von früh bis spät mit jungen Menschen zu tun.

Die Pioniere und Komsomolzen hatten einen Vorsitzenden in jeder Klasse, die ersten hatten außerdem eine „Woshataja-Führerin", eine Angestellte. Sie arbeitete nach einem Plan, den ich unterzeichnete. Die Komsomolzen, die selbständiger waren, versammelten sich trotzdem zu Sitzungen des Komitees einmal in der Woche in meinem Büro. Koordiniert wurde ihre Arbeit auch von mir. Stets versuchte ich das auf der Basis von Augenhöhe zu tun.

Arbeit mit Schwererziehbaren

Viel Zeitaufwand und Energie verlangte die Arbeit mit Schwererziehbaren ab. Sie wurde in engster Zusammenarbeit mit der Öffentlichkeit
durchgeführt. Die Miliz hatte extra Kinderstuben in jedem Kiez eröffnet und Angestellte pädagogischer Ausbildung eingestellt, meist Frauen.
Großen Wert legte man dabei auf die Patenarbeit. Junge bis ältere Arbeiter einer Brigade z.B. aus dem Metallurgischen Werk, dem Patenbetrieb
unserer Schule (das uns in allen finanziellen Angelegenheiten unterstützte) übernahmen Patenschaften für Klassen und Schwererziehbare.
Der Pate unternahm an Wochenenden mit der Klasse einen Ausflug oder
Kinobesuch, spielte Tennis und so weiter, aber besonders viel Zeit wid-
mete er den Schwererziehbaren. Das wurde zum Schwerpunkt der Patenschaft, einer sinnvollen und meist erfolgreichen Arbeit. Vielen Jungs
fehlte der Vater. Entweder war der verschwunden oder stets besoffen.
Die Paten ersetzten teilweise die Väter, nachdem sie eine Vertrauensbasis
aufgebaut hatten.
 Dieser Aufgabenteil meiner Tätigkeit als stellvertretende Direktorin war
insbesondere mit der Öffentlichkeitsarbeit verbunden: Betriebe, Polizei,
Stadtverwaltung, diverse andere Einrichtungen wie Klubs, Sportvereini-
gungen, sowie Parteikomitees. Ich hätte übrigens spätestens mit Antritt
der Stelle auf jeden Fall der Partei beitreten müssen. Das war die wichtigste Bedingung für die Übernahme einer führenden Position, besonders
im Erziehungsbereich. Andererseits erhielt man erst nach zwei Jahren in
einem Betrieb von den Kollegen eine Bürgschaft bzw. Empfehlung. Als
meine zwei Jahre erreicht waren, kam Gorbatschow an die Macht. Die
Lockerungen führten dazu, dass einige sogar ihr Parteibuch abgaben,
ohne bestraft zu werden, und ich nicht zwanghaft Parteigenossin werden
musste. Angestrebt hatte ich es nie, also erzog ich weitere Generationen
treuer Sowjetunion-Patrioten ohne ein Parteibuch in der Tasche.

Projektarbeit

Am interessantesten fand ich die Projektarbeit. Sie war von einer enor-
men erzieherischen Wirkung. Jede Klasse von der ersten bis zur vierten
wie von der fünften bis zur zehnten hatte eine Aufgabe. Und an dieser
Aufgabe bzw. dem Projekt arbeitete man Jahre, denn der Weg war das
Ziel. Die Schüler wuchsen im übertragenen Sinne mit der Sache auf.
Sie prägte sie, indem sie faszinierende Erfahrungen machten, ab und zu

sogar Entdeckungen, sich neue Kenntnisse aneigneten, sowie Fertigkeiten sammelten, die sie im Leben nutzen konnten. Die Kleineren sammelten z.B. Blätter oder ähnliches, bastelten, klebten, fütterten Vögel usw. Die Fünftklässler übernahmen etwas schwierigere Aufgaben. Die Ideen kamen entweder von den Schülern selbst, der Klassenleiterin oder sie wurden von mir vorgeschlagen. So schlug ich einer Mathematiklehrerin, Klassenleiterin einer fünften Klasse, die ratlos war, das Briefmarkensammeln vor. Ihre erste Reaktion war: „Zu simpel, uninteressant, kein perspektivisches Projekt." Ich malte ihr einige Perspektiven aus. Sie stimmte nicht ganz überzeugt zu. Später wiederholte sie öfters: „Ich hätte nie geahnt, dass das tatsächlich möglich gewesen sei." Die Kinder begannen einen Briefwechsel und Tausch mit Briefmarkensammlern des Landes, sortierten Briefmarken nach Themen, sammelten einzelne Fakten zur Geschichte und schrieben dazu bekannte Philatelisten an. Sie waren begeistert. Jeder hatte etwas zu tun, die Beschäftigung forderte Präzision, Beharrlichkeit und Ausdauer, Konzentration, Geschick, gute schriftliche Sprachkenntnisse, Team-Fähigkeit, das Übernehmen von Verantwortung. Und wer einmal lernt Verantwortung zu übernehmen, verlernt es nie. Man traf sich nach dem Unterricht wegen dem Projekt, redete in den Klassenversammlungen darüber, führte Zwischenbilanz anhand entstandener Alben, organisierte Ausstellungen und Führungen für andere Klassen. Irgendwann war ausreichend Material für ein kleines Museum da. Die Paten und Eltern zimmerten Vitrinen, und die Schüler übernahmen im Wechsel die Führungen. In der zehnten Klasse überließen sie das kleine Museum der Schule.

Die anderen Klassen standen im Briefwechsel mit bekannten Schriftstellern, die z.B. über Natur und Tierwelt schrieben. Der Kreis der angesammelten Bücher, Fotos, Zeitschriften, Artikel wuchs von Jahr zu Jahr. Die Schüler waren begeistert von ihrem Projekt. Einige gingen nachher an die Biologie-Fakultät und wurden Naturforscher.

Das Projekt der Chemie-Lehrerin Ludmila war mit Umweltschutz verbunden und sehr praxisnah organisiert. Sechs Jahre taten die Schüler für die Umwelt in der Stadt außerordentlich viel. Sogar das, was Erwachsenen nicht gelungen war. Begonnen haben sie mit Vogelhäuschen, Blumenrabatten, dem Aufstellen von Müllbehältern auf den Straßen, was besondere Hartnäckigkeit im Einsatz bei der Stadtverwaltung erforderte. Etwas später, ab der achten, neunten Klasse schafften sie es, dass der Direktor des Metallurgischen Werks eine neue Anlage für die Ableitung von Abgasen einbauen ließ. Daran scheiterten die erwachsenen Naturschützer. Er finanzierte sogar die Sanierung der staubigen holprigen, aus

Löchern bestehenden Straßen des alten Siedlungsteils. Sie ließen nicht locker, sendeten eine Delegation nach der anderen aus, schrieben ihn an, führten Umfragen, Tests zur Luft und zum Wasser durch, und veröffentlichten die Ergebnisse in der Lokalzeitung. Dieses Projekt dauerte sechs Jahre bis zum Abitur.

An der Technischen Universität Berlin erzählte ich von diesen Projekten, nicht nur die Studenten staunten, sondern auch die Dozenten. Sie kannten überwiegend eintägige Projekte wie z.B. ein Indianer-Projekt. Das war für mich ein Spiel. Die langjährigen Projekte waren Spiel und Ernst. Ich will und kann mir kein Urteil über die Erziehung in den Schulen Deutschlands erlauben. Mein Ziel war, der Leser möge sich ein Bild von meiner Tätigkeit in einer Schule Kasachstans machen. Es sollte auf keinen Fall ein Loblied auf die Sowjeterziehung werden, nur ein Versuch, darzustellen, womit ich vor der Ausreise nach Deutschland beruflich beschäftigt war.

Ich habe den Job dermaßen geliebt, dass ich sogar die Stelle der Stadträtin für Schulwesen ablehnte. Ich habe mir nicht viel Zeit zum Überlegen gelassen, das war ein Parteifunktionärsjob im Bürosessel. Ich hätte diese Tätigkeit nie mit meinem Gewissen vereinbaren können.

Mir fiel ein Beispiel in diesem Zusammenhang ein, und das reichte für die Ablehnung. Nämlich die Episode, drei Lehrer namentlich vorzuschlagen für den Ehrenplatz auf der Bühne zur Parade zum Ersten Mai oder zum Siebenten November. Ich schlug der Stadträtin die Namen der drei Besten vor: Plett, Rudi, Lebhold. Die Aufforderung der Stadträtin, andere Lehrer vorzuschlagen, mit russischen Namen (mindestens einen), traf mich wie ein Schlag ins Gesicht. Meine Argumentation, sie hätten es durch ihre Leistung verdient, half nicht. In dem Moment brannten bei mir die Sicherungen durch. Ich meinte: „Dann steht keiner von uns auf der Bühne. Wiederhören!" - und legte auf. Der Fall blieb ohne Konsequenzen für mich. Vielleicht weil es zur Zeit Gorbatschows war, oder weil alle Stellvertreter für Erziehungsarbeit in den Schulen der Stadt Deutsche waren wie ich. Um nur einige Namen zu nennen: Rotärmel, Gerb. Diese Tatsache wurde mir erst viel später bewusst. Wir waren nicht Direktoren, wir waren die Leistungsträger. So zu schuften wie die Deutschen, konnte und wollte wohl kein anderer.

Es war eine außerordentlich interessante Arbeit, aber auch ein Knochenjob. Obwohl ich meinen Arbeitsbereich nur überflogen habe, kann man daraus ersehen, wie viel Arbeit dahinter steckte. Ich hätte diese nie leisten können, wäre mein Privatleben 1984 nicht in eine neue Phase geraten. Ich war endlich, nach fünfzehn Jahren Ehe mit einem Alkoholiker geschieden! Ich war endlich frei! Im Prinzip würden die drei Sätze dem Leser alles sagen. Ich habe ja schon öfters „die Tragödie meines Lebens" erwähnt. Am liebsten würde ich diesen, bis heute schmerzhaftesten Teil meines Lebens nur mit ein paar Sätzen „würdigen". Nun entschied ich mich anders. Nicht nach dem Motto Tschechows: „Wenn eine Pistole im ersten Akt auf den Tisch kommt, muss sie im letzten schießen." Eher, weil diese furchtbare Zeit Teil meines Lebens war, ob ich sie verdränge oder nicht. Nun rede ich sie mir von der Seele.

Scheidung. Glückliches Ende der Tragödie.

Vielleicht kann meine Erfahrung sogar Frauen, die unter Alkoholikern leiden, lehrreich sein. Ihnen möchte ich die Geschichte des Degradierens eines intelligenten Menschen zu einer Kreatur, die vollen Realitätsverlust erlangte, kein Gewissen, keine Scham, kein Mitgefühl oder andere Gefühle mehr besaß außer der Sucht nach Alkohol, ganz besonders den darunter leidenden Frauen, nicht vorenthalten.

Es begann schleichend. Im ersten Jahr kam mein Mann ein bis zweimal im Monat, ab und zu an den Wochenenden, wenn er Kontrollen auf dem Markt durchführte, angeheitert nach Hause. Ich wartete sogar auf ihn, obwohl er spät ankam. Im Glauben, es sei ein Ausrutscher heute, morgen sieht es schon anders aus. Als Entspannung nach der schweren Arbeit im Kreise der Kollegen erklärte er es. Am Anfang arbeitete er auch viel und gewissenhaft. Es klingt etwas pathetisch, aber er glaubte wirklich an die Gerechtigkeit, und sein Vorbild war der „große Tschekist" Dserschinski, dessen Porträt in seinem, ja fast in jedem Büro der Miliz hing. In der Stadt war er allen Kreisen und Schichten, den Leitern der bedeutenden Werke und Einrichtungen bis zu Busfahrern, Verkäufern und Markthändlern als unbeugsamer Verfechter des Gesetzes bekannt. (Sie erinnern sich an die Aussage meines ersten Schuldirektors.) Die Busfahrer und Verkäufer zeigten schon beim Erwähnen seines Namens Ehrfurcht.

Ich versuchte ihn mit Versprechungen den Kindern gegenüber, am Feierabend und an den Wochenenden nach Hause zu locken, damit wir etwas unternehmen konnten. Das funktionierte nur eine gewisse Zeit. Er erschien einfach immer später und das immer öfter. Die Versprechungen wurden nicht eingehalten, die Erklärungen verloren an Wert. Für mich hieß es immerhin: viel Arbeit. Öfter kam er auch noch mit Kollegen, „Freunden" (Saufkumpanen) nach Hause. Stets bemühte ich mich als gute Hausfrau und gastfreundliche Ehefrau zu fungieren, deckte sogar mitten in der Nacht den Tisch mit Fleischgerichten, Wurst, Salaten, Eingelegtem usw.

Mein Mann war danach so leibesbedürftig, dass es mir keinen Spaß machte. Wer irgendwann auch nur eine Nacht mit einem besoffenen nach Alkohol, Zwiebeln, Knoblauch oder Fisch stinkenden Mann verbrachte, wird mich verstehen. Zuerst klappte es mit Hinhalten, bis er einschlief. Sehr schnell scheiterten die Versuche. Er schlief danach nicht ein und ließ sich auch nicht hinhalten. Die darauf folgenden Vergewaltigungen waren mir als solche überhaupt nicht bewusst. In Bezug auf den Ehemann gab es diesen Begriff einfach nicht. Ich war aber totunglücklich. Unausgeschlafen, zerschlagen ging ich morgens zur Arbeit. Manchmal hielt ich mich an den Wänden fest, so zittrig waren meine Beine, so schwindlig war mir. Ab und zu zwang mich die Buchhalterin des Kindergartens, in dem ich arbeitete, einen heißen Tee mit ein paar Tropfen Kognak und Schokolade zu nehmen, um zu funktionieren.

Diese Nächte nahmen zu, auch die mit den Freunden, die bis in die frühen Morgenstunden laut krakeelten. Als mich einer dieser „Freunde" frech reinlegte, platzte meine Geduld. Er kam an einem Sonntagmorgen, als ich mich aufs Ausschlafen und einen ruhigen Sonntag freute, weil mein Mann mal zu Hause war. Der Kumpel behauptete, Anatoli muss sofort zur Arbeit. Er wäre als Bote abkommandiert, um meinen Mann mit dem Auto abzuholen. Nach ein paar Stunden erfuhr ich, der lockte ihn auf diese Weise nach Absprache aus dem Hause zwecks einer Orgie. Von wegen Arbeit!

Nun platzte mir der Kragen. Als er beim nächsten Mal um ein Uhr mit „Freunden" nach dem Restaurantbesuch (die schlossen um vierundzwanzig Uhr) erschien, ließ ich sie nicht über die Türschwelle. Ich sagte: „Es geht nicht. Ich muss früh zur Arbeit, die Kinder schlafen. Sucht euch eine andere Möglichkeit weiter zu feiern." Was ich da sagte, kostete mich Überwindung und hätte schlecht enden können. Aber, o Wunder, mein Mann schlug nicht zu, widersprach nicht. Entweder war er noch nicht so besoffen, um gewalttätig zu werden, oder wirklich sprachlos durch meinen Widerstand. Sie mussten umdrehen. Es war eine warme Nacht, die Balkontür stand offen, ich hörte, wie einer sagte: „Deine Frau ist aber eine blöde Kuh!" Worauf mein Mann antwortete: „Na, na, Vorsicht, die hat ein Rotes Diplom." Da musste sogar ich lächeln, obwohl mir nicht danach war. Es war zwar ein kleiner Sieg, aber Freude kam nicht auf. Auf mich wartete die nächste Vergewaltigung.

Es wurde immer schlimmer. Er kam spät in der Nacht nach Hause, quälte mich, schlief danach, denn er musste nicht um Punkt Neun im Büro sein. Mit einem Außendienst konnte er seine Abwesenheit stets erklären. Ich stand um sechs Uhr mit der Nationalhymne im Radio auf, weckte um sechs Uhr dreißig die Kinder und um sieben Uhr dreißig war ich auf der Arbeit. Er begann wie ein Beamter um neun Uhr zu arbeiten, wenn er überhaupt zur Arbeit ging. Seine „trockenen" Abstände wurden immer kürzer. Er wurde immer aggressiver. Ich wollte mich nicht vergewaltigen lassen, da rastete er aus. Er schlug so, dass es keiner merkte. Das verkündete er jedes Mal stolz: „Ich schlage so, dass es keiner sieht." Also hatte ich gebrochene Rippen, was keiner ahnte.

Nur einmal merkte es meine Mutter. Es passierte zufällig. Ich fuhr über das Wochenende zu meinen Eltern zu Besuch. Vor dem Schlafengehen zog ich meine Bluse aus und schrie vor Schmerz auf. Meine Mutter trat gerade ins Wohnzimmer, wo ich schlief, um mit mir noch etwas kurz zu besprechen, und sah in dem Moment den schwarzblaugrünen Fleck in Höhe der Rippen. So verärgert sah ich meine Mutter selten: „Du gehst am Montag sofort zu einem Arzt und lässt dir das attestieren." - Was ich auch tat. Dafür musste ich zum Gerichtsmediziner, so lautete die Vorschrift, sogar für Frauen von Polizisten. Nachdem er sich die Stelle ansah, wollte er meine Daten aufnehmen. Bei dem Namen horchte er auf: „Sind Sie mit dem Oberst der Wirtschaftspolizei Belkin Anatoli verwandt?" - „Ja, ich bin seine Frau." - „Na, dann macht das hier doch keinen Sinn!" Ich schaute ihn verständnislos an. Der Arzt wurde deutlicher: „Verstehen Sie mich richtig, Ihr Mann trinkt mit dem Staatsanwalt und Richter zusammen ..." Ich verstand ihn richtig: eine Anzeige hätte mir nichts gebracht. Sie tranken zusammen, waren alle korrupt und mussten zusammen halten. Korrupt in dem Sinne, weil sie mit den Korrupten der Stadt tranken, von denen sie Gelder annahmen oder auch nur Alkohol und Essen wie mein Ehegatte. Wir lebten sehr bescheiden, an ein Auto, schönen Urlaub, teure Möbel etc. war bei unseren Gehältern nicht zu denken. Mein Mann verschwendete auch keinen Gedanken daran, er hatte ausschließlich das Saufen im Kopf. Und dieser Mann wollte mal die „Großen Korrupten" bekämpfen! Nun waren es seine Saufbrüder. Gekämpft hat er nur mit mir, leider.

Nach dem Versuch etwas gegen ihn zu unternehmen, gestärkt durch meine Mutter, stand ich weiterhin mit meinem Elend und meiner Angst alleine da. Und die war weder kapitalistisch noch sowjetisch, die Alkoholsucht, die sie verursacht, ist überall gleich. Ich habe auch nicht so wie manche russischen Frauen an das Märchen geglaubt: „Er schlägt mich, weil er mich liebt." Von Liebe war längst keine Rede mehr. Pure Angst war es und Ausweglosigkeit. Wohin? Das war meine Hamlet-Frage? Eine Möglichkeit, irgendwo in einer anderen Stadt unterzutauchen, gab es definitiv nicht. In einen Kaff in Sibirien (da hätte es auch keine Wohnung gegeben), das kam für mich nicht in Frage. Natürlich war mir schon sehr früh klar, mit diesem Menschen kannst du nicht weiter leben. Ich wusste immer, ich werde es bereuen, dass ich mir jahrelang diese unwürdige Beziehung gefallen ließ. Aber ich war wie gelähmt vor Angst. Nur so kann ich mir erklären, was ich alles über mich ergehen ließ.

Er hat mir tierische Angst eingejagt, indem er mir erklärte, wie er mich umbringen würde: „Nein, nein, ich erschieße dich nicht sofort. Erst in ein Bein, dann ins andere, dann die Arme, danach kommt der Kopf und zuletzt das Herz. Und dann flieh ich mit einem Flugzeug, nachdem ich ein paar von der Miliz umbringe, die gegen mich sind, ein paar Geisel nehme ich." (Er hat genug Krimis gesehen.) Dabei fuchtelte er mit der Dienstpistole. Oder er nahm Patronen und führte mir vor, wie er sie in die Gasflamme wirft. Dieser Unmensch, zu dem er sich entwickelt hat, hatte mehrere solcher Tricks drauf. Wenn ich zitterte: „Na, hast Angst? Gut so!" Er schrie beim Eintreten in die Wohnung: „Lena, wo bist du? Ja, das sind nun die Augen!" Damit meinte er die Angst darin. Sah er sie nicht, war er wütend. Obwohl er immer besoffen war. Er war mit einem Wort ein Sadist. Diese verbale Folter ließ mich vor Ausweglosigkeit erstarren. Meine Mutter sagte einmal zu mir: „Zerschlägt er einen Teller, zerschlage du alle. Man muss ihn mit seinen eigenen Waffen schlagen. Morgens soll er sehen, was er angerichtet hat, soll er aufräumen und neues Geschirr kaufen." Mutter hätte es gemacht, ich aber räumte unter Tränen schön auf und ging halb tot vor Müdigkeit arbeiten.

Habe ich versucht mich zu „wehren", mindestens verbal, wurde es nur schlimmer. So empörte ich mich, dass er eine Frau nach Hause brachte, die Friseurin, die den Ruf einer Hure hatte. Mehr noch, ich wusste genau, dass er mit ihr ein Verhältnis hatte. Ich musste gute Miene machen und schön bedienen. Als sie weg war, war er trotzdem wütend, natürlich wegen mir. Ich hätte ihr wohl auch noch das Ehebett anbieten sollen. Ich hätte gerne mir ihr getauscht, wenn damit mein Elend ein Ende gehabt hätte. Als ich das auch noch laut aussprach, griff er sich das kleine Fleischbeil und fuchtelte damit vor mir. Meine kleine Tochter wachte auf, kam aus dem Kinderzimmer und weinte. Er schrie: „Ich töte deine Mutter!" Mariechen hielt mich am Rockzipfel fest, wir konnten nicht weg. Irgendwann beruhigte er sich etwas, ich brachte das Kind ins Bett. Von Schlaf war keine Rede. Von solchen Frauen gab es immer mehr. Einige Fälle hat mein Gedächtnis für immer behalten.

Eines Montags sagte zu mir die junge Kollegin Olga: „Ich sollte Ihnen nicht weh tun, aber vielleicht können Sie etwas dagegen unternehmen. Am Samstag war ich mit ein paar Freunden im Restaurant, da lernte ich Ihren Mann kennen. Einerseits wurde er dauernd als Belkin angesprochen, andererseits war er sturzbesoffen. Schlimmer war anzusehen, dass drei Friseurinnen (die Stadt war klein, man kannte sie) an seinem Tisch saßen, davon eine meist auf seinem Schoß. Ich fand das so widerlich. Irgendwann hielt ich das nicht mehr aus, ging zu ihm und sagte, ich fände es beschämend, wie er sich benimmt, denn ich arbeite mit seiner Frau zusammen, die ein wunderbarer Mensch ist und eine schöne Frau, auch habe er zwei Kinder. Er lud sie darauf an den Tisch ein, sie solle etwas mittrinken. Typisches Verhalten eines schamlosen, hemmungslosen Alkoholikers. Irgendwann verschwanden er und seine „Freundinnen".

Die jungen Freunde von Olga begaben sich in das andere, zweite Restaurant der Stadt, und sahen völlig verdattert die Saufkumpane mit den Friseurinnen wieder. Jermak war schon eine verdammt kleine Stadt. Olga sah nur Belkin, der mit dem Kopf auf dem Teller lag und seine Friseurin, die nichts mehr von ihm hatte. Er erkannte Olga kaum, aber die „Freunde" schon. Die mussten ihn heraustragen aus dem Restaurant. Olga verstand aber, ihr „Erziehungsversuch" in der Öffentlichkeit brachte absolut nichts. Nun erzählte sie es mir, damit ich für meine Ehe kämpfe. Irgendwann, natürlich als er nüchtern war, sagte ich es ihm und meinte, wie schlimm das sei, so ein Image in der kleinen Stadt zu haben, und letztendlich könnte ich es ihm mit den bekannten armenischen Schuhmachern (fiel mir gerade ein, die neben dem Friseursalon arbeiteten) heimzahlen. Arrogant und rücksichtslos wie er durch den Alkohol wurde, sagte er nur: „Ach, wer braucht dich schon." Mein Selbstwertgefühl sollte unterdrückt werden, besser gesagt lahm gelegt werden. Das litt schon lange, aber ich wollte kein Mauerblümchen oder eine Sklavin sein. Meine Wut wuchs mit jedem Tag, wenn daraus auch Monate und Jahre wurden.

Die nächste öffentliche „Erzieherin" war eine mir völlig unbekannte Frau, deren Kind in meine Schule ging, in die vierte Klasse. Es klingelte an der Tür kurz nach vierundzwanzig Uhr. Vor mir stand eine Frau mit einem Jungen an der Hand, die ich nicht kannte. „Entschuldigen Sie die Störung. Sie sind die Schuldirektorin, ich sehe sie fast jeden Tag früh und spät in der Schule. Mein Junge lernt da, wir wohnen ein paar Häuser weiter. Alleine, um diese Stunde, hätte ich Angst, deshalb nahm ich ihn mit. Verstehen Sie mich richtig, ich konnte nicht anders. Meine Nachbarin ist Verkäuferin und die bringt öfters Ihren Mann mit. Heute hielt ich es nicht aus und sagte zu ihr, sie solle den Mann in Ruhe lassen, die Hure. Er hat eine wunderbare kluge Frau, mit der sie sich nicht vergleichen kann und dazu zwei Kinder. Da sagte die zu mir ganz frech, sie sei auch eine Frau, das reiche. Bitte, kommen Sie mit, die sind gerade bei mir, holen Sie Ihren Mann nach Hause, wo er hin gehört." Ohne zu überlegen, sagte ich, dass ich nirgends hingehe. Mir wäre es lieber, wenn er dort bleiben würde, wo er zurzeit ist. Die Frau verstand mich überhaupt nicht. Ich bedankte mich für ihre Fürsorge, sie musste meine Entscheidung verständnislos akzeptieren. Ihr tat ich leid, sie mir aber auch, weil sie diesen Weg in der Nacht machte, und gute Beweggründe sie zu mir führten, und ich mich so unkonventionell benahm. Dankbar war ich ihr auch, weil ich mich relativ ruhig zu Bett begeben konnte, denn in dieser Nacht würde mich keiner vergewaltigen und schlagen.

Er blieb ab und zu eine Reihe von Nächten weg. In denen ich auch nicht schlafen konnte, ich hörte stets auf die Autotür, die laut zugeschlagen wurde. Das konnte um drei und vier Uhr, sowie von vierundzwanzig bis zwei Uhr morgens erfolgen. Ich kann die schlaflosen Nächte und die, die ich bei Freunden und Bekannten aus Angst vor seiner Wut, seinem Sadismus verbrachte, nicht zählen. Solange sein Körper die Alkohol- und Sexorgien ertrug, blieb er mit den Jahren immer öfter weg. Konnte er nicht mehr, brachte man ihn mit dem Auto nach Hause und zwar in einem unbeschreiblichen Zustand. So versuchte er mal das Schloss mit seinem Kamm aufzumachen, dabei entleerte sich seine Blase unkontrolliert. Die Wohnung betrat er, besoffen bis zur Besinnungslosigkeit, wie immer nach mir brüllend. Der Sadist benötigte sein Opfer. Die Schlange musste dem Kaninchen in die Augen schauen, um die Angst darin auszukosten.

Er entgiftete kalt, das heißt alleine, ohne Hilfe, (er hielt sich ja nie für einen Alkoholiker) ein paar Tage und ging wieder ein paar Tage arbeiten. Erfüllte da sein Pensum von Strafanzeige,n kleine Delikte, und die nächste Saufphase begann. Manchmal dauerte sie Wochen. Während einer solchen Woche teilte man mir wiederum mit, wo er sich aufhält. Es war erneut eine Verkäuferin. War ja klar, so legten sie den Polizisten, der ihre Machenschaften mit abgelaufenen Lebensmitteln aufzudecken und sie sogar anzuzeigen drohte, lahm. Sie kauften ihn mit Wodka, Kognak, verkauften ihre Körper obendrauf. Diesmal wollte ich ihn aber erwischen, um endlich einen Vorwand zu haben, um zum Staatsanwalt zu gehen und die Scheidung einzureichen.

Früh am Morgen stand ich vor der Tür in der sechsten Etage eines Hochhauses, betätigte die Klingel, nachdem ich seine Stimme deutlich vernahm und die eines Frauenzimmers. Sie fragte, wer da sei, worauf ich antwortete: „Ein Päckchen für Sie." Es wurde still. Ich verstand, dass ich verloren hatte, man hatte meine Stimme erkannt. Eine Freundin hätte ich darum bitten sollen, das wollte ich aber alleine durchziehen. Als mir klar wurde, er zahlt mir das sowieso heim, schrie ich: „Ich habe dich gehört, egal ob ihr aufmacht oder nicht. Ich gehe heute noch zum Staatsanwalt."

Und ich ging auch, aber nicht sofort, wiederum beging ich einen Fehler. Er handelte vor mir und zwar nach dem Motto die beste Verteidigung ist der Angriff. Der Staatsanwalt rügte mich als eine leichtsinnige Person, mein Mann saufe auch deshalb, weil ich untreu wäre.

Ich war am Boden zerstört. Ich war wütend, mein Mann lachte nur: „Du, ich habe Beziehungen und mir glaubt man, wenn ich tausendmal lüge. Wenn du untreu wärst, weißt du genau, was dir blühen würde." Laut einem Witz: „Was ist der Fluch eines russischen Mannes - der Wodka. Was ist der Fluch einer russischen Frau - der russische Mann."

Dieser Mann war mein Fluch. Er hatte in den Jahren, als ich vor Angst, Ausweglosigkeit, Schlägen, Erniedrigungen, seelischen und körperlichen Schmerzen fast krepierte, alle menschlichen Eigenschaften verloren, vor allem seinen Verstand und sein Gewissen. So stellte sich schon nach unserer Scheidung heraus, dass er nie seine todkranke Schwester besucht hatte. Sie hatte mit einundvierzig Darmkrebs, fuhr nach Moskau an ein Wunder der Heilung glaubend. Als sie nach der Operation nach Hause wollte, stellte sich heraus, sie ist für die Reise zu leicht angezogen. Die Schwester bat ihren einzigen Bruder mit warmen Sachen zu kommen, und sie nach Hause zu begleiten. Ich besorgte die Sachen, sowie das Geld für Tickets. Er rief mich sogar an, er habe Moskau erreicht.

Als er nach einer Woche zu Hause war, schöpfte ich keinen Verdacht. Auch nicht, als er ein paar Monate später zur Beerdigung fuhr. Da war er wenigstens, die Fotos belegten es. Von der Tochter der Schwester erfuhr ich, als ich sie mit Kindern besuchte, der Onkel war nie in Moskau bei der Mutter gewesen. Sie wartete vergeblich. Da sie kein Telefon besaß und nicht schrieb, konnte ich es nicht wissen. Danach erst klärte mich die Ehefrau seines Bekannten auf. Belkin habe diese Woche in der Bezirksstadt mit der Verkäuferin aus dem Hochhaus (Sie erinnern sich?) verbracht. Die beiden waren Kolleginnen und diese Mascha gab stolz an, mit Belkin schöne Tage in Pawlodar, der Bezirksstadt, verbracht zu haben. Ich hatte ihm zu der Zeit alles Mögliche zugetraut, aber nicht das. Dass er mein und meiner Kinder Geld mit der Geliebten versoffen hat, war schlimm genug, das hatte er sowieso schon öfters getan, aber nicht zur todkranken Schwester zu fahren, das konnte nur ein völlig seelisch abgestumpfter, skrupelloser Mensch fertigbringen. Den hat aus ihm der Alkohol gemacht.

Viele Gespräche in den Trocken-Phasen führten zu nichts. Meine Drohungen, ihn zu verlassen, nahm er nicht ernst. Er wusste ganz genau, dass er mich in der Hand hat. Einmal setzte ich mich, dem Ratschlag meiner mutigen Mutter folgend (ich war wie der ängstliche Vater) durch. Als er drohte, mir die Kinder nach der Scheidung wegzunehmen, sagte ich: „Nimm sie, okay." Danach erpresste er mich damit nie wieder. Mehr schaffte ich nicht. Ich war zu schwach. Die Frau seines Kollegen, Tatjana, die war stark. Sie stellte ihrem Wolodja ein Ultimatum: Familie oder Miliz und Alkohol. Er entschied sich für die Familie, kündigte den Dienst, arbeitete im Hüttenwerk, irgendwann zogen sie aus der Stadt weg und leben heute noch glücklich zusammen. Natürlich habe ich nachher öfters gedacht: du hättest auch wie Tanja handeln müssen, vielleicht ist es auch deine Mitschuld, dass er so tief gefallen ist. Heute weiß ich, professionell gesehen, habe ich mich zur Co-Alkoholikerin gemacht. Irgendwann, nach der Scheidung, fragte ihn ein Mann (mein Ex wusste nicht, dass dieser Mensch mich kennt): „Wieso hast du dich scheiden lassen. Es war, wie man hört, keine schlechte Frau?" Belkin meinte: „Sie war einfach zu gut." - Ja, so „einfach" war es ... Ich war zu gut, und er zu krank, was er wie jeder Alkoholiker, der nicht bereit ist, trocken zu leben, nie zugibt.

Meine Mutter versuchte mit ihm zu reden. Er hatte zu ihr eine innige Beziehung, denn sie war eine Ausnahme, eine Traumschwiegermutter. „Junge, (oder: mein Sohn) du verlierst die Kinder und Lena, wenn du so weiter machst." - „Nein, Mama, nur nicht das. Ich liebe doch nur Lena, die anderen sind mir alle egal, das macht nur der Wodka." Was nützte mir diese Liebeserklärung? Ich hasste diesen Menschen. Öfters dachte ich an seinen Tod, gestehe ich ehrlich. Wenn er länger wegblieb, kamen mir diese Gedanken: „Könnte doch sein, dass sie jetzt kommen und sagen, er ist verunglückt." Aber er selbst amüsierte sich herzlich: „Ich habe immer Glück." Und das hatte er auch, wie alle Frechen. Wenn man ihn mal wirklich auf der Arbeit brauchte und er fehlte, hatte er eine Ausrede im Zusammenhang mit der Familie stets parat. Was nie stimmte, man glaubte ihm aber. So wie der Richter ihm abnahm, ich sei diejenige, die untreu ist. Na ja, die Kollegen hielten zusammen.

So geschah es auch, als mein Vater, der sich immer zurückhielt (er riet mir nur nach Maikain, zu den Eltern zurückzukehren), einen Kommissar der Miliz traf. Dem schilderte er die Exzesse, die häusliche Gewalt und fragte, ob so ein Mitarbeiter überhaupt tragbar sei. Der antwortete: „Ich habe vor kurzem Ihre Tochter getroffen, die sah keineswegs leidend aus. Schön gekleidet, Lippenstift aufgetragen. Da kann man ja schwer einer Anzeige Glauben schenken." War das nicht purer Hohn? Solch eine Ironie des Schicksals: ich lief nie mit einem Veilchen herum (danke dem Mann, er schlug ja geschickt) oder schlampig gekleidet herum.

Ich schenkte zu der Zeit auch der Miliz keinen Glauben mehr. Aber in solchen Momenten war ich ganz besonders verzweifelt. Sowie in der Zeit seiner von mir miterlebten Delirium-Phasen. Er war endlich mal nüchtern, quälte sich, da er immer schwerer entgiftete. Und er konnte in diesen Momenten, Tagen keinen Alkohol trinken. Deshalb schlief ich tief neben meinen Kindern auf der großen Couch, die als Bett diente.

Plötzlich weckte er mich, über mir stehend mit Fleischbeil und Hammer: „Steh auf, die sind vor der Tür und wollen mich umbringen." Ich bekam den Hammer in die Hand gedrückt. Musste mit ihm die Eingangstür mit dem Garderobenschrank verbarrikadieren. Ich fragte ihn, wer denn da sei. Er: „Hörst du nicht ihre Stimmen? Mascha (die Verkäuferin aus dem Hochhaus) und Wassja. Sie haben noch einen als Hilfe mitgebracht." Ich hörte beim besten Willen keine Stimmen. Belkin sprach aber immer wieder mit den unsichtbaren Feinden. „Lasst mich in Ruhe. Ich habe Kinder. Ich liebe meine Frau. Es ist vorbei." Wetten, nicht viele Frauen haben sich so etwas anhören müssen. Geweckt hatte er mich gegen vierundzwanzig Uhr. Die Stunden liefen, er sprach auf Mascha ein.

Irgendwann sollte ich das Milizrevier anrufen. Am Telefon war sein diensthabender Kollege, den auch ich gut kannte. Ich flehte ihn an, zu kommen, um uns zu retten. Der nahm das nicht ernst: „Ach, keine Panik, Lena, das vergeht auch wieder. Bleib cool. Wir kennen Anatoli, der beruhigt sich wieder." Anatoli schrie dann in den Hörer, sie sollten sich beeilen. Es kam aber keiner, auch nach einer Stunde nicht. Beim zweiten Anruf sagte der Kumpel, alle Autos seien im Einsatz, so wie eins zurück ist, kommt jemand vorbei. Irgendwann, gegen vier Uhr morgens wurde es allmählich hell. Da schrie er plötzlich: „Siehst du, da laufen sie doch, und du glaubst mir nicht." Ich sagte ihm am Anfang immer wieder, ich höre keine Stimmen. Er wurde zornig, deshalb gab ich zu, jemanden zu hören, obwohl dem nicht so war. Also schaute ich durch das Küchenfenster, sah aber niemanden weglaufen. Erst da ging mir ein Licht auf: er sieht „weiße Mäuse". Ich rief zum dritten Mal den Diensthabenden an und forderte offiziell Hilfe ohne Scherz oder Witz, es sei ernst genug. Etwa nach einer halben Stunde kam ein kleiner Bus. Zwei Kollegen nahmen ihn mit. Unter dem Vorwand, er sollte ihnen die Situation beschreiben.

Um acht Uhr rief ich den Chef an. Ich wollte wissen, ob man solche Menschen bei der Miliz noch beschäftigen kann? Das ist doch moralisch nicht mehr zu verantworten, er müsste therapiert werden, das wäre das Mindeste. Ich bat ihn ausdrücklich um Vertraulichkeit, die er mir versprach. Nach einer weiteren Stunde wurde Belkin nach Hause gebracht. Die Freunde haben ihn ein paar Stunden im Auto in der Stadt herumkutschiert, das war's.

Am Montag kam Belkin von der Arbeit und fragte mich beim Essen: „Na, hast meinen Chef gebeten, mir zu kündigen. Hat es dir was gebracht?" Er stellte die Fragen immer auf eine heimtückische, sadistische Art und mit solcher Stimme, dass es einem kalt über den Rücken lief. Man hörte die Drohung heraus. Danach hat er mich besoffen jedes Mal daran erinnert und geschlagen. So „half" mir die Miliz. Ich war verzweifelt und dachte sogar an Selbstmord, wenn nicht meine lieben Eltern, zu denen ich jede Ferien floh, und meine heißgeliebten Töchter gewesen wären. Ihnen habe ich zu verdanken, dass ich durchhielt und kein sichtliches Trauma davongetragen habe. Nur Alpträume, die habe ich heute noch. In denen habe ich vor ihm Angst, er droht, ich verkrieche mich, laufe um mein Leben, oder kann plötzlich nicht mehr laufen, die Beine versagen (so wie es oft tatsächlich vor Schreck geschah), ich empfinde nur Panik.

Mein kluger Onkel Leopold, der während seines letzten Besuchs vor seinem frühen Tod, ihn einmal besoffen erlebt hatte, sagte zu mir: „Meine liebe Nichte, du musst deinen ganzen Willen dafür in Kraft setzen, aber du musst von ihm weg, solange er dich nicht zum Krüppel gemacht hat. Nur ein Schlag, ein Stoß gegen die Wand, ein Tritt in den Bauch und du bist Invalidin für immer. Denk an deine lieben Kinderlein."

Die Kinderlein litten natürlich am meisten, dessen war ich mir immer bewusst. Eine Nacht habe ich ja schon beschrieben, als Mariechen aufwachte und nicht von meiner Seit wich, um mich vor dem Vater mit dem Beil zu schützen. Ich bat sie die Eingangstür zu öffnen, damit sie weglaufen konnte, sie hielt mich krampfhaft am Rockzipfel fest und wiederholte: „Nein, Mama, nur mit dir." Als er seine Gewalt zum zigsten Mal am frühen Abend austobte, lief sie zu einem benachbarten Mädchen aus ihrer Klasse. Aber nur einmal, sonst setzte sie sich mit ihm tapfer auseinander. Da musste ich schlichten. Mal schlug er ihr mit dem Löffel auf die Stirn beim Essen, weil sie ihn, der verkatert dasaß, durch ihr Lachen störte. Ich ermahnte ihn, meine Mutter sagte stets, ein Mann muss man mit Augen bzw. Blicken erziehen können. Belkin meinte, seine Eltern hätten ihn mit der Peitsche, ja, mit allem, was sie gerade zu Händen hatten, erzogen, so tut er es auch.

Sollte das nun eine Entschuldigung für einen „armen traumatisierten" Vater sein. Wenn ich das in den Medien manchmal höre, von der schweren Kindheit und dem Recht die Kindheit des anderen zu zerstören, könnte ich vor Wut schreien.

Als er wieder mal wütend wurde und die Tochter schlagen wollte, griff ich mir eine Gabel und war bereit, ihn tatsächlich abzustechen. Er drehte mir die Hand mit solch einem gekonnten Griff um, dass die Gabel zu Boden fiel. Aber ich wagte es, das war wichtig für mich. Und es passierte in dem Moment weiter nichts, er gab nach, also hatte mein Protest auf ihn eine Wirkung. Solche Szenen waren eher eine Seltenheit. Meistens liefen wir weg.

An einen Fall erinnere ich mich noch, weil es das einzige Mal war, als Belkin sich was antun wollte. Eigentlich wollte er sich nichts antun, eher mir einen Schreck einjagen. Ich sagte öfters zu ihm, wenn er alles mit dem Zustand der Trunkenheit erklärte, wieso er sich z.B. nicht den Kopf gegen die Wand schlägt, sondern nur immer mich. An dem Abend beschloss er plötzlich, aus irgendeiner Laune heraus zu zeigen, dass er es ja könne. Er nahm den Wäschestrick, befestigte ihn über der Tür im Wohnzimmer. Er machte daraus eine Schlinge und steckte tatsächlich den Kopf hinein. Ich meinte, er soll aufhören, aber es war zu spät. Die Schlinge zog sich immer fester zu, er konnte plötzlich nicht mehr sprechen, lief blau an, die Kräfte schwanden mit jeder Sekunde. Mir wurde bewusst, er konnte sich von alleine nicht mehr befreien. Für einige Sekunden geriet ich in Versuchung: lass ihn doch krepieren, du hast nichts gemacht und nichts gesehen. In dem Moment kam Mariechen aus dem Kinderzimmer und ihre großen Kulleraugen weiteten sich vor Schreck. Ich griff den Hocker, stellte seine Beine darauf und half ihm aus der Schlinge. Ab und zu habe ich es bereut, aber nicht richtig, weil ich damit nie leben könnte.

Am Anfang, als sie klein waren, schliefen die Kinder, und ich machte alles mit, um sie nicht zu wecken. Später wurde es immer komplizierter.

Annette hatte höllische Angst und verkroch sich in unsichtbare Ecken. Je älter sie wurden und er fast ohne Pausen trank, wurde es immer schlimmer. Eines Tages hatte ich vor, mit Annette den Tannenbaum aus der Schule abzuholen. Plötzlich stand er vor der Tür: „Na, wo wollt ihr hin?" Annette mit zittriger Stimme: „Papa, wir wollen den Tannenbaum holen." - „Was für einen Tannenbaum, ihr bleibt zu Hause, sonst liegt deine Mutter gleich als Leiche da." In dem Moment klingelte das Telefon, er wurde angeblich von seinen Saufkumpanen erwartet und eilte davon. Der Anruf war rettend für mich und vor allem für das Kind, das gleich im neuen Jahr ins Krankenhaus musste.

Annette wurde körperlich gesund, aber vor ihrem Vater konnte sie nichts und niemand retten außer mir. Das war mir klar. Es dauerte aber noch ein paar Jahre, in denen ich öfters mit den Kindern bei guten Menschen schlief, um erst dann nach Hause zurückzukehren, wenn ich wusste, er ist zum Ausnüchtern zu Hause. In den Sommerferien, wenn ich länger weg war, meistens bei meinen Eltern, veranstaltete er Orgien zu Hause, ich musste danach das hinterlassene Schlachtfeld, die Mülldeponie in der Wohnung aufräumen. Er versoff sein Geld bis auf die letzte Kopejke und bat mich, ihm etwas zu essen zu geben, weil er vor Hunger Magenkrämpfe hatte. Tat ich auch, aber ich sagte mir dabei: „Das ist nicht für immer, irgendwann kommt die Stunde und du krepierst wie ein Hund unter einem Zaun." Meine Prophezeiung ging in Erfüllung. Der Weg bis dahin war lange und schwierig.

Ende 1981 bekam die Stadt einen neuen Milizchef, Victor Kammerzell. Diesen russlanddeutschen Mann meines Alters, hochgewachsen, klug und selbstbewusst, zielstrebig und ehrgeizig, kannte ich aus den ersten Tagen in der Stadt. Da er, genau wie mein Mann, damals Neueinsteiger bei der Miliz war. Nach ein oder zwei Jahren versetzte man ihn in die Bezirkshauptstadt in die höhere Etage. Nun stieg er die Karriereleiter noch einen Schritt höher, indem er als Chef der Stadtmiliz zurückkehrte. Belkin, dem man eine steile Karriere voraussagte, degradierte dagegen immer weiter. Kammerzell Victor war der uneheliche Sohn des berühmten Kolchose-Chefs Hering, des einzigen russlanddeutschen „Helden der Sowjetunion", der die vorbildliche Kolchose mit der Blaufuchsfarm, dem Karpfenteich, der Bierbrauerei etc. aufbaute. Man sagte, Victor sei äußerlich seinem Vater nicht so ähnlich, eher dem Charakter nach. Er besäße die gleichen Eigenschaften wie sein Vater: Sachverstand, Durchhaltevermögen, Organisationstalent, Menschenkenntnis.

Darauf baute ich, als ich mich traute, in einer dunklen Winternacht (mich sollte ja keiner sehen), gegen vierundzwanzig Uhr, an seiner Wohnungstür anzuklopfen. Dabei hörte ich mein Herz klopfen. Mir öffnete der Chef selbst, bat mich herein. Seine Frau erschien auch, als ich in die Knie ging. Unter hemmungslos fließenden Tränen, Schluchzen und Entschuldigungen für die Störung, bat ich wie eine Bettlerin um Hilfe. Sie hoben mich an beiden Händen hoch, setzten mich auf einen Stuhl, reichten mir ein Glas Wasser. Meine jahrelange Leidensgeschichte hatte ich bestimmt in zwanzig Minuten erzählt. Victor Kammerzell versprach mir, mich auf jeden Fall zu unterstützen, was er auch tat.

Schon nach dem nächsten wochenlangen Rückfall schickte er Belkin drei Monate zu einer Therapie in die Bezirksstadt. Diese brachte ihm wie mir herzlich wenig. Ich hatte zwar eine kurze Verschnaufpause, aber an den Wochenenden kam er heim, trank und gab auch noch an, dass er in der Klinik alle um den Finger wickelt. Selbstverständlich ging es weiter mit dem Saufen, den Drohungen, der Vergewaltigung, Schlägen, Geschirr zerschlagen etc. Wenn ich das auch noch duldete, auf der Arbeit ging es nicht mehr so weiter. Kammerzell führte mit ihm in Gegenwart von Kollegen noch ein längeres Gespräch, und sie beschlossen auf demokratischer Grundlage basierend, Belkin sei nicht einsichtig, nicht therapiefähig, somit nicht tragbar. Ihm wurde fristlos betriebsbedingt gekündigt, sprich, er wurde aus dem Amt entlassen. Kammerzell hielt sein Wort.

Danach überredete ich - oh, Wunder! - meinen Mann mit einem Freund nach Sibirien wegen Arbeit und höheren Löhnen zu fahren. Der Freund arbeitet schon da und war gerade im Urlaub bei der Familie. Plötzlich war die Familie ihm zu wichtig und ich würde ihn vergessen, hieß es. Also tausendundeinen Grund hatte er. Letztendlich machte er es doch mit großem Widerwillen.

Ich atmete auf. Nicht lange, er kehrte nach etwa elf Monaten ohne einen Kopeke zurück. Das war ja nicht anders zu erwarten, meine allerschlimmsten Erwartungen überstieg aber die Tatsache, dass nach ihm gefahndet wurde. Er hatte selbstverständlich mit Kumpeln nach Erhalt des Geldes gesoffen, es kam zur Schlägerei, und er wachte neben einer Leiche in einer Blutlache auf. Sofort war er nüchtern und machte sich auf den Weg zum Flughafen. Geld hatte er sich noch bei der Leiche „geliehen". Es möge mich niemand falsch verstehen, ich hoffte insgeheim, man hole ihn in ein paar Tagen, sogar Monaten ab. Nichts passierte. Der Mann hatte „Glück". Vielleicht schwindelte er auch, oder die Miliz in Sibirien funktionierte anscheinend nicht anders als die in Kasachstan.

Belkin bekam Arbeit im Hüttenwerk, in der Brigade, die aus bekannten Kumpeln bestand. Diese waren vor seiner Entlassung seine ehrenamtli-

224

chen Helfer in der Abteilung Wirtschaftskriminalität. Und wieder wurde zwischen den Dienstschichten gesoffen bis zum Umfallen. Mit dem Unterschied, hier musste er pünktlich auf der Arbeitsstelle erscheinen, nicht wie bei der Miliz. Sie machte bei ihm keine Ausnahme mehr. Als er zweimal besoffen und rebellierend eingefangen wurde, noch dazu in eine Schlägerei verwickelt und den Milizionären Widerstand leistend, kam er für fünfzehn Tage und Nächte in eine Ausnüchterungszelle. Ein Verfahren für eine Langzeittherapie wurde eingeleitet. Man versuchte ihm immer noch aus der Patsche zu helfen. Die Betriebsärztin, von den Freunden Belkins „bezirzt", stellte ein Attest aus, er sei nicht alkoholkrank und benötige keine Langzeittherapie. Es dauerte noch ein paar Monate, bis Kammerzell sich durchsetzte und mein „noch immer Ehe-Mann" wurde zu anderthalb Jahren Therapie verurteilt.

In meinem Inneren war ich schon längst von diesem Mann getrennt. Ich musste ihn um jeden Preis loswerden. In den Monaten des Wartens auf die Therapie, trank er natürlich weiter. Eines Tages Ende Mai, wollte er wieder mal total besoffen, Mariechen nach einer Flasche „Shampoo" schicken. Da riss meine Geduld. Beflügelt durch die Unterstützung des Menschen, dem ich ewig dankbar bleibe, traute ich mich, die Kinder an den Händen zu nehmen (er war auch nicht imstande uns aufzuhalten) und zu verschwinden, um nie wieder zurückzukehren. Die Kinder brachte ich für ein paar Tage, bis zum Schulende bei Bekannten unter, danach brachte ich sie zu meinen Eltern. Und ich reichte endlich die Scheidung ein. Dafür brauchte ich lange zehn Jahre. 1974 kam ich nach Jermak, da begann mein Elend und nun schrieb man 1984.

Bis wir am 22. August geschieden wurden, versteckte ich mich über Wochen. Nachdem er die Nachricht mit dem Scheidungstermin hatte, versuchte er mich zurückzugewinnen. Bei all meinen Freunden rief er an, stand plötzlich vor der Tür. Alle und jeder wimmelten ihn ab, logen, ließen ihn nicht in die Wohnung. Nur zu den Eltern traute er sich nicht zu kommen. Mein Vater sagte einmal: „In deiner Wohnung kann ich nichts tun, in meine kommt er nicht herein. Sollte er es versuchen, hack ich ihm den Kopf ab (und das mein Vater, der einer Fliege nichts antun könnte). Ich bin zu alt, um mein Leben zu bangen."

In diesen Tagen hielt zu mir ganz besonders, wie immer, meine beste Freundin Alexandra. Sie nahm sich am 22. August extra frei, um mich in den Gerichtssaal zu begleiten. Vor ihr hatte sogar Belkin Respekt. Wir saßen Stunden im Saal und hörten uns alle möglichen Geschichten an, meistens über Scheidungsgründe. Uns rief man nicht auf. Um zwölf Uhr gab die Protokollführerin eine Pause bekannt. Erst später leuchtete mir ein, wieso der Richter uns hingehalten hat. Wir blieben als einziges Paar, und sollten noch eine Stunde Zeit haben, um uns zu versöhnen. Mein Mann bat den Richter darum, denn bis dahin hatte er mich nicht sprechen können. Belkin versprach mir nun außer Diamanten so ziemlich alles und das in Gegenwart der Protokollführerin und meiner Freundin. Zu spät. Ich hatte keine Angst mehr. Genauer gesagt, ich wollte keine mehr haben. Den Glauben an ihn hatte ich schon lange verloren.

Die Sekretärin rief den Richter, sogar fünfzehn Minuten später, als für die Pause vorausgesehen war. Ausgerechnet der Richter, der vor einigen Jahren beeinflusst durch Belkin, behauptete, ich sei selbst untreu und habe keine Chance auf Scheidung, machte nun einen kurzen Prozess. Nachdem er uns beide anhörte, viel war ja nicht zu sagen, schlussfolgerte er: „So, Anatoli, wir kennen dich alle, du kannst hier keinem was vormachen. Es ist besser, du akzeptierst die Scheidung im Interesse deiner Kinder." Sinngemäß waren das seine Worte, sein Urteil, die Scheidung war rechtmäßig.

Ich ging zu meiner Freundin. Sie beschützte mich. Und es war tatsächlich so, sie beschützte mich an diesem Tag noch zig Mal. Er rief ohne Ende an, zuerst noch nüchtern, dann angetrunken. Irgendwann stand er vor der Tür. Meine mutige treue Freundin ließ ihn nicht hinein. Es folgten Anrufe, er heulte, drohte, bat um ein Gespräch. Unbegreiflich war die Situation für ihn. Er hatte kein Opfer mehr.

Danach gab es noch ein paar tragischlustige Geschichten, wie das Abholen der Schuluniformen der Kinder, denn das Schuljahr begann inzwischen. Er war telefonisch benachrichtigt, dass wir kommen. Meine Freundin klingelte, ich Angsthase, stand hinter ihr. Als er aufmachte, forderte er, ich alleine soll in die Wohnung kommen, das lehnte ich ab. Er wollte die Tür zuschlagen, Alexandra stellte ihren Fuß, wie es die Polizisten in Filmen machen, dazwischen. „Was mischt du dich ein", schrie er. „Ich will meine Frau zurück haben." Alexandra, schlagfertig wie sie war, erwiderte: „Das geht nun nicht mehr, aber du bist doch jung, du kannst doch jede andere haben." - „Welche andere, will keine andere ..., andere?!" Und da sagte meine Freundin: „Na, zum Beispiel mich kannst du haben, ich bin doch alleine." Da schrie er los, wie von einer Tarantel gestochen: „Dich? Das kannst du vergessen! Nie im Leben!" Dass es ein Scherz war, über den wir aus ganzem Herzen noch über Jahre hinaus lachten, begriff er im Moment der Aufregung nicht. Eins war ihm aber klar, so eine Frau wollte er nicht, die hätte er nicht schlagen können.

Als er im September die Entscheidung für die Langzeittherapie und den Termin bekam, meinte er zu mir am Telefon: „So, jetzt bist du in dieser

Stadt bekannter und wichtiger als ich." Das war aber noch nicht alles, was auf ihn zukam. Als er nach einem Jahr (anstatt anderthalb Jahren) Therapie, 1985, zurückkehrte, kam er zu unserer Wohnung und öffnete sie. „Ist-doch-nichts-geschehen." Ich erklärte ihm aber, er sei abgemeldet, und die Wohnung gehöre mir und den Kindern. Er müsse sich eine Bleibe suchen. Das wollte er nicht glauben. Wie konnte ich es wagen? Ich wagte es, mir half dabei die Chefin der Meldestelle, der ich auch bis ans Lebensende dankbar sein werde. Die Kinder verließen zuerst die Wohnung unter dem Vorwand zur Musikschule zu gehen, ich ging zur Arbeit. Wir kamen wieder einmal nicht nach Hause, diesmal aber zum letzten Mal.

Am nächsten Tag holte ihn der Kiezmilizionär aus der Wohnung, und von nun an durfte mein Ex-Mann sie nicht mehr betreten. Da sagte er zum dritten Mal: „Du hast gewonnen." Zuerst hielt er sich bei Kumpeln auf, irgendwann nahm ihn eine „Kumpelin" auf. Die Frau hatte fünf Kinder von vier oder fünf verschiedenen Männern und „das Gehirn einer grauen Maus", so beschrieb sie unsere wortgewandte Schulbibliothekarin. Die Frau nahm ihm das Wunschmärchen ab, er kehre noch zur Polizei zurück, und bekam eine Tochter von ihm.

Er kam einmal noch in die Wohnung (da ließ ich die Tür weit offen und blieb in der Tür stehen, bereit wegzulaufen), um Papiere zu holen. Leicht angetrunken, meinte er, als er das erste Mal nach der Therapie trank, sei er beinahe „verreckt", nun geht es wieder wie Öl herunter. Dann sagte er, schon im Gehen mit Tränen in den Augen: „Man sagt mir, ich liebe dich immer noch." Ich antwortete: „Sag doch ruhig, es sei nur noch die Gewohnheit. Das kann man sich auch schnell abgewöhnen." Mein Ex-Mann meinte: „Du bist gar nicht eifersüchtig." Worauf ich antwortete, sollte er heiraten, würde ich ihm als Geschenk eine Kiste Kognak schenken. Zum ersten Mal sah ich ihn traurig lächeln. Das war auch fast das letzte Mal, dass ich ihn überhaupt sah.

Er musste die Ausreise der Kinder nach Deutschland unterschreiben bzw. genehmigen, so kam es erneut zum Kontakt. Da war er schon längst nicht mehr bei der Frau, denn sie schlugen sich fast jeden Tag. Der Kiezmilizionär teilte mir stets mit, wenn er wieder im Einsatz bei meinem Ex war. Noch hatte er eine Wohnung, und meine Mutter gab ihm ihren Fernseher und 1992 die Möbel vor der Ausreise, denn seine Wohnung war inzwischen leer.

Er verlor danach auch die Wohnung, landete auf der Straße, schrieb an mich und die Kinder Briefe, wollte sogar aufhören zu trinken, um nach Deutschland nachzukommen. Irgendwann bat er um finanzielle Unterstützung, nicht mehr und nicht weniger als einhundertzehn Mark monatlich, denn das würde ihm, arbeitslos, wie er ist, ausreichen. Sogar ein Konto hatte er dafür extra eröffnet. Er kam auf die Idee, weil Mariechen ihm einmal mit einer Frau, die in Berlin auf Besuch war, hundert Mark schickte. Annette wollte von ihm nichts hören, so tief saß die Wunde. Als Maria diesen Brief von der monatlichen Geldunterstützung las, empfand auch sie es als eine bodenlose Frechheit. Nie hatte er ihnen geholfen in den Jahren, als er noch im Hüttenwerk arbeitete. Ihr Vater sagte zu fremden Menschen, die ihn fragten, ob er die Kinder unterstützt: „Die haben eine Mutter."

Über tausend Umwege (denn wir haben keinen Kontakt nach Kasachstan, seitdem meine Freundin wegzog) erreichte uns die Nachricht, man habe ihn mit eingeschlagenem Schädel im Aufgang eines Hauses gefunden, er sei nach drei Tagen verstorben. Da war er fünfundfünfzig Jahre alt. Nur kurz kam er zu sich, man vernahm seinen Nachnamen, das war's, sonst hätte man ihn nicht einmal identifizieren können. Da fragte mich Mariechen: „Wie konntest du wissen, dass er genau so endet?" -

Manchem Leser wird es herzlos erscheinen, aber dem Menschen trauerte ich keine Sekunde nach. Ich träume heute noch davon, welch tierische Angst ich vor ihm habe. Ich habe lange keine Männer sehen, geschweige denn heiraten wollen. Ich habe die Erfahrung gemacht, dass ich auch beim, zweiten und fünften Mann die gleichen Fehler machen würde. Ich bin eben „Mutter Teresa" und bleibe es. Ja, ich glaube fest an Klischees. Es gibt „Hai-Frauen", „Mauerblümchen" und einige mehr. Ich habe zwei Beispiele, die fast identisch sind, obwohl eine Frau in Kasachstan lebt, die andere in Berlin. Beide haben dreimal geheiratet, immer wieder den Mann verlassen, der aus irgendeinem Grund zu wenig Geld nach Hause brachte (weil er z.B. nach einem Unfall behindert war), und die beiden letzten Männer sind auch noch zehn Jahre jünger. Die Frauen blieben selbst jung, denn sie ließen sich nicht schlagen, nicht ausbeuten, Gott behüte, vergewaltigen. Natürlich dachte ich oft darüber nach, wie alles hätte anders werden könnte, aber ich könnte mich nicht ändern. Und das ist die traurige Wahrheit.

Teil IV. Rückkehr zu den Wurzeln

Kapitel 1. Ausreise-Schwierigkeiten

Nach der Scheidung habe ich mich getraut, ab dem 1. September 1984 das Amt der stellvertretenden Direktorin anzutreten. Über die anstrengende, aber interessante Arbeit dieser Jahre habe ich schon erzählt. Es waren die schönsten Jahre meines Lebens nach der Kindheit und frühen Jugend. Ich war frei von Ängsten, war jung, engagiert auf der Arbeit und verbrachte viel Freizeit mit Freunden. Viel Freude hatte ich an meinen Töchtern, die sehr gute Leistungen in zwei Schulen erreichten. Sie fuhren mit mir drei Mal in die DDR, zuletzt im August 1989. Wir kehrten am 3. September, dem Schulanfang, um drei Tage verspätet zurück. Einige Wochen später fiel die Mauer. Die Russlanddeutschen bekamen plötzlich die offizielle Möglichkeit der Ausreise nach Deutschland. Ich hatte zusätzliche Arbeit durch das Ausfüllen der Anträge, der Übersetzung von Dokumenten. Nur ich selbst konnte keinen Ausreiseantrag stellen. Selbstverständlich wollte ich es machen, denn wie sehr ich auch meine Arbeit und Freunde lieb hatte, meine Liebe zum Deutschtum war stärker. Die Chefin der Meldestelle meinte: „Gesetz ist Gesetz, da kann ich für dich nichts tun. Du musst von Verwandten ersten Grades eingeladen werden."

Am 20. November 1989 starb meine letzte Verwandte ersten Grades, Tante Olga. Tante Hulda und Tante Eugenie waren schon verstorben. Tante Olga hat es bestimmt nicht so gewollt, leider auch nicht beeinflussen können. Ich weiß, es ist schwarzer Humor, aber ich weinte um die Tante und wegen der Ausweglosigkeit der Situation.

1990 bekam ein guter Bekannter, Gottlieb Dinges, seine Ausreisepapiere. Er war ein gefragter Automechaniker, reparierte die „Wolgas" der Herren von „ganz oben", und hatte dadurch auch Beziehungen nach oben. Ich wusste genau, er hat keine Verwandten in Deutschland, also konnte er nur schmieren. Seine Antwort haute mich fast um: „Du darfst es keinem verraten, dass es von mir kommt, aber man darf auch ohne Verwandte ersten Grades ausreisen." Cousins und Cousinen hatte ich fast ein Dutzend. Schon am nächsten Tag war ich bei der Chefin der Meldestelle. Sie sah mir nicht in die Augen, als sie sagte: „Ja, es stimmt, aber du darfst es niemandem sagen." Vorschrift von oben, war mir klar.

In Deutschland erfuhr ich, dass es viel mehr geheime Vorschriften gab, die die Ausreise verhindern oder mindestens verzögern konnten. In den nächsten Tagen füllte ich die Ausreise-Anträge aus, vierundfünfzig Seiten lang, für mich und die Kinder, sowie meinen Eltern aus.

Leider dauerte die Bearbeitung über zwei Jahre. In dieser Zeit verloren wir unseren geliebten Vater und Großvater, der mir und meinen Töchtern die Liebe zur deutschen Sprache und Kultur in die Wiege legte. Er verstarb mit fünfundachtzig Jahren am 26. August 1991. Meine Mutter gab ihre Wohnung auf, die Möbel schenkte sie dem Ex-Schwiegersohn. Bücher verteilte ich an Kindergärten, die Schulbibliothek, an die Musikschule und Freunde. Die wunderten sich: „Wann hast du so viel Bücher gekauft?" - Ich scherzte: „Solange ihr Wodka gekauft habt." In dem kleinen Container mit ein paar Erinnerungstücken kamen noch ein paar Bücher. Unser allerliebstes Stück - das Klavier - haben wir für ein paar Hundert Rubel verkauft. Nicht wegen des Preises weinten wir, als man es abholte. Wir verließen etwas, was ein Teil von uns war. Es war eine herzzerreißende Szene. Am teuersten war meine Wohnung, die ich davor nach einem neuen Gesetz privatisiert hatte. Für die bekam ich ganze hundertzwanzigtausend Rubel. Davon bezahlte ich den Container, die Tikkets, die Begleitperson, die in Moskau die Übernachtung organisierte und uns sozusagen beschützte. Die Mafia wartete schon am Flughafen von Moskau, und ich zahlte zwanzigtausend Rubel dafür, dass wir Moskau verlassen durften.

Später habe ich erfahren, diese Mafia-Sperre organisierte persönlich der Mann, der uns begleitete - „der Beschützer". Wir bedankten uns überschwänglich bei ihm, als wir am 19. Januar 1993 ins Flugzeug Richtung Hannover stiegen. Da hatte ich nur noch vierhundert Dollar in der Tasche, für jede Person sozusagen hundert Dollar. Zu der Zeit verdiente ich laut Umrechnung sechs Dollar im Monat in Kasachstan. Aber man müsste vieles umrechnen, die völlig anderen Preise für Gas, Strom und Wohnung, die Lebensmittel.

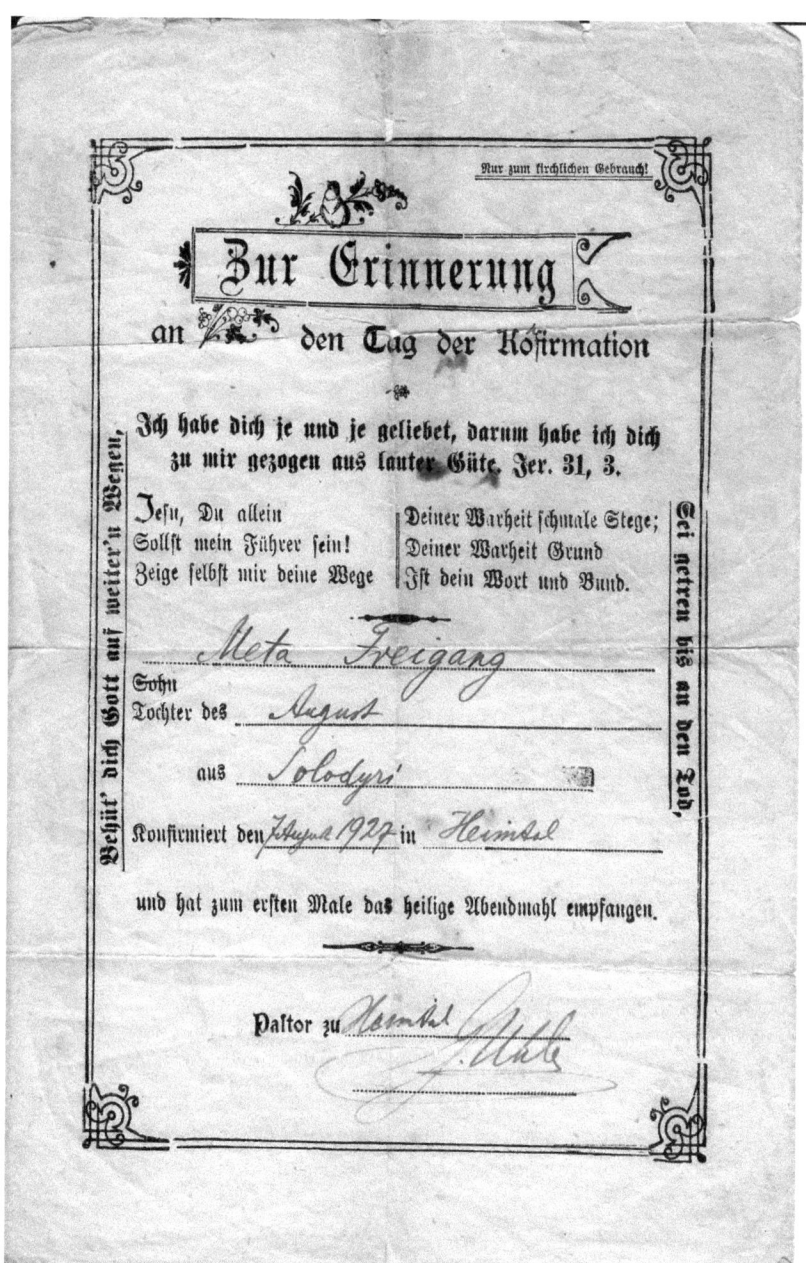

Nur zum kirchlichen Gebrauch!

Zur Erinnerung

an den Tag der Konfirmation

Ich habe dich je und je geliebet, darum habe ich dich
zu mir gezogen aus lauter Güte. Jer. 31, 3.

Jesu, Du allein
Sollst mein Führer sein!
Zeige selbst mir deine Wege

Deiner Wahrheit schmale Stege;
Deiner Wahrheit Grund
Ist dein Wort und Bund.

Behüt' dich Gott auf weiter'n Wegen,

Sei getreu bis an den Tod,

Meta Freigang

Sohn
Tochter des August

aus Solodyri

Konfirmiert den 7. August 1927 in Heimtal

und hat zum ersten Male das heilige Abendmahl empfangen.

Paſtor zu Heimtal

Kapitel 2. Berlin 1993

Nun ging es aber nicht mehr um das Geld, wir kamen in Deutschland an. Meine Töchter, ich und meine Mutter mit achtzig Jahren. Die Frau, die über dreißig Jahre ihres Lebens auf der Flucht war, frieren und hungern musste, aber ihren Konfirmations- und Taufschein, Geburts- und Heiratsurkunden sogar in der Kriegszeit rettete, ihren deutschen Namen nicht für einen russischen wechselte, wie man ihr nahelegte, fand hier ihre Ruhe.

Sie schrieb in ihrem „Kurzen Lebenslauf": „Ich habe vor der Miliz mein Leben lang Angst gehabt, bis ich nach Deutschland kam."

Sie blühte hier richtig auf trotz Krebsoperation. Wir gingen mit ihr durch die Karl-Marx-Straße, sie schaute sich alle Schaufenster an und rief begeistert: „Lenchen, schau, was ein Deutscher alles kann." Zwei bis drei Mal in der Woche war sie in der Kirche, der Pastor wunderte sich, wie bibelfest, wie fromm sie sei. Leider erlag sie ihrem Leiden mit achtundachtzig Jahren, und fand ihre letzte Ruhe auf dem Magdalenen-Friedhof, wie sie es sich wünschte.

Meine Töchter haben nicht einmal über Nostalgie geklagt. Annette hat Sozialpädagogik und Informatikwissenschaft studiert. Sie arbeitete schon als Studentin. Maria ist in ihrem Beruf auch erfolgreich. Sogar ich habe noch studiert, aber das erwähnte ich schon. Wichtig ist, dass ich meine große Familie um mich habe, wenn auch überwiegend in Mecklenburg-Vorpommern. Und ich hoffe, es gibt keinen Krieg, der uns so in der Welt zerstreut wie unsere Ahnen.

Ich möchte nur noch abschließend hinzufügen, dass wir in Dank und Demut hier, in unserer zweiten Heimat leben, sowie in unendlicher Liebe zu ihr. Es klingt zwar pathetisch, aber es sollte auch eine Liebeserklärung an meine deutschen Vorfahren, die deutsche Sprache und Kultur werden.

Meine deutsche Heimat riecht nicht nach Steppe, sondern nach Kaffee, nach „Eduscho" bzw. „Tchibo" und nach der Parfümerie „Douglas", also nach Zivilisation, und das finde ich großartig. Diese zwei Gerüche helfen mir stets, wenn meine „russische Seele" weint, was selten vorkommt.

Dass ich hier meine russische Seele entdeckte, war für mich selbst eine Offenbarung. Es war und ist nicht immer leicht, meine zwei Seelen: die russische und deutsche zu vereinbaren. Wichtig ist, dass meine deutsche Seele ihre Heimat gefunden hat, sie fühlt sich in der deutschen Sprache zu Hause. Klänge und Gerüche kann man wie bekannt ersetzen. Einen neuen Freundeskreis aufzubauen, das ist mit zunehmendem Alter die schwierigere Seite des Migrantenlebens. Meine russische Seele sehnt sich nicht nach Steppe oder symbolisch nach der russischen Birke, eher nach den hinterlassenen Freunden. Damit habe ich so meine Schwierigkeiten, aber das ist schon ein Thema (unter vielen), für ein anderes Kapitel meiner Geschichte. Ein Weg endet nie.

Chronologie

1836 Geburt des Urgroßvaters väterlicherseits Georg Kelm in Ost-Preußen.

1842 Geburt des Urgroßvaters mütterlicherseits Ludwig Freigang in Kalisch/ Schlesien.

1862 01.01.: Geburt des Großvaters mütterlicherseits August von Freigang in Kalisch/Schlesien.

1862 bis 1864 Auswanderung der Urgroßeltern Kelm und Freigang aus Ost-Preußen in die Ukraine/Wolhynien.

1867 15.12.: Geburt des Großvaters väterlicherseits Kristoph Kelm in Neudorf/ Wolhynien.

1876 05.03.: Heirat von Georg Kelm und Wilhelmine Steinke (*1805 in Ost-Preußen) in Neudorf/Wolhynien.

1899 Heirat von Kristoph Kelm und Miriam Pusch (*1881 in Solodyri) in Neudorf. Geburt der Kinder: Hulda, Eugenia u. Olga (lebten ab 1929/30 in Deutschland), David, der als Kleinkind verstarb, und Rudolf.

1906 09.08.: Geburt von Rudolf Kelm in Solodyri, Vater von Lena Kelm.

1911 Heirat von August von Freigang und Antonie Wessel (*21.02.1890 in Solodyri) in Neudorf. Geburt der Kinder: Meta, Otto und Sophie(im II. Weltkrieg verschollen) und Leopold von Freigang.

1912 06.07.: Geburt von Meta Freigang in Solodyri, Mutter von Lena Kelm.

1914 Aussiedlung der Familie Kelm aus Wolhynien wegen der Unterstellung von Kollaboration mit den Deutschen.
Tod des Urgroßvaters mütterlicherseits Ludwig von Freigang in der Verbannung in Saratow.
März: Tod der Großmutter väterlicherseits Miriam Kelm auf dem Weg in die Verbannung in Krasnoturinsk.

1917 Russische Oktoberrevolution. Beginn der Enteignungen, Verfolgungen und Vernichtung der Großbauern (Kulaken).

1921 Zwangsentlassung: Meta Kelm wurde wegen ihrer deutschen Nationalität und als Tochter eines Kulaken vom Gymnasium verwiesen.

1927 Tod der Urgroßmutter mütterlicherseits Julia Freigang in Solodyri

1928 17.11.: Heirat von Rudolph Kelm und Meta Freigang. Eltern von Lena.

1929 09.02.: Tod des Großvaters mütterlicherseits August von Freigang in Solodyri
05.06.: Tod des Großvaters väterlicherseits Kristoph Kelm in Solodyri.

1929 bis 1930: Rückkehr von Hulda Zilz, Eugenia Zilz und Olga Söcknik mit ihren Ehemännern nach Ost-Preußen.
Rudolf Kelm entkommt der ersten Verhaftung als Kulak durch den NKWD, lebt auf der Flucht.

1930 05.04.: Geburt des Bruders Willi Kelm in Solodyri.

zweite Eheschließung von Antonie Freigang mit Bernhard Spletzer.
Umzug mit den Kindern Otto, Sophie und Leopold aus Solodyri nach
Shitomir.

bis 1938: Meta Kelm lebt in Shitomir, arbeitet in einer Strumpffabrik.

1934 zweite Verhaftung von Rudolf Kelm. Mit Hilfe eines ehemaligen Knechtes
flieht er aus dem Gewahrsam, lebt weiterhin auf der Flucht.

1937 27.06.: Geburt von Sina Kelm in Shitomir, Schwester von Lena Kelm.

24.07: Rudolf Kelm entkommt seiner dritten Verhaftung dank der Hilfe
eines jüdischen Wirtes, seine Flucht dauert an.

16.12.: Verhaftung von Bernhard Spletzer (Stiefvater von Meta Kelm) durch
den NKWD, seitdem verschollen.

1938 bis 1941: Rudolf Kelm wird ansässig in Nikolaewka bei Pjatigorsk im Kaukasus. Er erhält einen Ausweis, arbeitet als Tischler.

bis 1941: Meta Kelm siedelt mit den Kindern Willi und Sina über zu ihrem
Ehemann Rudolf Kelm, arbeitet als Köchin im Waisenhaus.

Sina Kelm stirbt an Scharlach.

1941 22.06.: Überfall Deutschlands auf die Sowjetunion.

Juni: Rückkehr von Antonie Spletzer mit den Kindern Otto und Leopold
Freigang nach Solodyri.

Sophie Freigang heiratet in Shitomir den Russen Nikolai Plinski. Geburt
der Tochter Lilli.

bis 1943: Otto Freigang arbeitet als Brigadier (Vorarbeiter) in Solodyri.

28.08.: Verkündung von Stalins Ukas (Erlass) über die Deportation Russlanddeutscher, Unterstellung von Kollaboration mit den Deutschen.

30.08. bis Mai 1947: Deportation von Rudolf Kelm nach Swerdlowsk/
Nordsibirien, Inhaftierung im Iwdel-Gulag, Zwangsarbeit.

11.10. bis Mai 1947: Deportation von Meta Kelm mit Sohn Willi nach
Kasachstan, Zwangsaufenthalt in der Kolchose Tasbulak, Kreis Ajagus,
Gebiet Semipalatinsk.

1942 Heirat von Otto Freigang und Linda Albrecht in Solodyri.

1943 02.02.: Geburt ihres ersten Sohnes Willi Freigang in Solodyri.

1943 15.03.: Nach Abzug der deutschen Wehrmacht aus Solodyri Umzug von
Antonie Spletzer (Lena Kelms Großmutter) mit Söhnen Leopold Freigang und Otto mit Frau Linda und Enkelkind Willi nach Breslau.

Umzug der Tochter Sophie mit Ehemann Nikolai Plinski und Tochter
Lilli nach Stettin.

Geburt von Helmut Freigang in Breslau, zweiter Sohn von Otto und
Linda Freigang. Er verstarb nach neun Monaten.

1943 oder 1944: Geburt von Vera Plinski in Breslau, zweite Tochter von
Sophie Plinski, geb. Freigang.

bis 1945: Leopold Freigang angestellt als Mathematiklehrer in Breslau.

bis 1945: Otto Freigang beschäftigt als Schreiner in Breslau.

1944 April: Einbürgerung von Antonie Spletzer und Leopold Freigang.

19.05.: Einbürgerung von Otto, Linda, Willi Freigang in Breslau/ Deutschland.

Anfang des Jahres: Geburt von Erich in Breslau, unehelicher Sohn von Leopold Freigang (Lena Kelms Onkel mütterlicherseits).

Flucht der Geschwister Hulda, Eugenia Zilz, Olga Söcknik mit Kindern vor Sowjettruppen aus Ost-Preußen nach Lüttenhagen, Kreis Neustrelitz, Mecklenburg-Vorpommern.

1945 Einzug von Otto Freigang in die deutsche Wehrmacht (Onkel von Lena Kelm mütterlicherseits)

bis 1956: Gefangenschaft von Otto Freigang in Sibirien, Sewero-Jenissejsk/Krasnojarsk. Geburt seines unehelichen Sohnes Sergej.

Zwangseinzug von Leopold Freigang in die SS.

bis 1956: Gefangenschaft von Leopold Freigang im Inta-Gulag bei Workuta in Nordrußland. Zweimalige Aufhebung seines Todesurteils.

Flucht vor russischen Truppen aus Breslau: Antonie Spletzer mit Schwiegertochter Linda (geb. Albrecht), Willi, Otto Freigang mit Ehefrau und Sohn über Deutschland in die Tschechoslowakei, von da verschleppt von der Sowjetarmee nach Russland, Altai, Kulunda.

1947 Rudolf Kelm: Entlassung aus Iwdel-Gulag, Überführung nach Dshambak, Kasachstan, Internierung in Gulag unter Kommandantur-Aufsicht. Bewegungsradius von 7 km, ohne Recht auf Rückkehr in die Heimat. Zwangsarbeit als Zimmermann.

Mai: Entlassung von Meta Kelm und Sohn Willi aus Tasbulak wegen Familienzusammenführung mit Rudolf Kelm im Gulag in Dshambak.

1949 Juni: Geburt von Lena Kelm in Bajan-Aul, Gebiet Pawlodar/Kasachstan. Tochter von Rudolf und Meta Kelm.

bis 1966: erlebte Lena Kelm mehrere überirdische Atomtests in der Steppe von Kasachstan.

13.12.: Tod von Antonie Spletzer (geb. Wessel, in erster Ehe verheiratete von Freigang) in Kulunda, Altai-Gebiet. Großmutter von Lena Kelm mütterlicherseits.

1950 Umzug von Rudolf und Meta Kelm mit den Kindern Willi und Lena in den Ort ZES

1954 Februar: Heirat von Willi Kelm und Lisa Lang in ZES. Geburt von Irma, Waldemar, Lena, Natascha, Tatjana.

Sommer: Umzug von Rudolf, Meta und Lena Kelm nach Maikain, Kreis Bajan-Aul, Gebiet Pawlodar.

Rudolf Kelm arbeitet als Zimmermann, Meta ist Hausfrau.

1956 Aufhebung der Kommandantur über Russlanddeutsche ohne Recht auf Wiederkehr in die Heimatorte.

September: Schulbeginn von Lena Kelm.

bis 1958: Linda Freigang erfährt durch den Suchdienst vom Roten Kreuz die Wohnorte ihres Ehemannes Otto, von Schwägerin Meta Kelm und

Schwager Leopold Freigang.

1959 Sommer: Wiedersehen nach 21 Jahren Trennung in Maikain der Geschwister Meta, Leopold u. der Familie der Schwägerin Linda Freigang.

1957: Flucht aus der DDR nach Trossingen in Baden-Württemberg von Tante Hulda Zilz (ihr Ehemann Romanus fiel im II. Weltkrieg) mit Kindern: Assaf *1930, Lilli *1931, Gertrude *1939, Hannelore *1942 und Edgar Zilz, Sohn von Eugenia und David Zilz.

1960 Anfang: Meta Kelm findet über entfernte Verwandte den Wohnort ihrer Tante Lenchen Krampetz in Ost-Berlin, DDR.

1965 Juni: Lena Kelm - Schulabschluss, siebenklassige Musikschule.

1966 Juni: Lena Kelm besteht Abitur (Zehnklassige Allgemeinbildende Schule in Maikain, nach neun Jahren Unterricht „Deutsch als Muttersprache", Prüfung im Fach).

bis 1972: unterirdische Atomtests in Beskaragaiski Rajon, Semipalatinsk.

bis 1970: Lena Kelm studiert Deutsch als Muttersprache und Deutsche Literatur an der Pädagogischen Hochschule Omsk/Westsibirien, Abschluss „Rotes Diplom".

1969 03.07.: Heirat von Lena Kelm und Anatoli Belkin in Omsk.

Beruf des Ehemanns: Ingenieur für Eisenbahnverkehr.

1970 Anatoli Belkin leistet Militärdienst in Leningrad.

Lena ist Deutschlehrerin im kasachischen Internat Pawlodar.

Anfang: Rudolf Kelm erhält einen Brief seiner drei Schwestern aus der DDR, ein erstes Lebenszeichen nach vierzig Jahren ergebnisloser Suche durch zufälligen Besuch eines ehemaligen Gulag-Insassen.

Entlassung von Anatoli Belkin aus der Armee.

1971 Umzug von Lena und Anatoli Belkin nach Maikain, Wohnort der Eltern.

August: Einstellung als Deutschlehrerin, Sportlehrer an Schule Maikain.

1972 03.02.: Geburt der Zwillinge Maria und Annette Belkina in Maikain - Töchter von Lena und Anatoli Belkin.

1973 Juni bis September: Meta und Rudolf Kelm reisen zu Geschwistern in die DDR.

1975 Lena Kelm wird Reise zu Verwandten in die DDR nicht gestattet.

Tod von Lenchen Schwytzki (geb. Krampetz) in Ost-Berlin, Tante von Meta Kelm

Juli: Umzug von Lena und Antoli Belkin mit Töchtern Annette und Maria nach Jermak, Bezirk Pawlodar, Stadt am Fluss Irtysch.

Anatoli Belkin dient als Leutnant bei der Miliz, Abteilung Wirtschafts-Kriminalität, Lena wird als Deutschlehrerin angestellt.

1976 Juni/Juli: Lenas erste Reise in die DDR. Kennenlernen ihrer Verwandten: Tante Eugenia (*1900 in Solodyri), Onkel David Zilz, Cousins und Cousinen: Beno (†), Adele, Edgar, Edith, Erna, Helga mit Familie, Tante Olga (*1903 in Solodyri), Onkel Assaf Söcknik und Kinder: David (†) Ella, Helmut, Karl-Heinz.

1977 Lena Belkina angestellt als Musikerzieherin im Kindergarten.
1979 Lenas zweite Reise zu Verwandten in die DDR.
Einschulung der Töchter Maria und Annette.
1982 Oberst Anatoli Belkin aus Milizdienst entlassen wegen Alkoholismus.
1983 Lenas dritte DDR-Reise mit den Töchtern.
August: Lena kündigt Tätigkeit im Kindergarten, wird stellvertretende Direktorin der Allgemeinbildenden Gesamtschule.
1984 22.08.: Scheidung von Anatoli Belkin wegen Alkoholismus, Missbrauch.
22.09.: Tod von Leopold Freigang in Maikop/Krasnodar.
1985 Lena besucht mit den Töchtern ihre Studentenstadt Omsk.
1986 Lena reist mit Töchtern zu Verwandten in die DDR.
1987 Großnichte Renate und Großneffe Andreas aus der DDR besuchen Lena
in Kasachstan.
1989 Juni: Schulabschluss (Abitur) der Töchter Annette und Maria.
August bis September: Lena reist zum fünften Mal mit ihren Töchtern zu
Verwandten in die DDR.
1991 26.08.: Tod von Rudolf Kelm in Maikain, Lenas Vater.
1993 19.01.: Umsiedlung von Lena Kelm mit Töchtern Maria und Annette und
ihrer Mutter Meta Kelm von Kasachstan nach Deutschland.

DANKSAGUNG

Mein größter Dank gilt meiner Tochter Annette, die sich unermüdlich über Jahre hinweg in unzähligen Stunden mit der technischen Gestaltung des Manuskripts beschäftigte und mich mental unterstützte. Sie wünschte dieses Buch genauso sehr wie ich.

Dank auch an Monika Jarju, für ihr echtes Interesse, die kompetenten Ratschläge, ihr geduldiges Korrigieren. Beiden bin ich dankbar für die ständige Ermutigung. Ohne Annette und Monika wäre dieses Buch nie zustande gekommen.

Erika und Gerd Basler für ihr wahres Interesse an meiner Lebensgeschichte, sie lektorierten die frühen Fassungen des Manuskripts. Irene Aselmeier, der Leiterin des literarischen Zirkels Neukölln, sowie den Teilnehmern Regine, Lilli, Eva, Wolfgang, Norbert und Jürgen. Sie waren die Zuhörer meiner ersten improvisierten Lesungen, die mir mit vielen Ratschlägen und Hinweisen halfen.

Und nicht zuletzt danke ich herzlich meinen Freunden Barbara, Angela, Helga, Maina, Marion und Joachim für ihre freundliche Unterstützung.

Inhaltsverzeichnis

244

TEIL 3. OMSK. PAWLODAR. MAIKAIN. JERMAK

Die Ostroute

Erzählungen

Andreas Erdmann, Marko.Ferst, Monika Jarju u.v.a.

256 Seiten, 2014

Der Band beginnt und endet mit einer Erzählung über Wölfe. In der einen werden sie gnadenlos verfolgt, in der anderen sorgt ein Rudel weißer Tundrawölfe für arktische Jagdszenen. Andernorts kommt eine Ostroute ins Spiel. Wir erfahren mehr über das Schicksal eines jungen Rauschgiftkuriers im Iran, wie über seinen Lebensweg der Stoff der Stoffe richtet. Ein Ostseesturm sorgt für eine risikoreiche Segeltour. Von allerlei sonderbaren Abwegen weiß die Erzählung „Genervtes Anstehen für Liebe" aus Bulgarien zu berichten. Zur Sprache kommen die Erfahrungen von Heimkindern in der frühen Bundesrepublik. Grenzübertritte zwischen Ost und West und deren Folgen sind im Blick zweier anderer Beiträge. Wie man ganz legal schwarzfährt, erläutert Johannes Bettisch. Was passiert, wenn man ganz unerwartet von seinem chinesischen Firmenpartner zum Tanz aufgefordert wird?

Der Band enthält Erzählungen von Ali Amini, Johannes Bettisch, Andreas Erdmann, Marko.Ferst, Elisabeth Hackel, Karin Heinrich, Monika Jarju, Tengis Khachapuridse, Norbert Klatt, Christine Koch, Carmen Mayer, Heide Rabe, Hans Sonntag, Dimil Stoilov, Lore Tomalla, Günter Wirtz, Gisela Witte und Angelika Zöllner.

Erich Fromm als Vordenker

„Haben oder Sein" im Zeitalter der ökologischen Krise

Rainer Funk, Marko Ferst, Burkhard Bierhoff u.a.

Leseproben:
www.umweltdebatte.de

Edition Zeitsprung, 2002, 224 Seiten

Als Psychotherapeut, Sozialwissenschaftler und Philosoph gehört Erich Fromm zu den wegweisenden Gestalten des 20. Jahrhunderts. Er ist ein prominenter Diagnostiker der Krisen der westlichen Welt, ein Kritiker unseres konsumistischen Lebensstils und von gesellschaftlichen Zuständen in denen nicht der Mensch sondern das schnelle Plusmachen im Mittelpunkt steht. Die Werte des Seins wollte Fromm über denen des Habens angesiedelt wissen. Die Beiträge setzen sich mit seinen Ideen und Vorschlägen auseinander.

Bestellung: marko@ferst.de